MARABOUT *SAVOIRS*

Afin de vous informer de toutes ses publications, **marabout** édite des catalogues régulièrement mis à jour. Vous pouvez les obtenir gracieusement auprès de votre libraire habituel.

Paul DÉSALMAND
Bruno HONGRE

12 poèmes de Baudelaire

analysés et commentés

MARABOUT

© 1993, **Marabout**, Alleur (Belgique).

Toute reproduction d'un extrait quelconque de ce livre par quelque procédé que ce soit, et notamment par photocopie ou microfilm, est interdite sans autorisation écrite de l'auteur.

INTRODUCTION

Cette étude propose douze explications de poèmes tirés des *Fleurs du Mal*. Ces poèmes ont été choisis de manière à rendre les lignes de force et la démarche d'ensemble du recueil.

La première partie de l'ouvrage, intitulée «Baudelaire et son temps», fournit les informations qu'il est indispensable de connaître sur la vie de Baudelaire et le contexte historique dans lequel son œuvre s'édifie. La seconde partie, «Éléments sur *Les Fleurs du Mal*», s'arrête plus précisément sur l'élaboration et l'organisation du chef-d'œuvre de Baudelaire.

Le cœur de l'ouvrage est constitué par les douze explications qu'annonce le titre. Celles-ci sont regroupées en fonction de centres d'intérêt: *L'Idéal poétique*; *L'Idéal amoureux*; *Le Spleen*; *Tableaux parisiens*; *La Révolte et la Mort*, dont l'enchaînement correspond globalement au mouvement de l'œuvre.

Vient ensuite une partie consacrée aux «Problèmes de méthode». Le livre se termine par un «Choix de poèmes» qui permet de lire Baudelaire après l'avoir étudié. Les textes sont regroupés par thème de manière à constituer chaque fois une sorte de prolongement de l'un des centres d'intérêt de l'ouvrage.

Dans nos explications, les modes d'approche sont variés. Ils font découvrir des méthodes réutilisables dans l'étude d'autres textes, mais le principe de base reste toujours le même : il s'agit sans raideur d'expliciter les moyens mis en œuvre et d'analyser l'effet produit. Le texte est étudié en lui-même et comme élément d'un réseau.

Nous voulons à la fois faire comprendre et aimer ces vers destinés à rester dans la mémoire des hommes, suivant en cela le conseil de Victor Hugo :

> « **C'est en les pénétrant, d'explication tendre,
> En les faisant aimer, qu'on les fera comprendre.** »

SOMMAIRE

Introduction 5
Sommaire 7

> **Première partie**
> **BAUDELAIRE ET SON TEMPS**

1. Chronologie 13
2. Cadre historique 20

> **Deuxième partie**
> **ÉLÉMENTS SUR LES FLEURS DU MAL**

1. Les titres 25
2. Les éditions 31
3. L'architecture secrète 34

Troisième partie
12 EXPLICATIONS

L'IDÉAL POÉTIQUE

1. L'Albatros 47
2. Correspondances 62
3. Hymne à la Beauté 84

L'IDÉAL AMOUREUX

1. Parfum exotique 105
2. Harmonie du soir 121
3. L'Invitation au Voyage 137

LE SPLEEN

1. L'Ennemi 161
2. Spleen *(« Quand le ciel bas et lourd »)* 173

TABLEAUX PARISIENS

1. Les Aveugles 193
2. A une passante 214

LA RÉVOLTE ET LA MORT

1. Le Reniement de saint Pierre 235
2. Le Voyage 256

Quatrième partie
PROBLÈMES DE MÉTHODE

1. Commentaire composé et lecture méthodique . 279
2. L'analyse textuelle 283
3. L'accentuation 285
4. Les groupements de textes 289

Cinquième partie
CHOIX DE POÈMES

1. L'artiste et la beauté 297
2. Le cycle du parfum 301
3. Le cycle de l'amour spirituel 307
4. Le cycle de la femme-paysage 312
5. Le Mal du Moi 320
6. La Ville et les mortels 326
7. L'Appel de l'Ailleurs 333

INDEX DES PROCÉDÉS DE STYLE 339
BIBLIOGRAPHIE 341
ENREGISTREMENTS 343

PREMIÈRE PARTIE

BAUDELAIRE ET SON TEMPS

1
CHRONOLOGIE

1821 Naissance à Paris.

A six ans
- Mort de son père.

A sept ans

> REMARIAGE DE SA MÈRE PERÇU COMME UNE TRAHISON

- Après la mort de son père, Baudelaire connaît quelques mois d'intimité et de bonheur avec sa mère, mais celle-ci se remarie assez rapidement avec le chef de bataillon Aupick. Pour l'enfant, c'est le drame. A partir de l'adolescence, les rapports vont se détériorer jusqu'à la rupture entre le second mari de Caroline et son beau-fils.

A dix-huit ans
- Renvoyé du collège Louis-le-Grand pour avoir refusé de dénoncer un camarade.
- Succès au baccalauréat, ce qui lui permet de s'inscrire à l'École de Droit. Il n'en suit pas les cours et commence à mener une vie assez dissipée.

> PREMIÈRE MALADIE VÉNÉRIENNE

- Contracte une blennorragie avec Sarah, dite Louchette, une prostituée qu'il installera dans ses meubles. Il sera atteint, et d'une façon irrémédiable, par la syphilis dans les années qui suivent sans qu'il soit possible de préciser où et quand. Mal renseigné comme ses contemporains, il commence à croire qu'il s'agit d'une maladie facilement guérissable. Quand, par la suite, il déchantera et se sentira la proie d'une sorte de fatalité biologique, il sera à plusieurs reprises tenté par le suicide.

A vingt ans

> VOYAGE EN BATEAU VERS L'INDE ET RETOUR

- Sa famille, inquiète de ses frasques et pour l'enlever «*au pavé glissant de Paris*», l'embarque en direction de l'Inde. Départ en juin 1841. Baudelaire refuse d'aller plus loin en décembre 1841, à l'île de la Réunion (alors île Bourbon). Il revient sur un autre bateau et débarque à Bordeaux en avril 1842.

  Il a donc, à l'âge de vingt et un ans, passé dix mois en mer, expérience qui marque une sensibilité. Cela lui donnera aussi une sorte d'originalité dans un milieu littéraire assez casanier et cela d'autant plus qu'il laissera parfois courir le bruit qu'il est allé jusqu'en Chine.

A vingt et un ans

- Devenu majeur, il demande à être mis en possession de l'héritage laissé par son père et jusque-là géré par un conseil de famille (qui a pris sur ce pécule pour payer le voyage).

> RENCONTRE DE JEANNE DUVAL

- Il rencontre Jeanne Duval, une mulâtresse qui semble avoir joué dans un théâtre. Il va lier sa vie à la sienne. La famille de Baudelaire sera évidemment scandalisée par cette liaison et cela d'autant plus que Baudelaire installe Jeanne chez lui. Il ne l'abandonnera pas en dépit de sa déchéance physique et de ses trahisons, se sentant sans doute coupable de lui avoir transmis la syphilis. Mais l'époque radieuse de leur rencontre sera à la source de très beaux poèmes des *Fleurs du Mal*.

A vingt-trois ans

> BAUDELAIRE DOTÉ D'UN CONSEIL JUDICIAIRE

- Baudelaire dilapide avec une grande prodigalité l'héritage paternel. Au bout de deux ans, il en a dépensé presque la moitié. La famille inquiète lui impose un conseil judiciaire. Il n'est donc plus le maître de sa fortune. Un notaire lui versera une pension équivalant approximativement au traitement d'un sous-chef de bureau.

Sur le plan économique et juridique, il est donc redevenu un mineur comme il l'était avant ses vingt et un ans. C'est le second grand drame de sa vie.

Baudelaire commence à publier dans des revues des poèmes (d'abord sous un pseudonyme) ou des textes de critique. Dans les années qui suivent, il fait paraître des comptes rendus des grandes expositions de peinture : ses *Salons* sont remarqués.

A vingt-quatre ans

- Tentative de suicide accompagnée d'une très belle lettre à son tuteur, le notaire Ancelle. Il lui demande, dans cette lettre, de léguer tout ce qu'il laisse à Jeanne Duval. Difficile de faire la part du sérieux et du jeu dans ce suicide manqué.

A vingt-cinq ans

> DÉCOUVERTE DU POÈTE AMÉRICAIN EDGAR POE

- La découverte de Poe semble se situer vers 1847, soit deux ans avant la mort du poète américain. Baudelaire a le sentiment d'avoir découvert un frère spirituel. Il va le traduire, écrire des articles sur lui, en faire la « promotion » pendant les décennies qui suivent. Il en acquiert une certaine notoriété, laquelle a parfois l'inconvénient de masquer son activité de poète.

1848

> ACCÈS DE FIÈVRE RÉVOLUTIONNAIRE

- Baudelaire a vingt-sept ans quand éclate la Révolution de 1848. Durant ces événements, et surtout durant les journées de Juin où la République utilise la méthode forte à l'égard du peuple, il est résolument du côté des insurgés. Selon plusieurs témoignages, il prend part à l'émeute et risque vraiment sa vie. Mais le coup d'État de 1851 va le dépolitiser.

1852

- Envoi de poèmes, anonymement et en déguisant son écriture, à Madame Sabatier, dite la Présidente. Il continue l'année suivante. En 1854, il envoie aussi à Marie Daubrun, une actrice, des lettres proches de celles destinées à Madame Sabatier.

  Dans les deux cas, il s'agit d'amours de tête, qui joueront un rôle important sur le plan de la création poétique, mais ces deux femmes sont loin de compter autant que Jeanne Duval dans la vie de Baudelaire.

- Baudelaire continue de publier en revue ou dans la presse, des poèmes, des textes critiques, des traductions de Poe, tout en se débattant au milieu d'inextricables ennuis financiers. Sans compter les ennuis de santé qu'il essaie d'apaiser par de l'éther ou du laudanum, remèdes parfois pires que le mal.

1855

- La mort de Gérard de Nerval, trouvé pendu dans une rue, le bouleverse.
- Parution des premiers poèmes en prose.

1857

- Mort de son beau-père, le général Aupick, en avril. Baudelaire va pouvoir rencontrer sa mère plus facilement. Elle s'installe à Honfleur et il la rejoindra à plusieurs reprises dans la période qui suit.

PREMIÈRE ÉDITION DES *FLEURS DU MAL*

- Poulet-Malassis, un éditeur comme Baudelaire un peu anarchiste et amoureux de la belle ouvrage, publie en juin 1857 *Les Fleurs du Mal*. Baudelaire a trente-six ans.

  On peut imaginer comme l'une des grandes joies de cette vie tourmentée le fait de tenir en main cette édition soignée de son premier recueil.

PROCÈS ET CONDAMNATION DES *FLEURS DU MAL*

- *Les Fleurs du Mal* paraissent en juin ; en août, en dépit des démarches de Baudelaire, le tribunal condamne le poète à une amende de 300 francs et demande la suppression de six poèmes.

  Après le remariage de sa mère et le conseil judiciaire, c'est le troisième grand drame de Baudelaire.

1859

- Séjours à Honfleur, chez sa mère. Loin des créanciers parisiens et dans un calme relatif, il réussit à travailler et à produire.

1860

- Parution des *Paradis artificiels*. Contrairement à une idée répandue, il ne s'agit pas d'un éloge de la drogue. Baudelaire condamne les excitants, non pas pour des raisons morales, mais parce que ces produits sont nuisibles à l'activité créatrice de l'artiste (dans la mesure où ils conduisent plus à une dissolution du moi qu'à sa concentration).

- Premières crises cérébrales.

1861

> SECONDE ÉDITION (augmentée) DES *FLEURS DU MAL*

- L'édition de 1861 est la dernière revue par Baudelaire. L'édition de 1868 a été faite par ses amis. Elle comporte de nouveaux poèmes, mais comme son organisation n'est pas due à Baudelaire, on se réfère plutôt à l'édition de 1861.
- Baudelaire continue d'écrire poèmes en vers, poèmes en prose, articles. Il publie, en particulier, un article sur Wagner, musicien à qui il a exprimé son admiration dans une lettre.
- Problèmes de santé qui lui font évoquer le suicide.
- Candidature à l'Académie française à laquelle il renonce après quelques visites (faites en 1862).

1862

- Baudelaire a le pressentiment du mal qui va s'abattre sur lui. Il a quarante et un ans.

> « J'ai cultivé mon hystérie avec jouissance et terreur. Maintenant, j'ai toujours le vertige, et aujourd'hui 23 janvier 1862, j'ai subi un singulier avertissement, j'ai senti passer sur moi *le vent de l'aile de l'imbécillité.* »

- Les poèmes en prose continuent de paraître dans la presse.
- Poulet-Malassis est en prison pour dettes.

1863

- Baudelaire se rend à Bruxelles. Ce départ vers la Belgique doit lui permettre de fuir ses créanciers, de gagner de l'argent en faisant des conférences et de trouver des éditeurs intéressés par la publication de ses œuvres.

  Mais ces projets tournent court et il reportera sur la Belgique la haine qu'il éprouvait pour la France.

1866

- Baudelaire est toujours à Bruxelles. En France, suite notamment à des articles de Verlaine et de Mallarmé, son audience s'élargit.

> BAUDELAIRE PARALYSÉ ET INCAPABLE DE PARLER

- Attaque d'hémiplégie. Baudelaire ne peut plus parler, mais, d'après ses amis, il comprend ce qui se passe autour de lui. Les sœurs chez qui il a été hospitalisé ne veulent plus le garder car il refuse de faire le signe de la croix et il doit retourner à son hôtel.
- Retour à Paris en juillet. En dépit des soins qui lui sont prodigués, il ne recouvre pas ses esprits. Ses amis l'entourent et le soutiennent jusqu'au bout.

1867

- Mort à Paris le 31 août.

  Il y a peu de monde à Paris puisqu'on est dans la période estivale et donc peu de monde à son enterrement. Selon des témoins, lorsque le convoi entra dans le cimetière Montparnasse, un coup de tonnerre éclata et des feuilles arrachées par les bourrasques du vent vinrent se déposer sur le cercueil. Comme si la nature avait voulu s'accorder à l'événement.

~~~~~~~~~~~~~~~~~~~~~~~~~~~~~~

Baudelaire ne fut jamais compris par les membres de sa famille, mais il suscita d'extraordinaires amitiés, en particulier celles de Poulet-Malassis, le premier éditeur des *Fleurs du Mal*, et d'Asselineau. Ceux-ci mirent tout en œuvre — parfois au détriment de leurs intérêts et en se heurtant à la sottise de la mère du poète — pour que puissent être éditées chez Michel Lévy les *Œuvres complètes* de leur ami. Le dernier des sept tomes paraîtra en 1870. Baudelaire commençait, partiellement grâce à eux, à faire figure de classique.

1949

La Cour de cassation annule la condamnation de 1857 et réhabilite Baudelaire. Les héritiers de Baudelaire, arguant du fait que les «pièces condamnées» n'ont pu, en principe, être éditées depuis 1857, réclament le droit de percevoir des droits d'auteur sur ces poèmes. La démarche n'aboutit pas.

2
CADRE HISTORIQUE

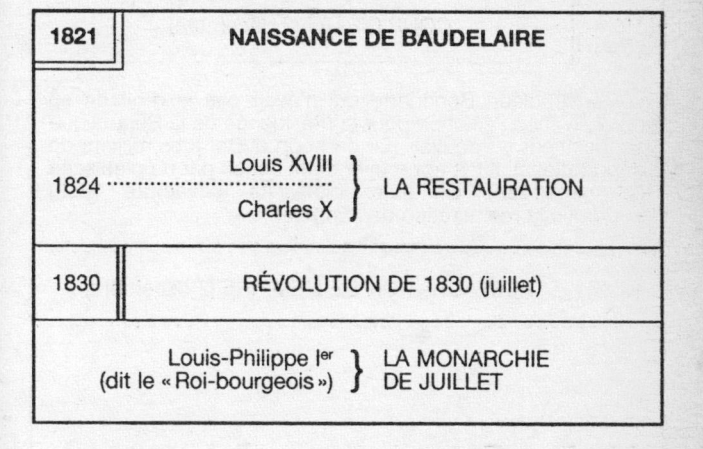

1821	**NAISSANCE DE BAUDELAIRE**
1824	Louis XVIII / Charles X } LA RESTAURATION
1830	RÉVOLUTION DE 1830 (juillet)
	Louis-Philippe Iᵉʳ (dit le « Roi-bourgeois ») } LA MONARCHIE DE JUILLET

| 1848 | RÉVOLUTION DE 1848 (février) |

Février : journées révolutionnaires qui entraînent le départ de Louis-Philippe et la proclamation de la République.

Juin : la nouvelle république réprime violemment un mouvement populaire (5 000 morts, 4 000 déportations).

Décembre : élection de Louis-Napoléon Bonaparte à la présidence de la République.

1848 ....

Louis-Napoléon Bonaparte } IIe RÉPUBLIQUE

1851

| 1851 | COUP D'ÉTAT (2 décembre) |

Louis-Napoléon Bonaparte qui n'avait pas le droit de se représenter à l'élection pour la présidence de la République se maintient au pouvoir par un coup d'État (des milliers de déportations). Il fait approuver cette action par un plébiscite (21 décembre). Un autre plébiscite (novembre 1852) approuve la restauration de l'Empire.

1852   RESTAURATION DE L'EMPIRE (2 décembre)

Napoléon III } SECOND EMPIRE

MORT DE BAUDELAIRE

1867

DEUXIÈME PARTIE

ÉLÉMENTS
sur
Les Fleurs du Mal

1
LES TITRES

On sait que Baudelaire a longtemps cherché le titre de son livre parce que le recueil a d'abord été annoncé sous d'autres titres. Le titre définitif aurait été choisi sur la suggestion d'un ami. Les titres envisagés ont été successivement :
- *Les Lesbiennes.*
- *Les Limbes.*
- *Les Fleurs du Mal.*

Les Lesbiennes

Dès 1845, sur des couvertures de livres, Baudelaire fait annoncer un ouvrage de poésie intitulé *Les Lesbiennes*.

Le problème est de savoir le sens exact qu'avait le terme à l'époque. Désignait-il seulement des femmes débauchées ou évoquait-il déjà sans ambiguïté l'homosexualité féminine ?

Claude Pichois fait remarquer que le sens homosexuel n'apparaît pas dans les dictionnaires du temps. Mais ces dictionnaires étaient plus pudibonds qu'aujourd'hui. Par ailleurs, comme le fait remarquer Pichois lui-même, les dictionnaires sont toujours en retard sur l'usage. On peut donc conclure avec lui que le sens moderne était bien présent dans les milieux littéraires.

Baudelaire écrivit un jour à Poulet-Malassis : « *J'aime les titres mystérieux ou les titres pétards.* » Le titre *Les Lesbiennes* correspond manifestement à la seconde de ces options. La censure était en effet assez chatouilleuse sur ces questions. La preuve en est que parmi les pièces condamnées figurent « Lesbos » et « Les Femmes damnées » et condamnées justement en fonction des références qu'elles contiennent à ce que l'on n'appelait pas encore l'« homosexualité féminine ».

Les Limbes

A partir de 1848, le recueil de poèmes de Baudelaire est annoncé sous un nouveau titre : *Les Limbes*. Si *Les Lesbiennes* se rangeait parmi les « titres pétards », le nouveau titre faisait partie des « titres mystérieux ».

On peut distinguer trois sens :
— le sens courant,
— le sens théologique,
— le sens chez Fourier.

En rapport avec le mot latin *limbus* (= frange, bord), le mot était et reste employé dans plusieurs domaines pour exprimer la même idée qu'en latin. Le titre pouvait donc évoquer ce que nous appellerions le monde de la marginalité. Pourtant, ce sont les sens spécialisés qui semblent prédominer.

Pour les catholiques, les *Limbes* désignent une région un peu particulière de l'Enfer. Ceux qui n'ont pas la chance d'aller directement au Paradis après leur mort peuvent se retrouver dans l'une de ces trois régions :
— l'Enfer,
— le Purgatoire,
— les Limbes.

L'Enfer est le lieu de souffrances *éternelles* pour ceux qui sont morts en état de péché mortel.

Le Purgatoire ressemble en tous points à l'Enfer, mais les

souffrances y sont *provisoires*. Au bout d'un temps, plus ou moins long selon la vie qu'on a menée, les portes du Paradis s'ouvrent.

Les Limbes sont une sorte de région intermédiaire (on retrouve l'idée de « frange »). Y séjournaient les âmes des hommes justes, mais qui, pour des raisons historiques, n'avaient pas pu bénéficier du baptême et des bienfaits du christianisme. Jésus était descendu dans les Limbes et avait permis à ces justes d'entrer au Paradis.

Dans les Limbes séjournent aussi les âmes des enfants morts sans baptême. Cette notion de Limbes permet d'éviter le scandale théorique qu'il y aurait à infliger une peine éternelle à des êtres incapables de pécher.

Le mot « Limbes » comportait peut-être aussi une allusion aux idées du penseur « socialiste » Charles Fourier (1772-1837). Baudelaire s'intéressa, en effet, à ce théoricien. Fourier pensait que la société industrielle faisait le malheur de l'homme. Il préconise donc l'organisation de « phalanstères » (des sortes de coopératives de production) qui doivent permettre d'aboutir à l'harmonie universelle. Il appelle « Limbes » la période où l'homme vit malheureux dans un monde en proie à l'industrialisation, période qui précède la venue de la grande harmonie.

Ce sens rejoint, en fait, le sens religieux, puisque la période limbique correspond à une sorte de pré-Paradis.

Baudelaire aurait-il conservé le titre *Limbes* ? A partir de 1852, le problème ne se pose plus car, à cette date, paraît un livre de poésie portant ce titre.

Les Fleurs du Mal

L'idée de la beauté comme une fleur sur un fumier, le sentiment qu'il peut exister une poésie du mal n'était pas neuve. La critique signale plusieurs références à cette idée chez Balzac et il serait certainement possible d'en trouver des exemples dans les siècles précédents. Ainsi, l'idée qu'il peut exister de beaux crimes est exprimée chez Corneille et Boileau affirme :

> « Il n'est point de serpent ni de monstre odieux
> Qui, par l'art imité, ne puisse plaire aux yeux. »

Le titre *Les Fleurs du Mal*, qui exprime bien cette idée que l'esthétique et l'éthique sont deux domaines différents, a été proposé par un ami de Baudelaire, Hippolyte Babou. Baudelaire dut comprendre rapidement combien il convenait parfaitement à son livre. Il l'adopta et n'évoqua plus, par la suite, d'autres possibilités.

A propos d'Hippolyte Babou, revenons sur ce qu'a de curieux le passage à la postérité. On ne sait plus le nom des gens importants qui gouvernaient la France du temps de Baudelaire, mais sont restés dans de nombreuses mémoires le nom de son éditeur, de quelques-uns de ses amis et même de la prostituée qui l'a gratifié de sa première maladie vénérienne.

Le nouveau titre est utilisé pour la première fois, en 1855, à propos de la publication dans la *Revue des Deux Mondes* d'un groupe de dix-huit poèmes. Cette première utilisation eut peut-être pour but d'éviter la mésaventure qui s'était produite avec *Les Limbes*.

Comment orthographier ce titre en ce qui concerne les majuscules : *Les fleurs du mal*, *Les fleurs du Mal*, *Les Fleurs du Mal* ? Baudelaire lui-même flotte.

Nous écrivons « *Mal* » avec une majuscule parce que Baudelaire adopte cette solution neuf fois sur dix. Elle a le mérite de faire apparaître le mal comme une sorte d'entité métaphysique, une sorte d'équivalent de Satan. Lorsque le mot « *mal* » est écrit avec une minuscule, il évoque plutôt le mal dans ses réalisations concrètes et anecdotiques.

Baudelaire écrit le plus souvent « *fleurs* » avec une minuscule, mais, selon le code adopté par cette collection, nous mettons la majuscule au premier mot du titre et au mot qui suit quand le premier mot est un article défini. Cette procédure ne concerne évidemment pas les citations puisque nous respectons toujours l'orthographe des textes originaux.

Quelle que soit la solution adoptée, veillez toujours à être «homogène», c'est-à-dire à vous en tenir à une seule solution.

Commentaire des titres

Chacun de ces titres a son intérêt.

Les Lesbiennes avait l'inconvénient d'être trop réducteur. Même si le mot n'évoquait que les «femmes damnées» d'une manière très générale, il ne manifeste que l'une des postulations autour desquelles s'articule le livre, la postulation vers Satan et non celle vers Dieu, le Spleen et non l'Idéal.

Son caractère provocateur aurait aussi occulté la profondeur du livre, ce que l'on pourrait appeler sa dimension pascalienne.

Le titre *Les Limbes* correspond mieux au livre car il évoque le caractère en marge du monde évoqué. De plus, les connotations religieuses conviennent bien à la métaphysique proche du catholicisme qui sous-tend l'œuvre. Certains poèmes se réfèrent même directement au texte de la Bible. Ce titre évoque aussi l'idée chère à Baudelaire que la recherche de la beauté implique une descente aux enfers.

Mais le titre *Les Fleurs du Mal* est certainement celui qui convient le mieux au recueil. Les deux termes juxtaposés (fleurs/mal) étaient antinomiques pour l'époque. En dépit des exceptions relevées plus haut, on vit sur l'héritage platonicien selon lequel il existe une corrélation entre le Bien et le Beau.

Nous sommes donc en présence d'une «alliance de mots» ou d'un «oxymoron» (on dit aussi «oxymore») c'est-à-dire d'une figure de style se caractérisant par la juxtaposition de deux mots dont les sens sont fortement contrastés.

Cette figure de style se rencontre très fréquemment dans *Les Fleurs du Mal*. Cette fréquence s'explique par la nature même de l'homme telle que l'envisage Baudelaire. Dans l'être humain, il voit perdurer, juxtaposés, le goût de la création et celui de la destruction, l'aspiration à une vie plus féconde (Éros) et la tentation de s'anéantir (Thanatos), la bestialité et l'aspiration au divin, ce que Pascal appelait l'ange et la bête, le sadisme et la charité, Satan et Dieu, le Spleen et l'Idéal, l'extase de la vie et l'horreur de la vie.

Le titre fait donc allusion à la beauté que l'artiste arrive à extraire du Mal, les poèmes étant comme des fleurs qui lui doivent vie. Mais il exprime en même temps la nature irrémédiablement double de l'homme et du monde.

2
LES ÉDITIONS

L'édition de 1857

Comme les autres poètes de son temps, Baudelaire commence à publier ses poèmes dans des revues. Il s'agit parfois de revues prestigieuses comme la *Revue des Deux Mondes* et *L'Artiste* ou de publications qui le sont moins : *Le Messager de l'Assemblée*, *Le Magasin des familles* et même *L'Écho des marchands de vin*.

Deux choses à noter, outre le fait qu'il publie ses premiers poèmes sous un pseudonyme :

— en 1843 (il a 22 ans), *La Démocratie pacifique* refuse un manuscrit « pour cause d'immoralité » ;

— en 1855, la *Revue des Deux Mondes* publie 18 poèmes de Baudelaire sous le titre « Fleurs du Mal » qui apparaît pour la première fois.

Et, toujours comme ses confrères en poésie, Baudelaire souhaite la parution de ses œuvres en recueil. Mais il veut un vrai livre et surtout pas une « plaquette » hâtivement imprimée. La rencontre de Poulet-Malassis va le décider. Il s'agit, en effet, d'un éditeur qui aime la littérature, a le sens de la beauté et n'apprécie pas trop l'ordre moral.

Un contrat est signé en 1856 avec Poulet-Malassis et son

associé ; le manuscrit leur est remis en février 1857 ; après des corrections d'épreuves minutieuses et laborieuses, le livre est imprimé et mis en vente le 25 juin 1857. Tiré à un peu plus de mille exemplaires, il contient cinquante-deux poèmes inédits.

Les poursuites judiciaires vont conduire à cacher des exemplaires ou à supprimer les pièces condamnées de volumes déjà imprimés. Mais des éditions complètes paraissent dès 1858.

L'édition de 1857 est donc l'édition originale des *Fleurs du Mal*. Elle a été soigneusement mise au point par Baudelaire, mais on lui préfère l'édition de 1861 qui comporte de nouveaux textes.

L'édition de 1861

Après l'édition de 1857, Baudelaire continue de publier des poèmes dans des revues : le célèbre « Albatros », mais aussi « Le Voyage », « La Chevelure », « Les Petites Vieilles » et d'autres textes.

En 1860, il signe un contrat, toujours avec Poulet-Malassis et son associé De Broise, pour la seconde édition des *Fleurs du Mal*. Il continue de publier en revue des poèmes qui prendront place dans le recueil (« Les Aveugles », « A une passante », « Hymne à la Beauté », « L'Horloge », etc.).

Au début de février, la seconde édition des *Fleurs du Mal* est mise en vente. Il s'agit donc d'une édition augmentée puisqu'elle comporte trente-cinq poèmes (dont un seul inédit) qui ne figuraient pas dans l'édition de 1857. Les pièces condamnées sont évidemment absentes du recueil.

Cette édition de 1861, la dernière revue par Baudelaire, constitue pour de nombreux critiques l'édition de référence.

L'édition de 1868

Baudelaire — en dehors de ses autres textes dont les poèmes en prose — continue de publier en revue des poèmes susceptibles de figurer dans *Les Fleurs du Mal* («Recueillement», «Le Gouffre», «Le Rebelle», «Crépuscule du matin», «Le Guignon», etc.).

En décembre 1868 paraît chez Michel Lévy le tome I des *Œuvres complètes de Baudelaire*. Il s'agit d'une édition des *Fleurs du Mal* contenant 151 poèmes qui sont précédés d'un texte de Théophile Gautier sur Baudelaire. Ce dernier est mort l'année précédente.

Les pièces condamnées ne figurent pas dans ce volume. Elles seront publiées l'année suivante à Bruxelles sous le titre *Les Épaves*.

Pourquoi cette histoire des éditions ?

Cette importance accordée à l'histoire des éditions correspond à notre souci de montrer qu'un livre n'est pas seulement un produit intellectuel. Il faut aussi le considérer comme le produit d'une technique et comme un produit commercial. Avant d'apparaître bien propre et définitif dans les pages d'un manuel, le texte a une histoire mouvementée qu'il importe de connaître.

Il fallait aussi connaître l'histoire de ces éditions pour mieux comprendre l'architecture des *Fleurs du Mal*.

3
L'ARCHITECTURE SECRÈTE

Le choix de l'édition

Quand on veut étudier la structure des *Fleurs du Mal*, un premier problème se pose : de quelles *Fleurs du Mal* parlons-nous ? De celles de 1857, de 1861 ou de 1868 ? De plus, que faisons-nous des pièces condamnées qui ont été retirées du recueil contre la volonté de l'auteur ? Nous connaissons leur place dans l'édition de 1857, mais où Baudelaire les aurait-il mises dans les éditions suivantes ?

En ce qui nous concerne, nous travaillerons avec l'édition de 1861 et nous prendrons comme unité de mesure la page dans l'édition de la Pléiade.

L'organisation du recueil en 1861

Les Fleurs du Mal comportent six parties qui sont précédées d'un poème d'introduction intitulé « Au lecteur ». Elles se présentent ainsi :

Au lecteur.

1. **Spleen et Idéal.**
2. **Tableaux parisiens.**
3. **Le Vin.**
4. **Fleurs du Mal.**
5. **Révolte.**
6. **La Mort.**

On peut donc déjà noter l'existence de parties avec des titres, ce qui correspond évidemment à une volonté d'organisation.

L'architecture secrète / 35

Pour donner maintenant une idée de l'importance relative de ces différentes parties, nous allons dessiner six bandeaux dont la longueur sera proportionnelle au nombre de pages consacrées à chaque partie dans notre édition de référence.

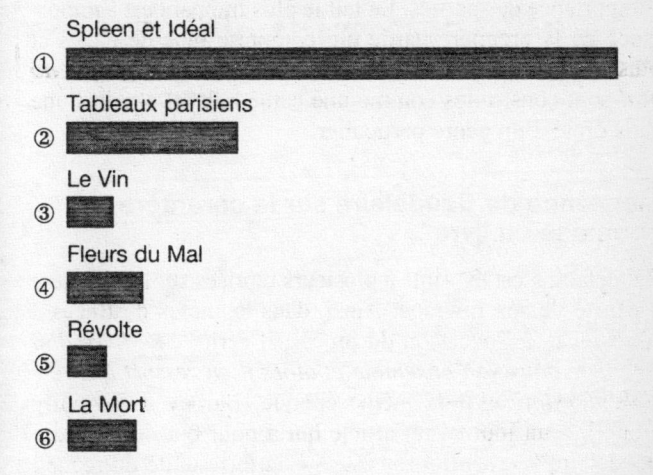

① Spleen et Idéal

② Tableaux parisiens

③ Le Vin

④ Fleurs du Mal

⑤ Révolte

⑥ La Mort

Ci-dessous, le nombre de pages à partir duquel nous avons dessiné ces bandeaux est complété par le nombre de poèmes pour chaque partie :

I	Spleen et Idéal	75 pages	85 poèmes
II	Tableaux parisiens	23 pages	18 poèmes
III	Le Vin	6 pages	5 poèmes
IV	Fleurs du Mal	10 pages	9 poèmes
V	Révolte	5 pages	3 poèmes
VI	La Mort	9 pages	6 poèmes

TOTAL 124 pages 126 poèmes

Si l'on ajoute le poème « Au lecteur » qui sert de prologue, nous avons donc en tout 126 pages et 127 poèmes.

L'examen de ces bandeaux et du tableau qui les complète permet déjà de constater une certaine disparité dans l'importance des parties. Le fait le plus frappant est l'importance de la première partie qui comporte plus de pages et plus de poèmes que tout le reste du livre. Si *Les Fleurs du Mal* sont construites comme une cathédrale, il s'agit d'une cathédrale d'un genre particulier.

Insistance de Baudelaire sur le caractère composé du livre

Baudelaire s'est exprimé à plusieurs reprises sur le caractère organisé de son ouvrage. Ainsi, dans les notes destinées à son avocat, à l'occasion du procès, il écrit : « *Le livre doit être jugé **dans son ensemble** et alors il en ressort une terrible moralité.* » A la même époque, Barbey d'Aurevilly propose à un journal un article qui a pour but de défendre Baudelaire. Ce confrère insiste sur la forte unité du recueil et même sur son « architecture secrète ». Cet article donne le sentiment d'avoir été écrit à partir des suggestions de Baudelaire et d'exprimer ses idées.

Un peu plus tard, en 1861, Baudelaire écrit à Vigny, en lui envoyant un exemplaire de la seconde édition : « *Le seul éloge que je sollicite pour ce livre est qu'on reconnaisse qu'il n'est pas un pur album et qu'il a un commencement et une fin. Tous les poèmes nouveaux ont été faits pour être adaptés au cadre choisi.* »

Intérêt relatif de ces affirmations

La note de Baudelaire à son avocat et l'article de Barbey d'Aurevilly perdent un peu de leur intérêt sur le plan esthétique quand on sait qu'ils entrent dans le cadre d'une stratégie de défense, alors que le livre est poursuivi par la justice. Il importe d'éviter que les juges, s'arrêtant sur tel ou tel texte, en viennent à condamner la totalité de l'ouvrage; ou d'éviter — ce qui se produira pourtant — une condamnation portant sur les poèmes les plus choquants, ce qui rendrait le livre invendable dans son intégralité.

La lettre envoyée à Vigny, de caractère privé et quatre ans après le procès, ne se rattache plus à ces considérations. Mais nous remarquons qu'elle traduit des ambitions plus modestes. Il n'est plus question d'une architecture secrète mais d'un livre qui a un commencement et une fin. Subsiste cependant l'idée d'un livre composé. Le problème est de savoir si la réalité correspond à ce vœu.

Un commencement et une fin

La fin de l'édition de 1857 n'est pas la même que celle de 1861. L'édition originale se terminait par le sonnet «La mort des artistes» qui sera remplacé en 1861 par «Le Voyage». Par ailleurs, Baudelaire a songé à une autre fin : un poème en «*tercets ronflants*» où il se serait adressé à Paris.

Si on accorde une importance rétroactive au dernier poème, la première édition apparaît plus axée sur la destinée de l'artiste. Dans la seconde, la perspective s'ouvre sur la condition humaine envisagée d'une manière plus générale. Enfin, la troisième solution aurait plus attiré l'attention sur le côté peinture de la ville qui s'était mis à prendre de l'importance avec l'introduction des «Tableaux parisiens».

De ces informations, il ressort deux faits :

— il existe une indéniable volonté d'organisation ;

— le plan du livre n'a pas existé avant l'écriture des poèmes et il n'a jamais été définitif.

Une organisation a posteriori mais...

Pour l'essentiel du livre, le plan d'ensemble n'a pas précédé mais suivi l'écriture des poèmes. En 1857, Baudelaire dispose d'un certain nombre de poèmes dont l'écriture s'échelonne sur une quinzaine, peut-être une vingtaine d'années. Il va tenter de les organiser tant bien que mal.

En 1861, il dispose de 35 nouveaux poèmes, mais doit écarter les six poèmes condamnés. Il s'efforce de ranger les nouveaux poèmes dans l'ancienne structure, mais, comme il n'y parvient pas parfaitement, il crée une nouvelle partie, « Les Tableaux parisiens », qui prend place entre « Spleen et Idéal » et « Le Vin ».

Baudelaire, dans l'esprit de ce qu'il a écrit à propos de Poe, voudrait nous faire croire à une œuvre parfaitement concertée. Mais un examen un peu poussé sème le doute et montre qu'il s'agit d'une organisation a posteriori essayant de « faire avec ».

Cependant, il n'est pas possible d'écarter complètement la phrase de la lettre à Vigny où il est dit que certains poèmes ont été écrits en fonction du plan : « *Tous les poèmes nouveaux ont été faits pour être adaptés au cadre choisi.* »

Il s'est donc établi une sorte de va-et-vient des poèmes au plan et du plan aux poèmes. La structure a commencé par intégrer les poèmes disponibles, mais elle en a peut-être ensuite suscité d'autres.

Si l'on ne craignait pas l'anachronisme, on serait tenté de dire que l'organisation des *Fleurs du Mal* était à géométrie variable. Baudelaire, vivant trente ans de plus, n'aurait cessé d'ajouter des poèmes, de réfléchir à une meilleure disposition : un peu à l'image de ce que fit Balzac pour les romans constituant *La Comédie humaine*.

Que retenir ?

Il faut tout d'abord garder à l'esprit le tableau que nous avons établi plus haut. Il peut être utile au moment de l'explication.

Mais qu'en est-il de cette architecture secrète évoquée par Barbey d'Aurevilly ? Nous constatons simplement qu'il a existé une volonté d'agencement et une direction du livre qui n'ont jamais été vraiment définitives. Notre proposition d'interprétation de l'ordre du recueil n'a que la prétention d'être une approche.

Il importe avant tout de penser que Baudelaire a souhaité organiser son recueil comme il procédait quand il écrivait un poème. Un poème est un réseau de mots entre lesquels s'opèrent des phénomènes d'échos et d'éclairages réciproques. Il en va de même entre les pièces d'un recueil. Il sera donc toujours bon, à un moment ou à un autre du commentaire d'un poème, de se référer à la situation du texte dans l'œuvre. Et, plus qu'un plan, on cherchera à retrouver les grandes lignes d'une cohérence poétique.

Mouvement du recueil

Les *Fleurs du Mal* comprennent donc six parties dont nous tentons de dégager le mouvement.

▶ La première partie intitulée « Spleen et Idéal » exprime d'abord les aspirations du poète, la difficulté de sa condition, son culte de la Beauté. Mais l'Idéal ne concerne pas seulement l'Art : il touche plus vivement encore à l'Amour, auquel une quarantaine de poèmes sont consacrés. Par l'art ou par l'amour, c'est à un monde idéal — inaccessible — que l'homme voudrait accéder. Mais le Mal est partout présent ; quand bien même le poète voudrait en extraire la beauté, il ne peut lui échapper. Alors, c'est la chute, l'enlisement dans le spleen, dans l'angoisse, dans l'horreur du quotidien. Il faut tout tenter pour en sortir.

Ce titre de partie, « Spleen et Idéal », qui aurait pu convenir à l'ensemble du livre, correspond à la fameuse phrase qui figure dans « Mon cœur mis à nu » : « *Il y a dans tout homme, à toute heure, deux postulations simultanées, l'une vers Dieu, l'autre vers Satan. L'invocation à Dieu, ou spiritualité, est un désir de monter en grade ; celle de Satan, ou animalité, est une joie de descendre.* »

▶ La deuxième partie, sous le titre de « Tableaux parisiens », décrit une première tentative pour se libérer du Spleen, fuir le cycle fatal de la désillusion : il s'agit de s'intéresser à la ville, aux gens, aux déshérités. Mais le poète rencontre dans le spectacle des autres l'image de ses propres obsessions : la cité « *servile* » est le lieu du péché ; partout l'Idéal est bafoué ; le Spleen s'étend sur toute la ville (le recueil des poèmes en prose est d'ailleurs intitulé *Le Spleen de Paris*).

▶ La troisième partie, « Le Vin », est une série… joyeuse. Le vin y est évoqué comme une évasion positive, l'ivresse redonnant à l'homme « *l'espoir, la jeunesse et la vie* ». Mais bien sûr, l'oubli que « *l'Humanité frivole* » cherche dans le vin n'est qu'un mirage, une illusion de paradis.

▶ Alors viennent les trois sections désespérées du recueil. La partie intitulée « Fleurs du Mal » développe la tentation de la débauche : l'amour n'y est plus que l'occasion de vivre une sorte d'idéalisme dans le Mal, caricature de l'Idéal, vertige de la souffrance cultivée pour elle-même.

▶ La « Révolte » éclate alors, révolte contre Dieu, révolte contre le monde, révolte contre l'homme : mais cette révolte n'est qu'un cri, une attitude dont l'éclat, consolation trop provisoire, ne change rien aux choses.

▶ La sixième partie envisage enfin « La Mort » comme seule issue désirable, seule évasion possible, seule délivrance des hommes, qui réserve peut-être au poète la divine surprise, en plongeant « *au fond de l'Inconnu* », de « *trouver du nouveau* ».

L'architecture secrète / 41

Cette architecture, soigneusement désespérée, donne un implacable mouvement aux *Fleurs du Mal*. Dans les poèmes que nous expliquons, nous en avons suivi la logique. Mais ce tableau du Mal humain ne se limite pas à son contenu : la «réponse» de Baudelaire au monde qu'il décrit, c'est justement l'art par lequel il transfigure la réalité, aussi laide soit-elle, — ce sont les «Fleurs» qu'il en retire, c'est l'univers *esthétique* qu'il lui oppose.

Dans un projet d'«Épilogue» pour l'édition de 1868, Baudelaire, s'adressant à Paris, mais aussi à l'humanité et à la grande Nature, proclame :

> «Tu m'as donné ta boue et j'en ai fait de l'or.»

TROISIÈME PARTIE

12 EXPLICATIONS

L'idéal poétique

1. L'Albatros.
2. Correspondances.
3. Hymne à la Beauté.

1

L'ALBATROS

L'Albatros

Souvent, pour s'amuser, les hommes d'équipage
Prennent des albatros, vastes oiseaux des mers,
Qui suivent, indolents compagnons de voyage,
4 Le navire glissant sur les gouffres amers.

À peine les ont-ils déposés sur les planches,
Que ces rois de l'azur, maladroits et honteux,
Laissent piteusement leurs grandes ailes blanches
8 Comme des avirons traîner à côté d'eux.

Ce voyageur ailé, comme il est gauche et veule !
Lui, naguère si beau, qu'il est comique et laid !
L'un agace son bec avec un brûle-gueule,
12 L'autre mime, en boitant, l'infirme qui volait !

Le Poète est semblable au prince des nuées
Qui hante la tempête et se rit de l'archer ;
Exilé sur le sol au milieu des huées,
16 Ses ailes de géant l'empêchent de marcher.

CONDITIONS DE PUBLICATION

Le poème paraît pour la première fois dans la *Revue française* en 1859. Il est donc absent de la première édition des *Fleurs du Mal* (1857). Dans l'édition de 1861, comme dans celle de 1868, il constitue la pièce 2 de la première partie. Il figure donc au début de « Spleen et Idéal », immédiatement après « Bénédiction ».

CONDITIONS D'ÉCRITURE

Le texte a-t-il été écrit par Baudelaire au cours de sa longue traversée de 1841-1842 ou plus tard ? Le fait que le poème soit absent de l'édition de 1857 incite à penser qu'il n'a pas été écrit durant le voyage, mais sans que cela puisse constituer une preuve. Cependant, même si « L'Albatros » a été écrit plusieurs années après le voyage, il est probable que l'image centrale a été fournie par un souvenir datant de cette époque.

L'ADJONCTION DE LA TROISIÈME STROPHE

Au directeur de la *Revue contemporaine* qui souhaitait qu'il modifie légèrement ses textes, Baudelaire écrivit sèchement en 1860 : « *Je suis désolé de vous faire observer pour la dixième fois qu'on ne retouche pas MES vers. Veuillez les supprimer.* »

Mais l'avis des gens compétents l'intéresse. Il lui arrive d'interroger ses amis ou, comme c'est le cas ici, d'écouter leurs suggestions.

« L'Albatros » ne comportait, en effet, à l'origine, que trois strophes. L'ayant lu, Asselineau, un des amis les plus fidèles de Baudelaire, lui fit part de ses remarques :

> **« La pièce de *L'Albatros* est un diamant ! — Seulement je voudrais une strophe entre la deuxième et la dernière pour insister sur la gaucherie, du moins sur la gêne de l'albatros, pour faire tableau de son embarras. Et il me semble que la dernière strophe rejaillirait plus puissante comme effet. »**

Baudelaire obtempéra. On trouve même, dans la strophe ajoutée, l'adjectif « gauche » qui rappelle le mot « gaucherie » employé par Asselineau.

VARIANTES

En dehors de l'importante adjonction (avant publication) que nous venons d'évoquer, on note peu de variantes :

Vers 3 : « *indolents* compagnons de voyage » remplace « *curieux* compagnons de voyage ».

Vers 12 : Baudelaire met un point d'exclamation à la place d'un point à la fin du vers.

LE THÈME DE POÈTE MAUDIT

En 1884, Verlaine publiera sous le titre *Les Poètes maudits* un livre contenant des articles sur Rimbaud, Corbière, Mallarmé, Marceline Desborde-Valmore, Villiers de l'Isle-Adam et lui-même.

Le thème du poète, maudit parce qu'en rupture avec la société, avait déjà inspiré les romantiques, mais il prend une acuité toute nouvelle à partir de Baudelaire. « L'Albatros » est clairement et uniquement centré sur ce thème.

Sa situation dans le recueil, juste après « Bénédiction », dont le titre est ambigu, ne doit évidemment rien au hasard.

STRUCTURE DU POÈME

Quand un candidat commence son explication en disant « *Du vers 1 au vers 4, l'auteur...* », puis, « *Du vers 5 au vers 8, il montre...* », et toujours dans le même style, « *Ensuite du vers 9 au vers 11, le poète...* », nous avons immédiatement tendance à nous endormir. Il s'agit, en effet, d'une méthode fâcheuse héritée du collège. Et s'il nous arrive de sortir de notre torpeur, c'est pour lui dire « Un texte n'est pas un saucisson ! » ou « On ne vous a pas demandé une nouvelle version de *Massacre à la tronçonneuse* ! »

Il n'y a pas de règle absolue, mécaniquement applicable, et il peut arriver qu'un tel découpage en tranches convienne, mais la chose est assez rare.

Étudier la structure du texte ne consiste pas à en établir le plan dans le sens traditionnel du découpage en segments. Il faut trouver la ou les grandes articulations, ce qui n'empêche pas, dans une phase ultérieure, de procéder à d'autres découpages.

On trouvera des exemples de ce que nous entendons par là tout au long de ce livre, mais le cas de « L'Albatros » permet de fournir un premier exemple.

Axe et articulation

Ce poème est constitué par les deux termes d'une *comparaison* reliés par une expression servant à faire le lien.

Le *terme de liaison* est « *est semblable* ».

Le *comparant*, c'est-à-dire la partie de la comparaison qui fait image, est l'albatros.

Le *comparé*, c'est-à-dire ce dont on parle et qu'illustre le comparant, est le poète.

Dans la phrase « *Le poète est semblable au prince des nuées* », les éléments sont dans l'ordre (comparé + terme de liaison + comparant). Mais, le poème est organisé en fonction de l'ordre inverse : c'est d'abord le comparant qui apparaît.

Du point de vue du nombre de vers, nous constatons une disproportion entre le comparant (12 vers) et le comparé (4 vers), mais cela s'explique quand on y regarde de plus près. En effet, dans le dernier tercet, quand il parle du poète, Baudelaire continue de parler de l'oiseau. Cela nous conduit à relire le début du poème et à comprendre que lorsqu'il ne parle que de l'oiseau, il parle déjà du poète. Il établit de fait un *parallélisme* entre les deux situations.

Ces deux situations se caractérisent par une opposition très forte : opposition entre l'oiseau dans les airs et l'oiseau au sol ; opposition entre le poète dans les régions élevées de la création et le poète en proie aux tribulations du quotidien.

Dans les airs	Au sol
vastes oiseaux des mers	maladroits et honteux
rois de l'azur	laissent piteusement traîner à côté d'eux
ce voyageur ailé	comme il est gauche et veule
si beau	comique et laid
qui volait	l'infirme
prince des nuées	
qui hante la tempête et se rit de l'archer	exilé
ailes de géant	l'empêchent de marcher

L'étude de cette structure nous a montré que ce poème était de bout en bout une *comparaison filée*. Dans le vocabulaire de la rhétorique, on parle aussi, dans ce cas, d'un *symbole*.

Ce symbole permet à Baudelaire d'*illustrer* (dans le sens concret, pictural de ce terme) le thème du poète maudit. A l'idée (par définition abstraite), Baudelaire substitue une image.

Quand il existe comme ici une correspondance d'éléments à éléments, la critique contemporaine parle aussi d'*allégorie*. Il est conseillé de préciser l'acception de ce terme qui a été choisie, si l'on y recourt.

« L'Albatros » est donc un *symbole* du poète maudit. La malédiction découle de son inadaptation à la société dans laquelle il vit. Les gens dont les préoccupations sont beaucoup plus terre à terre le trouvent ridicule et il en souffre. Ce qui aurait dû être une bénédiction — le don de créer — devient une malédiction.

Nous remarquons que le sens de ce symbole est clair. Il serait possible de parler d'un symbole « fermé » dans la mesure où il n'y a aucune marge d'interprétation, le symbole étant parfaitement explicité.

Le symbolisme, mouvement littéraire dont Baudelaire est l'un des précurseurs, aura tendance à préférer les symboles ouverts, c'est-à-dire susceptibles de plusieurs interprétations. Ainsi, le poème de Mallarmé qui commence par «*Le vierge, le vivace et le bel aujourd'hui*» évoque un cygne pris dans les glaces. Il s'agit sans doute d'un symbole du poète impuissant et incapable d'atteindre l'absolu (comme le cygne est incapable de prendre son envol). Mais le sens du poème n'est pas explicité et, de ce fait, il pourrait servir à d'autres interprétations.

Le seul travail sur la structure du texte a donc permis de mettre en évidence la figure de style dominante et l'effet qu'elle produit. Il a fait aussi ressortir un jeu d'oppositions.

LE JEU DES OPPOSITIONS

Ce poème est donc tout entier structuré par un jeu d'oppositions. Pour faciliter le commentaire de cette structure, nous la mettrons en évidence graphiquement. Tout ce qui concerne l'oiseau dans les airs est en caractères italiques. Tout ce qui concerne l'oiseau (et toujours, en parallèle, le poète) au sol est en caractères gras.

> Souvent, pour s'amuser, les hommes d'équipage
> Prennent des albatros, *vastes oiseaux des mers*,
> Qui suivent, indolents compagnons de voyage,
> Le navire glissant sur les gouffres amers.

> À peine les ont-ils déposés sur les planches,
> *Que ces rois de l'azur*, **maladroits et honteux**,
> **Laissent piteusement** *leurs grandes ailes blanches*
> Comme des avirons **traîner à côté d'eux.**

> *Ce voyageur ailé*, **comme il gauche et veule**!
> *Lui naguère si beau*, **qu'il est comique et laid**!
> L'un agace son bec avec un brûle-gueule,
> L'autre mime en boitant **l'infirme** *qui volait*!

> Le Poète est semblable *au prince des nuées*
> *Qui hante la tempête et se rit de l'archer*;
> **Exilé sur le sol au milieu des huées**,
> *Ses ailes de géant* **l'empêchent de marcher.**

L'étude de ce jeu d'oppositions permet plusieurs remarques :

• Il est présent et d'une manière importante tout au long des trois dernières strophes.

• Il est absent de la première strophe, mais il va de soi que cette strophe tout entière s'oppose à la strophe 3. Cette strophe 3, selon le vœu d'Asselineau, vient donc renforcer l'opposition et mieux préparer ainsi l'effet de la dernière strophe.

• La présence de la césure au milieu de l'alexandrin qui permet de bien distinguer deux éléments d'égale longueur (les hémistiches) se prête bien à la mise en évidence des oppositions. Corneille, par exemple, utilise fréquemment cette possibilité («*A vaincre sans péril, on triomphe sans gloire*»). Baudelaire a recours plusieurs fois à ce procédé (vers 6, 7, 9, 10, 16) :

> «*Que ces rois de l'azur, // maladroits et honteux,*»
> «*Laissent piteusement // leurs grandes ailes blanches*»

Nous remarquons, dans les deux vers qui se suivent, le croisement des éléments (beauté + laideur/laideur + beauté) : on pourrait parler d'une structure en chiasme (voir encadré page 266).

> «*Ce voyageur ailé, // comme il est gauche et veule!*»
> «*Lui naguère si beau, // qu'il est comique et laid!*»

Cette fois, à la différence du cas précédent, nous sommes, du point de vue de la construction, en présence d'un parallélisme (dans les deux cas le même ordre : beauté + laideur). Baudelaire éprouve le besoin de varier car le retour de la même procédure serait fastidieux.

> «*Ses ailes de géant // l'empêchent de marcher.*»

• Si Baudelaire utilise d'une manière assez importante (5 vers sur 16) cette possibilité offerte par l'alexandrin, il ne s'y cantonne pas ; l'opposition peut se trouver à l'intérieur de l'hémistiche (vers 12 : «l'infirme/*qui volait!*») ; elle peut concerner des éléments plus longs (les trois hémistiches des vers 13 et 14 s'opposant aux deux hémistiches du vers suivant); enfin, comme nous l'avons vu, opposition d'une strophe à une autre.

• Importance du dernier vers : l'opposition entre les deux hémistiches du dernier vers est une synthèse de tout ce qui précède. Le reste du poème apparaît tout entier comme destiné à préparer ce coup de cymbale final. Nous retrouverons souvent par la suite des exemples de cette procédure que Victor Hugo, avant Baudelaire, utilise de main de maître.

Il ressort de cet examen que ce jeu d'oppositions structure vraiment le poème. L'étude de détail montre le caractère concerté du texte tout entier tourné vers la mise en œuvre d'un contraste et l'effet du dernier vers.

Cette étude du jeu des oppositions pourra être complétée par quelques remarques sur la nature même du vocabulaire qui constitue les segments opposés. Expressions emphatiques ou soutenues (notamment les périphrases des vers 2, 6, 9, 13) pour évoquer la grandeur; accumulation d'adjectifs pour marquer la déchéance.

Les effets de rythme viennent aussi renforcer cette opposition. Ainsi l'essor rythmique dans :

« [...] leurs grandes ailes blanches »

suggère à merveille l'ampleur du vol.

Le rejet interne dans le vers 8 :

« Comme des avirons // *traîner* [...] »

suggère, lui, la pesanteur propre au retour sur la terre.

• L'idée de « grandeur » peut être suggérée par le seul jeu des sonorités. Ainsi, l'obligation d'ouvrir largement la bouche pour dire « *vastes oiseaux des mers* » nous conduit à « entrer » dans l'envergure.

A noter, au passage, le pluriel *« des mers »*. L'expression *« oiseau de mer »* aurait eu un sens purement technique. Le pluriel accentue l'idée d'immensité.

LA CHUTE DE L'ANGE OU L'EXIL SOCIAL

Un symbole est la représentation concrète d'une idée. Ainsi, le drapeau, élément visible, palpable, est le symbole de la patrie.

De la même manière, « L'Albatros » rend concrète une idée qui pourrait se résumer ainsi : le poète est parfaitement à l'aise dans l'univers de la création et, en cela, il est supérieur aux autres hommes ; mais il est maladroit dès qu'il s'agit du quotidien, ce qui lui vaut le mépris et les moqueries de ses contemporains.

Mais le poème fait image. Il donne à voir, nous faisant passer de l'abstrait au concret.

Il est possible d'étudier, dans une même partie, l'ensemble des éléments qui s'adressent aux sens, tous ces éléments qui font que la poésie se distingue d'un simple exposé théorique. Ces notations s'ajoutent à celles faites dans les parties précédentes, mais l'étude est centrée sur le thème de l'exil social.

• Le mot « *Souvent* », bien mis en évidence par sa position au début du poème, montre qu'il ne s'agit pas d'une scène exceptionnelle. Le spectacle est fréquent et donc le phénomène qu'il évoque permanent.

• Nous venons de voir le recours au rythme en deux temps de l'alexandrin pour mettre en œuvre les oppositions. Le rythme est un bon moyen pour agir sur les sens. Un bon exemple d'effet de rythme est fourni par la première strophe. Nous avons trois vers articulés par des virgules qui sont suivis d'un vers sans aucun signe de ponctuation :

> « Souvent, / pour s'amuser, / les hommes d'équipage
> Prennent des albatros, / vastes oiseaux des mers, /
> Qui suivent, / indolents compagnons de voyage, /
> Le navire glissant sur les gouffres amers. »

Il s'agit évidemment, pour l'auteur, par ce vers d'une seule coulée s'opposant à des vers qui ne sont pas du même type, de suggérer le glissement du bateau dont il parle.

• Le resserrement progressif du champ : nous sommes, avec la première strophe dans l'immensité (le ciel puis la mer) ; le champ se rétrécit ensuite pour ne concerner que le pont du bateau ; nouveau rétrécissement dans la strophe 3 pour aboutir à un « gros plan » (« *L'un agace son bec avec un brûle-gueule* »). Ce resserrement du champ correspond à la chute du poète quand il quitte l'azur de la création pour les tribulations du quotidien.

• L'image saisissante des *ailes* qui se pétrifient en *avirons* : c'est vraiment la chute de l'ange dans la matière.

• Le recours à un vocabulaire familier (« brûle-gueule ») pour faire sentir le prosaïsme de la situation. Effet plus net à l'époque de Baudelaire qu'aujourd'hui. Il n'y avait pas très longtemps que Vigny avait provoqué un scandale en utilisant le mot « mouchoir » dans une traduction de Shakespeare.

• Côté concret rendu par ce qui est presque du style direct. On croit entendre l'équipage se gausser dans les exclamations « [...] *comme il est gauche et veule !*/[...] *qu'il est comique et laid !* »

Cet élément et celui qui précède peuvent être regroupés dans un paragraphe sur l'évocation réaliste.

• Se rattachant toujours à « l'évocation réaliste », le fait que les personnages soient décrits en action (« *L'un agace son bec... L'autre mime...* »).

UN EXEMPLE D'ANACOLUTHE

L'*anacoluthe* est une figure de style qui se caractérise par une rupture de construction, une sorte de défaut expressif.

Nous notons la présence d'une anacoluthe à la fin de « L'Albatros ». En effet, le début du vers 15 (« *Exilé sur le sol [...]* ») implique une suite avec un verbe dont le sujet serait le poète (exactement le poète-albatros) à quoi correspond « *Exilé* ». Il se produit donc comme une sorte de bifurcation de la phrase avec l'apparition d'un couple sujet-verbe qui n'est pas celui que l'on attendait.

Nous avons indiqué qu'il était inutile de signaler la présence d'une figure de style si cette notation n'était pas complétée par l'analyse de l'effet produit. Ici, il semble s'agir simplement d'un effet de condensation résultant de l'ellipse d'un élément de la phrase : « *Quand il est* exilé sur la terre... » : par le resserrement qu'elle entraîne, l'anacoluthe renforce l'antithèse qui sert de conclusion au poème et en résume la substance.

L'anacoluthe est d'un maniement difficile, car ce qui est procédé de style ici peut être maladresse là ; de ce fait, il vaut mieux éviter d'y recourir dans un exposé théorique.

Ainsi, pour l'exemple qui suit, emprunté à un livre sur le marché de l'automobile ; l'auteur parle des pots d'échappement catalytiques qui permettent de diminuer la pollution :

« *Enfin, il faut remarquer qu'aux États-Unis même, 70 % des catalyseurs en circulation ne fonctionnent pas. Déréglés, les propriétaires ne les font pas réparer.* »

Après « *Déréglés* », on attend normalement un pronom relayant « catalyseurs ». Un esprit très bienveillant considérera que l'auteur veut aller vite (il sous-entend « *Quand ils sont...* ») et fait confiance au lecteur. Mais un puriste — et les correcteurs le sont souvent — estimera qu'il y a là une incorrection.

Le thème de l'exil social

L'étude attentive du thème de l'exil social permet quelques constatations :

— Le développement du symbole met bien en évidence l'inadaptation du poète (à l'aise dans les hautes sphères de la création, maladroit quand il s'agit d'étreindre la rugueuse réalité).

— Le poème insiste tout autant, sinon plus, sur le fait que c'est le regard social qui enfonce le poète dans sa maladresse. Les hommes d'équipage évoquent la conjuration des médiocres toujours prêts à se moquer de ceux qui sortent de l'ordinaire.

Le rire n'est d'ailleurs qu'une réaction pour faire rentrer l'excentrique dans l'ordre. S'y ajoutent des mesures d'un autre ordre. L'un des matelots se contente de « mimer », l'autre s'amuse à torturer l'oiseau (« *Agace son bec...* »).

Il en va de même dans la société. Les caricaturistes se moquaient de Baudelaire comme durent le faire ses camarades de lycée ou des membres de sa famille. Mais il y eut aussi le conseil judiciaire, la condamnation des *Fleurs du Mal*, le risque d'un emprisonnement pour dettes (auquel n'échappera pas Poulet-Malassis).

L'attitude de la société peut s'expliquer par sa tendance à rendre tout le monde conforme. Mais le parallèle avec les matelots montre qu'il existe aussi une sorte de sadisme lié à une soif de revanche vis-à-vis de ceux qui les dépassent. Pensons à Mirabeau, disant superbement à Chateaubriand : « *Ils ne me pardonneront jamais ma supériorité !* »

— Il serait possible, mais rapidement, d'évoquer d'autres poètes maudits (Corbières, Verlaine, Rimbaud, etc.) pour faire ressortir ressemblances et différences.

Pour l'essentiel se retrouvent les mêmes constantes : par définition, l'artiste original ne suit pas la norme dans le domaine esthétique ; dans certains cas, cette anormalité concerne des domaines autres que celui de l'esthétique ; l'artiste rompt donc en visière avec l'ordre social, d'où des réactions de rejet. Le poète devient, à tous les sens du terme, un souffre-douleur.

— L'ampleur prise par le thème du poète maudit a contribué à la naissance du poncif inverse : je suis excentrique dans mon comportement social, donc j'ai du génie. Jules Renard se moque de cette attitude quand il écrit dans son *Journal* (2 janvier 1890) :

> « On peut être poète avec des cheveux courts.
> On peut être poète et payer son loyer.
> Quoique poète, on peut coucher avec sa femme.
> Un poète, parfois, peut écrire en français. »

PLAN D'UN COMMENTAIRE COMPOSÉ

Comme l'indique son nom, le commentaire est « composé ». Il faut donc éviter l'étude linéaire c'est-à-dire l'étude qui se contente de suivre le texte.

Les matériaux de l'explication sont donc regroupés à l'intérieur de deux ou trois centres d'intérêt ; s'y ajoutent une introduction et une conclusion.

Les trois parties de notre commentaire composé sont apparues dans les pages précédentes :

1. LA MISE EN ŒUVRE DU SYMBOLE
2. LE JEU DES OPPOSITIONS
3. LA CHUTE DE L'ANGE OU L'EXIL SOCIAL

LECTURE MÉTHODIQUE

Sur les ressemblances et les différences entre le commentaire composé et la lecture méthodique, se reporter page 279.

D'AUTRES OISEAUX

— Description d'oiseaux dont « Le Cygne » qui fut très étudié dans les écoles par Buffon, naturaliste du XVIIIe siècle.

— Chez Musset, le pélican qui donne son cœur en pâture à ses enfants : « *Pour toute nourriture, il apporte son cœur* » (symbole du poète qui livre le sien au public) dans *La Nuit de mai* (1835).

— Deux livres sur les oiseaux parus avant la première version connue de « L'Albatros », livres qui ont peut-être contribué à réactiver un ancien projet d'Alphonse Toussenel, un ami de Baudelaire. *Le Monde des oiseaux, ornithologie passionnelle* (1852) et *Les Oiseaux* de Michelet (1856).

— Chez Baudelaire lui-même, « Le Cygne » dans les « Tableaux parisiens » (un cygne perdu sur le pavé sec de Paris et regrettant «*son beau lac natal*») et « Les Hiboux » (pièce 168).

— Le cygne de Mallarmé dans « *Le vierge, le vivace et le bel aujourd'hui* » (symbole du poète incapable de créer, de s'envoler vers l'Azur c'est-à-dire l'absolu, mais symbole ouvert).

— Un aigle et un condor chez Leconte de Lisle (mais simplement décrits en conformité avec l'esthétique parnassienne et donc sans caractère symbolique).

— « Le Cygne » de Sully Prudhomme (1839-1907) : comme chez Leconte de Lisle, une simple description soucieuse d'effets plastiques.

A quoi il faudrait ajouter *L'Oiseau bleu* de Maeterlinck, *L'Oiseau de feu* de Stravinsky, les *Oiseaux* de Saint-John Perse et bien d'autres.

ARTICLE EN REVUE

Sur une source possible de « L'Albatros », voir l'« Albatros de Polydore Bounin » dans « Notes et documents baudelairiens », *Revue d'histoire littéraire de la France*, octobre-décembre 1957, par Pierre Guiral et Claude Pichois.

Pour des directions de recherche, et cela vaut pour tous les poèmes qui suivent, se reporter à l'édition de la Pléiade par Claude Pichois.

Ci-dessous, quelques strophes (il en comporte trente !) du poème de Bounin, paru en 1838 dans *Le Sémaphore de Marseille*, dont nous venons de parler :

> **Et là triste victime à grand bruit méprisée,**
> **Des matelots grossiers misérable risée,**
>   **Accroupi sur le pont,**
> **Sans pouvoir s'envoler tourmenter sa pauvre aile,**
> **Et se débattre en pleurs sous l'insulte cruelle**
>   **Que vingt hommes lui font !**
>
> **Angoisse de captif ! révoltante misère !**
> **L'un prend entre ses doigts son bec pâle qu'il serre,**
>   **A moitié l'étouffant,**
> **L'autre de son pied rude ignoblement le pousse,**
> **Celui-là fait asseoir sur sa croupe le mousse**
>   **Impitoyable enfant.**
>
> **Qui souille de goudron son éclatante robe,**
> **Qui marche sur ses pieds, qui blesse et qui dérobe**
>   **Une plume à son flanc !**
> **Plus il manque d'espoir, de force, de défense,**
> **Et plus on multiplie autour de lui l'offense**
>   **Et le rire accablant !**

A la fin du poème, l'oiseau se retrouve fort prosaïquement aux mains du cuisinier.

2
CORRESPONDANCES

Correspondances

La Nature est un temple où de vivants piliers
Laissent parfois sortir de confuses paroles ;
L'homme y passe à travers des forêts de symboles
₄ Qui l'observent avec des regards familiers.

Comme de longs échos qui de loin se confondent
Dans une ténébreuse et profonde unité,
Vaste comme la nuit et comme la clarté,
₈ Les parfums, les couleurs et les sons se répondent.

Il est des parfums frais comme des chairs d'enfants,
Doux comme les hautbois, verts comme les prairies,
₁₁ — Et d'autres, corrompus, riches et triomphants,

Ayant l'expansion des choses infinies,
Comme l'ambre, le musc, le benjoin et l'encens,
₁₄ Qui chantent les transports de l'esprit et des sens.

CONDITIONS D'ÉCRITURE

Un certain flottement sur la date d'écriture de ce poème : vers 1845 ou vers 1855 ? Aux dires d'Antoine Adam, la réponse à cette question est importante pour l'interprétation à donner au texte. Nous laissons de côté ce problème d'histoire littéraire pour nous consacrer au texte tel qu'il nous est parvenu.

CONDITIONS DE PUBLICATION

Le poème figure dans les trois premières éditions des *Fleurs du Mal* (1857, 1861 et 1868). Il constitue la pièce 4 de « Spleen et Idéal » et il est donc — si l'on tient compte de « Au lecteur » qui sert de prologue — le cinquième poème du recueil.

Cette situation au début du recueil conduit souvent à considérer « Correspondances » comme une sorte d'Art poétique éclairant la suite et destiné à infléchir la lecture. Ce point de vue est sans doute excessif même si de nombreux poèmes se rattachent à cette vision du monde.

VARIANTES

Pour l'étude des variantes, nous nous appuyons comme ailleurs sur l'excellente édition de Claude Pichois dans la Pléiade.

Sur une épreuve (feuille imprimée pour corrections), Baudelaire avait d'abord écrit « Nature » avec une minuscule. Il a aussi flotté à propos de « symbole » pour lequel il a essayé la majuscule.

Donc très peu de variantes connues. Le poème semble avoir trouvé rapidement sa forme définitive.

LES SOURCES

Des livres entiers ont été écrits sur ce sonnet. Le problème n'est donc pas de trouver des informations, mais, au

64 / *L'idéal poétique*

contraire, de s'en dépêtrer pour aller à l'essentiel, c'est-à-dire à l'étude du poème. En conséquence, nous reviendrons sur l'étude des sources, mais ultérieurement et à titre de complément.

Pour l'instant, vous pouvez vous contenter de lire ce que nous disons sur les « Idées » platoniciennes et de savoir que ce thème des correspondances était déjà apparu chez différents écrivains du temps. Notre travail consistera à montrer ce que Baudelaire en a fait.

IDÉE GÉNÉRALE

Ce poème se présente comme une explication et une illustration de son titre. Baudelaire y évoque une vision du monde où tout se « correspond » : ce monde et un arrière-monde invisible, les différentes sensations entre elles, ce qui est perçu et ce qui peuple notre imaginaire. Ce multiple jeu de correspondances vient de ce que des éléments en apparence distincts renvoient à une unité originelle. Après avoir *expliqué* d'une manière quand même un peu allusive dans les deux quatrains, Baudelaire *illustre* son propos dans les tercets qui s'achèvent par une sorte d'envolée vers l'infini.

Dans les lignes qui suivent, nous explicitons cette distinction entre les différentes formes de correspondances. Nous n'oublierons pas, simultanément, d'insister sur les liens qui existent entre elles, puisqu'elles découlent d'une unité profonde. Comme souvent dans l'explication de texte, il ne faut distinguer les éléments que pour montrer comment ils sont associés.

LES DIFFÉRENTS TYPES DE CORRESPONDANCES

Dans ce sonnet s'exprime une vision du monde que l'idée de correspondance permet d'articuler. On peut distinguer trois types de correspondances :

Correspondances / 65

- **Correspondance entre le monde que nous percevons et un arrière-monde.**

L'univers est structuré comme un symbole, c'est-à-dire qu'il comporte deux éléments entre lesquels il existe des analogies. Seul l'aspect concret nous est perceptible, mais nous avons parfois l'obscure prescience de l'invisible caché sous le visible.

On a parlé de correspondances « verticales » pour ce type de correspondances : « vertical » parce que correspondant au rapport entre le Ciel et la Terre.

- **Correspondance entre des sensations issues des différents organes des sens.**

Il s'agit donc des correspondances entre sons, odeurs, couleurs, sensations tactiles ou gustatives. Le mot *synesthésie* est parfois employé pour parler de ce type de correspondances.

On a parlé dans ce cas de correspondances « horizontales » : horizontales parce que mises en œuvre seulement dans le monde perçu par nos sens.

Ce type de correspondances se rattache étroitement au précédent. En effet, selon Baudelaire, nous percevons plus ou moins confusément des rapports entre des sensations classées dans des catégories différentes parce que, dans l'arrière-monde qui nous échappe, elles se résorbent dans une unité. Elles renvoient à une réalité unique et sont comme la preuve d'une structure double de l'univers.

- **Correspondance entre des sensations et des notions « morales ».**

Nous sommes toujours dans le domaine des correspondances horizontales. Il existe des correspondances entre de simples sensations et des notions « morales » comme la corruption ou le triomphe. Ainsi que dans le cas précédent, ces correspondances horizontales sont une conséquence de la correspondance verticale entre le monde perçu et le monde caché.

Nous étudierons plus loin le rôle du poète dans le déchiffrement de ce jeu d'analogies.

LA STRUCTURE

La tentation serait de se contenter d'un simple saucissonnage du texte correspondant aux trois types de correspondances que nous venons de distinguer. Même si elle nous horripile, cette façon de procéder convient parfois. Ce n'est pas le cas ici. Nous constatons que, justement à cause des liens qui existent entre ces différents types de correspondances, le passage de l'un à l'autre se fait insensiblement (le fait que cette distinction ne se juxtapose pas au découpage en strophes est certainement voulu, justement pour montrer la corrélation entre ces différents types de correspondances).

La correspondance entre le monde visible et le monde invisible concerne la première strophe, mais aussi, partiellement, la seconde où ce thème se mêle à celui des synesthésies.

Le passage des correspondances du second type à celles de la troisième catégorie se produit à l'intérieur du premier tercet avec l'arrivée du vers 11 et se prolonge dans le second tercet.

Dans cette dernière strophe, toujours insensiblement (seulement une virgule entre le premier tercet et le second), nous revenons au thème du début. Les expressions «*ayant l'expansion des choses **infinies***» et «*Qui chantent les **transports** de l'esprit et des sens*» se rapportent, en effet, à cet état d'extase où le mystique entre en communication directe avec le divin.

Nous revenons donc à l'idée d'un arrière-monde, en général

non perçu, mais dont l'homme peut avoir le sentiment dans certaines circonstances.

Nous sommes donc en présence d'une composition en cercle. Au point de départ, une affirmation sur la structure double du monde. De cette affirmation, le poème passe à l'observation de faits qui conduisent progressivement à revenir à l'idée qu'il existe un arrière-monde : l'univers est structuré comme un symbole. Tout, comme les vers mêmes de ce poème, nous ramène à l'unité. Parti de l'évocation du monde suprasensible, il nous ramène sur terre pour revenir dans les dernières lignes au sentiment de ce monde suprasensible.

AUTRES CENTRES D'INTÉRÊT

Cette étude de la structure englobant les trois types de correspondances constituera la première partie d'un commentaire composé ou d'une lecture méthodique.

Il sera ensuite possible de regrouper les autres observations en fonction de différents centres d'intérêt.

• Une possibilité de décryptage

Plusieurs éléments du texte laissent supposer que le mystère de l'arrière-monde n'est pas absolument indéchiffrable. Même s'il ne s'agit que d'indices discrets, il est possible de s'y arrêter. Dans un second temps, il pourra s'avérer intéressant de mettre ces indices en relation avec d'autres passages du recueil ou de l'œuvre.

• Une dynamique du parfum

Parmi les sensations évoquées à partir de la seconde strophe, le parfum joue un rôle déterminant. La dynamique des six derniers vers repose sur une « expansion » qui part de simples parfums pour aboutir au sens de l'infini.

- **Une synthèse originale**

Enfin, il importe de montrer l'originalité de Baudelaire, laquelle explique l'extraordinaire succès de ce sonnet. Les différentes conceptions des correspondances évoquées sont déjà présentes chez des prédécesseurs de Baudelaire. Mais chez aucun ne se trouve une telle synthèse. Par ailleurs, Baudelaire procède à une mise en forme, grâce aux ressources de la langue poétique, un peu comme s'il prouvait le mouvement en marchant. Il fait sentir les choses beaucoup mieux que ne le ferait un simple exposé théorique. Comme dans « L'Albatros », il « donne à voir », le mot « voir » étant pris ici dans un sens large puisqu'il se rapporte aux effets produits par l'image, les sonorités ou le rythme.

En dehors du premier centre d'intérêt consacré à la structure, nous travaillerons donc sur :
— une possibilité de décryptage,
— une dynamique du parfum,
— une synthèse originale.

UNE POSSIBILITÉ DE DÉCRYPTAGE

Selon « Correspondances », il existe donc, comme chez Platon, un monde spirituel qui correspond au monde matériel et qui échappe au regard. La structure de l'univers est celle d'une analogie (un réseau de ressemblances) entre ce qui frappe nos sens et ce qui nous est caché. Mais quelques éléments du texte donnent à penser que le mur entre les deux mondes n'est pas absolument infranchissable.

Ces éléments sont surtout présents dans la première strophe. Examinons le second vers et les quelques mots qui précèdent :

> « [...] où de vivants piliers
> Laissent parfois sortir *de confuses paroles* ; »

Le mot « *confus* » implique un mystère, mais il va moins loin que « incompréhensible ». Il en est de même, au vers 6 :

«*ténébreuse*» ne signifie pas «insondable», «indéchiffrable». Dans les deux cas, le mot évoque un mystère, mais, chaque fois, s'y associe l'idée que si le sens est difficile à saisir, il n'est pas irrémédiablement inaccessible.

Par ailleurs, toujours au début du poème, il est possible de noter que cette nature fait preuve d'une certaine bienveillance : «***Laissent parfois sortir** de confuses paroles*» ; l'expression mise en italiques n'est pas perçue comme une défaillance, une faiblesse, d'autant plus que l'idée d'une certaine bienveillance est confirmée par la fin du vers suivant :

> «**Qui l'observent *avec des regards familiers.***»

Notons tout d'abord un renversement par rapport à l'ordre habituel. Chez les prédécesseurs de Baudelaire, c'est l'homme qui scrute les symboles et s'efforce de les déchiffrer. Ici, ce sont les symboles qui observent l'homme. Nous ne sommes donc pas en présence — comme chez Vigny — d'une Nature froide et insensible. Elle prend l'initiative («*laissent sortir*» ; «*qui l'observent*»). Le mot «*familiers*» implique l'idée d'une certaine complicité, un peu comme si ces symboles (et donc la Nature) disaient : «Tu es des nôtres».

On pourrait, même si l'argument est moins fort, étayer la démonstration en revenant sur la fin du poème. A l'inverse de ce qui précède, le mouvement va cette fois de l'homme vers la Nature. Mais, par son sens de l'infini («*des choses infinies*»), par le «*transport*» de l'esprit et des sens, l'être humain paraît doué de l'aptitude à s'élever au-dessus du quotidien et du contingent.

Il n'est pas possible d'en dire plus si l'on s'en tient au texte. Mais Baudelaire nous invite à considérer son recueil comme un réseau de poèmes s'éclairant et se vivifiant les uns les autres ainsi que le font les mots à l'intérieur d'un poème.

En dépit de cette invitation, il demeure que *dans un premier temps*, il faut s'en tenir strictement au texte. Mais *dans un second temps*, il peut être intéressant — si l'on n'abuse pas du procédé — de travailler sur l'intertextualité, c'est-à-dire de considérer le texte comme faisant partie d'un réseau (réseau qui peut être le recueil, l'œuvre de l'écrivain tout entière ou même la production littéraire — et même artistique du temps).

Cette méthode appliquée à «Correspondances» peut contribuer à faire mieux percevoir ce qui est seulement implicite. Elle permet, en effet, de comprendre qu'il existe, aux yeux de Baudelaire, des moments dans la vie ou des états où il devient plus facile de franchir «*ces portes de corne et d'ivoire qui nous séparent du monde invisible*» (Nerval); et qu'il existe aussi des êtres privilégiés — les poètes — qui ont plus que d'autres la faculté de voir au-delà de ce mur.

Le poète, l'enfant et le drogué

«Correspondances» vient juste après le poème intitulé «Élévation» dans lequel on peut lire :

> **« Heureux celui qui peut d'une aile vigoureuse**
> **S'élancer vers les champs lumineux et sereins;**
>
> **Celui dont les pensers, comme des alouettes,**
> **Vers les cieux le matin prennent un libre essor,**
> **— Qui plane sur la vie, et comprend sans effort**
> **Le langage des fleurs et des choses muettes! »**

Dans les vers précédents, Baudelaire usait de l'apostrophe à son propre égard («*Mon esprit tu te meus...*»). Il va donc de soi que celui qui a le privilège de comprendre le langage des choses muettes (muettes pour le profane) est le poète.

Cette aptitude se retrouve chez l'enfant et l'adolescent qui le prolonge, ce qui ne surprend pas si l'on a gardé en mémoire le développement sur «*Mais le génie n'est que l'enfance retrouvée à volonté*» (dans «Le Peintre de la vie moderne»). Baudelaire parlant de l'adolescence écrit au début de son «Étude sur Poe» :

> « Tous ceux qui ont réfléchi sur leur propre vie, qui ont souvent porté leurs regards en arrière pour comparer leur passé avec leur présent, tous ceux qui ont pris l'habitude de psychologiser facilement sur eux-mêmes, savent quelle part immense l'adolescence tient dans le génie définitif de l'homme. C'est alors que les objets enfoncent profondément leurs empreintes dans l'esprit tendre et facile ; c'est alors que les couleurs sont voyantes, et que les sons parlent une langue mystérieuse. »

Selon Baudelaire, la drogue est nuisible à la création artistique dans la mesure où elle conduit à une dissolution du « moi », à sa « vaporisation ». Or, seul le processus inverse, la « concentration », permet de créer. Pourtant la drogue peut favoriser l'accès à l'unité qui se cache derrière la disparité du réel. Dans *Les Paradis artificiels*, Baudelaire écrit :

> « C'est en effet à cette période de l'ivresse que se manifeste une finesse nouvelle, une acuité supérieure dans tous les sens. L'odorat, la vue, l'ouïe, le toucher participent également à ce progrès. Les yeux visent l'infini. L'oreille perçoit des sons presque insaisissables au milieu du plus vaste tumulte. »

La citation serait éloquente si l'on s'en tenait là, mais, très vite Baudelaire relativise l'importance de la drogue dans le processus créateur :

> « Cela, dira-t-on, n'a rien que de fort naturel, et tout cerveau poétique, dans son état sain et normal, conçoit facilement ces analogies. »

Il existe donc des périodes dans la vie ou des états de la vie psychique où l'accès à la « profonde unité » de l'univers semble plus facile. Il existe surtout des êtres privilégiés — les poètes — qui sont capables de percer, au moins partiellement, le mystère. Du fait de sa plus grande sensibilité aux correspondances horizontales, le poète est plus apte que d'autres à percevoir l'arrière-plan invisible du monde visible.

Cette idée du poète *vates* (« devin » en latin) existait déjà dans la littérature gréco-latine. Renouvelée par le romantisme et par Baudelaire, elle jouera un rôle important dans le

72 / *L'idéal poétique*

symbolisme, du moins chez Mallarmé et Rimbaud. Ce dernier demande au poète de se faire «voyant» et considère que Baudelaire est l'un des premiers à avoir réussi dans cette entreprise.

Si l'idée que le poète a le privilège de décrypter au moins partiellement l'univers n'est pas exprimée explicitement dans «Correspondances», l'étude de ce contexte nous autorise à dire qu'elle fait partie de son contenu implicite.

UNE DYNAMIQUE DU PARFUM

Dans «Parfum exotique», le point de départ du poème est fourni par l'«*odeur*» d'une femme dont l'auteur ne nous dit rien. Mais, de cette odeur, par un phénomène d'«expansion», le poème en vient à évoquer des paysages tropicaux, leurs habitants qui vivent encore sous le signe d'une certaine innocence, le parfum des verts tamariniers et les chants des matelots (dans l'ordre, images, notions morales, parfums et sons). Du parfum, le poème débouche donc sur un pays exotique qui fait rêver : à la fois un désir de départ et la nostalgie d'un paradis perdu.

Même processus d'expansion ici, qui débouche non pas sur des terres lointaines, mais sur l'au-delà des apparences.

Dans cette partie sur le rôle du parfum, on pourra utiliser les éléments ci-après.

Pour faciliter l'étude, nous redonnons le texte des deux tercets :

> Il est des parfums frais comme des chairs d'enfants,
> Doux comme des hautbois, verts comme les prairies,
> — Et d'autres corrompus, riches et triomphants,
>
> Ayant l'expansion des choses infinies,
> Comme l'ambre, le musc, le benjoin et l'encens,
> Qui chantent les transports de l'esprit et des sens.

- Rôle prépondérant du parfum dans ce poème et chez Baudelaire en général.

Cette prédominance peut s'expliquer par une particulière sensibilité de l'odorat propre à l'auteur ; mais il faut aussi prendre en compte le fait que le parfum est d'autant plus suggestif qu'il est impalpable, difficile à circonscrire.

Notons au passage que, lorsque nous employons l'adjectif « impalpable » à propos des parfums, nous sommes dans le domaine des synesthésies puisque nous utilisons un adjectif relatif au toucher pour parler de sensations olfactives. Des expressions de la langue courante procèdent de la même façon : une couleur criarde, un jaune acide, un timbre de voix velouté, etc.

- Le parfum évoque des sensations relatives au toucher (« *chairs d'enfants* »), de l'ouïe (le « *hautbois* » est un instrument de musique à vent), les couleurs (« *prairie* »).

Pour les chairs d'enfants, le fait qu'il s'agit du toucher ressort surtout de ce qui suit car la fraîcheur pourrait concerner les couleurs et même l'odeur s'il s'agit d'un enfant en bas-âge.

- On peut s'étonner de l'absence de l'un des cinq sens — le goût — surtout si l'on pense que Proust, peu après, fera sortir tout un univers d'une madeleine trempée dans une tasse de thé.

Dans le vers 11 (« *Et d'autres corrompus, riches et triomphants* »), nous sommes évidemment en présence d'une *gradation* (voir page 83). Comme toujours, il ne faut pas se contenter d'identifier une figure de style. Encore faut-il analyser l'effet qu'elle produit.

Notons tout d'abord que ces trois adjectifs (« *corrompus, riches et triomphants* ») s'opposent à trois adjectifs qui ne sont pas, eux, juxtaposés (« *frais* », « *doux* », « *verts* »).

L'opposition entre les deux groupes de parfums est nettement articulée par « *Et d'autres* » au début du vers 11. Cette articulation est renforcée par la présence d'un tiret avant « *Et d'autres* ».

Faut-il voir dans le premier groupe de parfums, une évocation du Bien alors que le second correspondrait au Mal ? L'étude de la triade qui nous concerne ici (« *corrompus* », « *riches* », « *triomphants* ») va nous inciter à écarter cette hypothèse.

En effet, le seul mot de cette triade ayant des connotations indiscutablement péjoratives est le mot « *corrompus* » (qui pour nous se rattache à la préparation des parfums et donc comporte une idée de pourriture qui est autant physique que morale). Mais rien ne pousse à ranger « *riches* » et « *triomphants* » du côté du Mal.

En conséquence, l'opposition articulée par « *Et d'autres* » ne concerne pas l'opposition entre le Bien et le Mal. Elle se rapporte aux deux derniers types de correspondances que nous avons distingués. Le premier groupe de parfums regroupe ceux qui ne suscitent que des associations avec d'autres sensations. Le second groupe concerne les associations avec des notions morales et d'où peut naître un véritable univers dans l'imaginaire. Il existe donc une première gradation (le mot étant pris ici dans un sens plus général) entre le premier groupe de parfums et le second. Cela s'accorde parfaitement avec la montée progressive que notre étude a décelée dans les deux tercets.

Il en va de même pour la gradation entre « *corrompus* », « *riches* » et « *triomphants* ». De l'idée de pourriture s'associant avec une certaine stagnation, on passe à « *riche* » qui comporte déjà une idée de splendeur, puis à « *triomphant* » qui va plus loin dans la splendeur et y ajoute une idée de domination (et donc de position surélevée). La gradation entre les trois adjectifs ne doit donc rien au hasard ; elle est orientée dans le même sens que la montée qui sous-tend l'ensemble des deux tercets. Elle contribue donc à l'effet dominant.

Il serait possible de faire un rapprochement entre les termes de cette gradation (corrompus/riches/triomphants) et le titre *Les Fleurs du Mal* en partant de l'idée d'une splendeur issue de la pourriture.

Remarque du co-auteur

On lira ci-dessous les remarques faites par le co-auteur à la lecture du développement qui précède.

« Je trouve que vous écartez trop vite l'hypothèse d'un second tercet lié au Mal, même si l'on tient compte de vos trois dernières lignes.

En réalité, nous sommes quand même en présence d'une opposition, d'une dualité. Il ne s'agit pas de l'opposition manichéenne Bien/Mal. L'articulation repose plutôt sur l'opposition entre les parfums de l'innocence (l'avant Mal) et ceux de la maturité : le poète a pris conscience du fait que, dans le Mal même, il se trouvait des Fleurs enivrantes. Le mot « *corrompu* » est sans doute le seul péjoratif, mais la gradation « *corrompus → riches → triomphants* » laisse entendre que le triomphe est né de la corruption, comme les Fleurs écloses du Mal. L'expansion de ce parfum-drogue rappelle d'ailleurs celle de l'opium (« *Et se réfugiant dans l'opium immense* »).

Bref, sans identifier brutalement le dernier tercet au Mal, on peut affirmer qu'il définit spécifiquement la nature propre de l'inspiration des *Fleurs du Mal*. »

UNE SYNTHÈSE ORIGINALE

Les études de poèmes contenues dans ce livre vont souvent nous amener à vérifier la formule de Rivarol selon laquelle, en littérature, le vol ne se justifie que par l'assassinat.

En d'autres termes, tous les écrivains chapardent chez leurs confrères. Mais le propre du génie est de faire oublier celui ou ceux à qui il a partiellement emprunté. « Correspondances » en fournit un très bon exemple.

L'écrivain allemand Hoffmann avait exprimé l'idée des synesthésies d'une façon parfaitement claire. Baudelaire cite lui-même ce texte dans son *Salon de 1846* :

> « Ce n'est pas seulement en rêve, et dans le léger délire qui précède le sommeil que je trouve une analogie et une réunion intime entre les couleurs, les sons et les parfums. Il me semble que toutes ces choses ont été engendrées par un même rayon de lumière, et qu'elles doivent se réunir dans un merveilleux concert. L'odeur des soucis bruns et rouges produit surtout un effet magique sur ma personne. Elle me fait tomber dans une profonde rêverie, et j'entends alors comme dans le lointain les sons graves et profonds du hautbois. »

D'autres formulations proches n'avaient pas dû échapper à Baudelaire, dont un poème d'Eliphas Lévi (pseudonyme de l'abbé Constant) intitulé justement « Les Correspondances ».

L'idée d'une structure analogique du monde, présente déjà chez Platon et chez ses prédécesseurs dont Pythagore, avait été reprise par de nombreux penseurs. Le plus célèbre d'entre eux au XIXe siècle est le Suédois Swedenborg (1668-1772). Celui-ci affirmait l'existence d'un monde suprasensible en correspondance avec le monde perçu par nos sens. Balzac s'était inspiré de ces théories et avait contribué à leur vulgarisation. Baudelaire avait aussi trouvé cette idée chez Poe. Il cite plusieurs textes allant dans ce sens. Mais dans un passage des *Nouvelles Histoires extraordinaires* figure aussi l'idée qu'il existe un lien entre la recherche du poète et cette structure analogique du monde :

> « Cet admirable, cet immortel instinct du Beau qui nous fait considérer la terre et ses spectacles comme un aperçu, comme une correspondance du ciel. »

Des compléments sur ces nombreuses sources pourront être trouvés dans les éditions critiques d'Antoine Adam ou de Claude Pichois et dans les ouvrages qu'ils citent.

Correspondances / 77

L'originalité de Baudelaire tient à l'importance qu'il accorde au dernier des trois types de correspondances que nous avons distingués : la correspondance entre des sensations et des notions « morales ». De plus, la corrélation entre les différents types de corrélation est rarement soulignée avec autant d'insistance que dans « Correspondances ».

Mais son originalité provient surtout de la forme choisie pour exprimer sa vision du monde. Il préfère l'illustration à l'explication, le poème à l'exposé théorique. Ce faisant, d'une certaine manière, il prouve le mouvement en marchant puisque la force d'expression de la langue poétique repose souvent sur une correspondance entre des sensations (issues des effets sonores et des effets de rythme) et ce que le poète souhaite suggérer.

Le poète fait voir

- Le recours à la **métaphore**.

La nature est assimilée à un temple. La forêt sacrée puis le temple dont les colonnes rappellent les arbres de cette forêt sacrée, lieu du culte primitif, sont les endroits où l'on entre en contact avec le divin. Ce sont aussi les lieux où les oracles s'expriment d'une manière le plus souvent « *confuse* ». Nous sommes à la fois dans l'un et l'autre puisque le mot « *temple* » figure dans le premier vers et le mot « *forêt* » dans le second.

Dès le début, une métaphore qui se prolonge sur tout le quatrain fait voir et crée une atmosphère empreinte de religiosité et de mystère.

- Le recours aux **comparaisons didactiques**.

Nous parlons de comparaisons didactiques à propos de comparaisons qui servent à expliquer. Nous avons une série de comparaisons de ce type toutes fortement articulées avec « comme » : « *Comme de longs échos...* » ; « *Vaste comme la nuit et comme la clarté* » ; « *... comme des chairs* d'enfants »; «*Doux **comme** les hautbois, verts **comme** les prairies* »; «***Comme** l'ambre, le musc...* ».

Nous reviendrons plus loin sur ces sept occurrences de «comme». Nous nous intéressons seulement ici au fait que toutes ces comparaisons, plus qu'elles n'expliquent, font voir. Le second quatrain baigne dans un éblouissement obscur. Le premier tercet est «*vert*».

Le poète fait entendre

Le poème agit directement sur la sensibilité par les effets sonores. En voici deux parmi les plus manifestes.

• Jeu sur les **sonorités**.

Il faut faire preuve de prudence dans le commentaire des sonorités car, avec un peu d'habileté, on peut tout prouver. Mais, dans le début de la seconde strophe, la volonté de suggérer le phénomène d'écho par des similitudes entre certaines sonorités paraît incontestable :

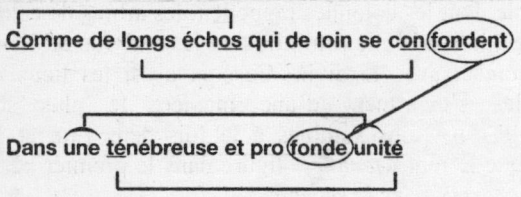

Comme de longs échos qui de loin se confondent

Dans une ténébreuse et profonde unité

• Une utilisation expressive de la **diérèse**.

Sur le sens de diérèse, se reporter page 28. Nous avons ici un bon exemple de la valeur expressive que peut prendre la diérèse.

La construction du vers 12 exige une prononciation anormale du mot «expansion» (anormale par rapport à la prononciation dans la langue courante).

Dans la langue courante, «*expansion*» compte pour 3 syllabes, mais dans ce cas, les règles de la métrique nous contraignent à prononcer «ex-pan-si-ion» (donc 4 syllabes).

Le procédé est expressif car il suggère ce qui est dit (nous sommes obligés d'«agrandir» un mot qui exprime justement une idée d'«agrandissement»).

• **Archaïsme** de la prononciation.

Les deux derniers vers ne riment que pour l'œil car on ne prononce pas le «s» de «*encens*» et on prononce celui de «*sens*». Ce type de rime se trouve dans le théâtre classique.

S'agit-il d'un vrai archaïsme (car, dans le passé, le «s» de «encens» a dû se prononcer) ou d'un faux-archaïsme qui conduirait à ne pas prononcer le «s» de «sens» (il paraît, en effet, douteux, que dans le passé, le mot se soit prononcé «san»)?

La réponse à cette question est d'intérêt secondaire. L'important est qu'il s'agit, comme la diérèse, d'un élément qui accentue la différence avec la langue courante (plus la langue poétique devient une langue à part et plus son caractère sacré s'accentue).

• Effets de **rythme**.

A ces effets sonores s'ajoutent les effets de rythme. Ainsi l'avant-dernier vers adopte une cadence relativement marquée :

«Comme l'ambre, le musc, le benjoin et l'encens»

qui correspond à l'accumulation des parfums mobilisés. Par opposition, le dernier vers suggère l'envol vers l'infini dont le texte parle. Nous avons ici un bon exemple d'adéquation de l'effet rythmique à la signification des mots.

«Qui chante / les transports // de l'esprit / et des sens.»

La dernière barre oblique est en pointillé pour marquer le fait que la pause est moindre que dans les cas précédents. Il se produit donc un effet d'amplification par rapport aux segments qui précèdent.

Le poète organise

L'effet produit par un texte repose en partie sur la façon d'en agencer les idées. Cette partie de la rhétorique s'appelle la *composition*.

Cet aspect a déjà été évoqué d'une façon globale dans l'étude de la structure, mais il est possible d'y revenir à propos de la réduction des contraires.

• La réduction des contraires.

L'idée d'une réduction des contraires apparaît exactement au milieu du poème (vers 7) d'une façon très concrète («*Vaste comme la nuit et comme la clarté*»). Le thème est repris d'une façon plus discrète, mais dans une position privilégiée puisqu'il s'agit des derniers mots du poème («*de l'esprit et des sens*»). L'esprit et les sens sont souvent présentés comme antinomiques puisque leur opposition recoupe celle de l'âme et du corps. Mais c'est l'être tout entier qui sort de lui-même («*les transports*») pour accéder au monde surnaturel.

Cette notation, comme d'autres, permet de voir le caractère très construit du poème.

Sur ce «*transport*», il faut veiller à éviter un contresens. Il est tout à fait acceptable de parler d'extase et de mysticisme. Ces mots peuvent, en effet, contenir l'idée d'un accès direct au divin. Mais il ne s'agit pas d'une dissolution de la conscience que l'on trouve dans le nirvana oriental (pour se fondre dans le néant) ou du même genre de dissolution qui permet à certains mystiques chrétiens de se fondre dans le divin. Il s'agit d'une sur-conscience permettant de voir ce qui reste invisible dans un état normal.

La parole d'un maître

Un certain nombre de procédés tendent à donner force et mystère à ce texte. Il en vient à évoquer soit la parole de l'oracle soit plus encore celle d'un maître dans le cadre d'un enseignement ésotérique tel que le pratiquait Pythagore. En cela, ce poème s'apparente à « Vers dorés » de Nerval qui va encore plus loin dans ce sens.

- Uniquement des **phrases déclaratives**.

Pas d'interrogations, d'exclamations, rien qui puisse traduire une hésitation ou un émoi. Une vérité est proférée par un maître qui sait. On a envie de parler d'un style « assertotique » car le texte se présente comme une suite d'assertions c'est-à-dire d'affirmations ne prêtant pas à discussion.

- La scansion par les « *comme* ».

Une certaine rudesse d'expression est obtenue par la répétition des « comme ». Rudesse due au refus délibéré de variété car, bien sûr, Baudelaire n'aurait pas été embarrassé pour trouver d'autres termes de liaison afin d'articuler les comparaisons ; rudesse due aussi à une sorte de martèlement.

Mais cette rudesse est parfaitement en harmonie avec le ton didactique d'un maître qui sait et ne s'embarrasse pas de fioritures.

- **La condensation.**

Baudelaire condense en quatorze alexandrins une vision du monde relativement complexe. Cette condensation extrême est source de force, mais elle donne aussi au poème un caractère énigmatique qui convient bien à sa nature de texte d'initiation. Comme dans la forêt sacrée, les choses sont dites sans l'être tout à fait.

ORGANISATION D'UN COMMENTAIRE COMPOSÉ

Les matériaux sont déjà regroupés dans le développement qui précède et le plan d'un commentaire composé s'en dégage aisément. En dehors de l'introduction et de la conclusion apparaissent quatre parties :

1. IDÉE GÉNÉRALE ET STRUCTURE.
2. UNE POSSIBILITÉ DE DÉCRYPTAGE.
3. UNE DYNAMIQUE DU PARFUM.
4. LA PAROLE D'UN MAITRE.

L'examen de chacune des parties et notamment de la quatrième vous montrera comment les matériaux doivent être aussi organisés à l'intérieur d'une partie.

AUTRES TEXTES SUR CE THÈME

Dans son *Dictionnaire de poétique et de rhétorique* (PUF), Henri Morier fournit pages 314-317 des «Repères historiques» très complets.

Il faut connaître :

— de Victor Hugo, «Ce que dit la bouche d'ombre», dans *Les Contemplations* («*Tout est plein d'âme*») ;

— les «Vers dorés» de Nerval, sonnet qui commence ainsi :

**«Homme libre penseur, te crois-tu seul pensant
Dans ce monde où la vie éclate en toutes choses ? »**

Très beau poème où le côté profération de vérités indiscutables est encore plus net que dans «Correspondances» ;

— «Voyelles» de Rimbaud (le point de départ des associations est fourni par les lettres de l'alphabet correspondant aux voyelles).

— dans *A rebours* de Huysmans, un personnage utilise un «orgue à bouche» qui transforme en sensations gustatives les œuvres musicales (ainsi il existe une correspondance entre le curaçao sec et le son de la clarinette, même chose pour d'autres liqueurs et d'autres sonorités);

— René-Guy Cadou : « Celui qui entre par hasard dans la demeure d'un poète ».

Liste à compléter au hasard de vos lectures.

EXPLICATIONS DANS LES REVUES

Jean Pellegrin, « Baudelaire et les "Correspondances" », *Revue des sciences humaines*, janvier-mars 1966.

André Gendre, « Examen syntaxique et stylistique de quelques sonnets de Baudelaire », *Études baudelairiennes* VIII.

Pierre Slama, « Charles Baudelaire : "Correspondances" », *Nouvelle Revue pédagogique*, novembre 1991.

ACCUMULATION ET GRADATION

L'accumulation se caractérise par la juxtaposition d'éléments de même nature grammaticale et d'égale importance.

Quand il y a croissance ou décroissance dans l'importance des éléments juxtaposés, on parle de gradation.

Il n'est pas toujours facile de savoir si l'on est en présence d'une simple accumulation ou d'une gradation. Ainsi, quand Baudelaire, dans « Correspondances », écrit :

« Comme l'ambre, le musc, le benjoin et l'encens, »

le problème est de savoir si ces quatre parfums sont mis sur le mêm plan (accumulation) ou si, à ses yeux, l'agencement correspond à une progression (gradation).

3

HYMNE À LA BEAUTÉ

Hymne à la Beauté

Viens-tu du ciel profond ou sors-tu de l'abîme,
Ô Beauté ? ton regard, infernal et divin,
Verse confusément le bienfait et le crime,
4 Et l'on peut pour cela te comparer au vin.

Tu contiens dans ton œil le couchant et l'aurore ;
Tu répands des parfums comme un soir orageux ;
Tes baisers sont un philtre et ta bouche une amphore
8 Qui font le héros lâche et l'enfant courageux.

Sors-tu du gouffre noir ou descends-tu des astres ?
Le Destin charmé suit tes jupons comme un chien ;
Tu sèmes au hasard la joie et les désastres,
12 Et tu gouvernes tout et ne réponds de rien.

Tu marches sur des morts, Beauté, dont tu te moques ;
De tes bijoux l'Horreur n'est pas le moins charmant,
Et le Meurtre, parmi tes plus chères breloques,
16 Sur ton ventre orgueilleux danse amoureusement.

L'éphémère ébloui vole vers toi, chandelle,
Crépite, flambe et dit : Bénissons ce flambeau !
L'amoureux pantelant incliné sur sa belle
20 A l'air d'un moribond caressant son tombeau.

Que tu viennes du ciel ou de l'enfer, qu'importe,
Ô Beauté ! monstre énorme, effrayant, ingénu !
Si ton œil, ton souris, ton pied, m'ouvrent la porte
24 D'un Infini que j'aime et n'ai jamais connu ?

De Satan ou de Dieu, qu'importe ? Ange ou Sirène,
Qu'importe, si tu rends, — fée aux yeux de velours,
Rythme, parfum, lueur, ô mon unique reine ! —
28 L'univers moins hideux et les instants moins lourds ?

CONDITIONS DE PUBLICATION

Le poème paraît en octobre 1860 dans *L'Artiste* et il est absent de la première édition des *Fleurs du Mal* (1857). Il constitue la pièce XXI de l'édition de 1861 et se situe donc au début de la partie « Spleen et Idéal ». Un autre poème intitulé « La Beauté » apparaît un peu plus tôt dans le recueil (pièce XVII).

VARIANTES

Vers 4 : d'abord « *Et c'est pourquoi l'on peut...* » remplacé par « *Et l'on peut pour cela...* »

Vers 20 : « *Semble un agonisant caressant...* » remplacé par « *A l'air d'un moribond caressant...* »

Donc pas de variantes vraiment significatives et changeant l'optique du texte.

IDÉE GÉNÉRALE

Dans plusieurs poèmes des *Fleurs du Mal* est exprimée l'idée que le poète a la capacité de déchiffrer le langage des choses muettes et de saisir au-delà des apparences la réalité d'un monde invisible. Mais « Hymne à la Beauté » se rapporte à un autre aspect de l'esthétique baudelairienne ; Baudelaire y exprime, en effet, sa conviction qu'en tant que poète, il a le pouvoir d'extraire la *beauté* du *Mal*.

Mais qu'est-ce donc qu'extraire la « beauté » du « mal » ? Ne risque-t-on pas, en recherchant la beauté, de se perdre dans le mal ? S'il y a de la beauté dans le mal, est-ce à cause du mouvement vertigineux qui emporte celui qui fait le mal ? Ou au contraire, est-ce d'être trop fasciné par la beauté (celle d'une femme trop aimée, par exemple) qui fait sortir le poète de la raison et le rend capable de n'importe quel acte ?

L'« Hymne à la Beauté », publié en 1860, pose toutes ces

Hymne à la Beauté / 87

questions. On est bien au-delà de simples problèmes d'esthétique ou d'art poétique. Il s'agit de savoir si la Beauté ne gît que dans le Bien, si elle peut — même maléfique — être un salut pour l'être humain, si elle n'est pas le *seul* salut possible pour le poète accablé du poids de ce monde.

Mais, notons-le, s'interrogeant de la sorte, Baudelaire ne nous livre pas un traité philosophique. Il écrit un poème. Il veut nous rendre sensible la Beauté, en composant un hymne dont il soigne les images et les accents. L'étude du texte ne devra donc pas se contenter d'un commentaire de l'idée, mais souligner la force de l'expression, la « beauté » même des vers qui chantent la Beauté.

MOUVEMENT DU TEXTE

La structure du texte repose sur une question qui revient sous diverses formes et qui ne reçoit sa réponse qu'à la fin du poème.

La question (même quand le point d'interrogation est absent) porte toujours sur l'origine de la Beauté avec l'évocation de deux possibilités antinomiques.

Vers 1 :

   « Viens-tu du ciel profond ou sors-tu de l'abîme, »

Vers 9 :

   « Sors-tu du gouffre noir ou descends-tu des astres ? »

Vers 21 :

   « Que tu viennes du ciel ou de l'enfer, [...] »

Vers 25 :

   « De Satan ou de Dieu, qu'importe ? Ange ou Sirène, »

Déjà un début de réponse au vers 21 (« *qu'importe* »), reprise au vers 25 (« *qu'importe* » ; mais avec un point d'interrogation) et au vers 26 (« *qu'importe* »). Mais la vraie réponse n'arrive bien que dans les derniers vers (vers 26, 27 et 28).

Jalonné par ces questions, ce texte a un mouvement oratoire. La composition en est claire :

- **Strophes 1 et 2**

Première question, premières réponses. Le poète interroge la Beauté sur sa double origine possible : le ciel ou l'abîme. A ce « **ou** », il répond aussitôt par un « **et** ». Elle est à la fois infernale et divine ; cependant, la seconde strophe s'attache surtout à décrire les effets bénéfiques de la Beauté, l'ivresse qu'elle procure.

- **Strophes 3 à 5**

Approfondissant sa recherche, le poète relance son interrogation. La réponse, une fois encore, remplace l'alternative par l'union : la Beauté répand le bien (la joie) *et* le mal (les désastres), la fascination *et* l'horreur. Mais cette fois, elle apparaît surtout comme maléfique, en raison de son pouvoir. Le charme, la volupté, conduisent au meurtre ou au tombeau.

- **Strophes 6 et 7**

Imprévisible, ambivalente, la Beauté a de quoi effrayer : pourtant, le poète opte pour elle, en raison d'un nouveau caractère : qu'elle vienne du ciel ou de l'enfer, la Beauté apporte l'Infini, ou du moins, permet d'échapper à la finitude de notre monde.

Cet ample mouvement n'est pas le seul principe directeur du poème : l'autre fil du texte est la constante personnification de la Beauté en Femme. En opérant cette fusion, sur les détails de laquelle nous reviendrons, Baudelaire laisse entendre que ce qu'il énonce sur la Beauté (son ambivalence, sa puissance, sa porte d'infini) est aussi valable pour la Femme, c'est-à-dire pour l'Amour. Les poèmes de l'Idéal, dans les *Fleurs du Mal*, exprimeront aussi bien l'idéal artistique que l'idéal amoureux; la fascination du poète, dans l'un et l'autre domaine, comportera les mêmes risques, les mêmes ambiguïtés.

ÉTUDE SUIVIE

En suivant pas à pas le texte de Baudelaire, nous allons pouvoir en dégager la plupart des éléments, aussi bien en ce qui concerne la complexité de l'idée que la mise en œuvre des procédés poétiques. Les matériaux ainsi dégagés (il faut bien les distinguer avant de montrer comment ils se fondent) pourront alors servir à l'élaboration d'une explication de texte, à une lecture méthodique ou à la rédaction d'un commentaire composé.

Strophes 1 et 2

> « **Viens-tu du ciel profond ou sors-tu de l'abîme,**
> **Ô Beauté? ton regard, infernal et divin,**
> **Verse confusément le bienfait et le crime** »

Dès l'abord, la question est posée, antinomique. Elle sera reprise quatre fois, comme un leitmotiv antithétique (gouffre noir/astres; ciel/enfer; Satan/Dieu; Ange/Sirène): un grand contraste, l'union de contraires, sont la base même de ce tableau. Non pas une simple opposition, mais l'opposition de *termes extrêmes*, qui en principe s'excluent radicalement.

L'APOSTROPHE

L'apostrophe est une figure de rhétorique par laquelle on s'adresse plus ou moins solennellement à une personne présente ou absente, ou à une chose qu'on personnifie. Cette interpellation se traduit la plupart du temps par l'emploi du « ô » vocatif.

Elle a d'abord une fonction expressive : le poète laisse jaillir hors de lui son sentiment (d'admiration, d'amour ou de haine) à l'égard de la personne ou de la réalité qu'il éprouve le besoin d'interpeller.

Mais elle a surtout une fonction dramatique. La force du ton, la vigueur de l'exclamation donnent une importance solennelle à la personne prise à partie, et *tutoyée* théâtralement (il ne s'agit pas d'un tutoiement familier). Or, il y a *tu* et *tu* : si l'on emploie normalement la seconde personne pour s'adresser à quelqu'un qui est présent, le tutoiement peut servir, réciproquement à *faire comme si la personne à laquelle on s'adresse était là*. Ainsi, l'apostrophe, forme solennelle du tutoiement (ou aussi parfois du vouvoiement), sert le plus souvent à faire exister la personne dont on parle ou la chose qu'on personnifie. C'est le cas de la « Beauté » dans le poème que nous étudions.

Ces termes extrêmes ont cependant un point commun : leur dimension, leur « profondeur ». Déjà, on le voit, la Beauté est porteuse d'infini, bien que cela soit seulement suggéré. C'est ce qui permet de comprendre ses deux aspects contradictoires, l'infernal et le divin : son origine est si mystérieuse, sa nature si extrême qu'elle pourra pousser indifféremment ceux qu'elle subjugue au crime ou au bonheur, c'est-à-dire à toutes les extrémités...

Le procédé de l'allégorie (la personnification de l'Idée de Beauté) aide à faire admettre la contradiction. Deux principes peuvent en effet s'exclure dans l'abstrait (le Bien, le Mal), mais se loger en même temps dans une personne, en l'occurrence la Beauté. Ainsi Baudelaire, qui estime l'être humain déchiré entre deux postulations contraires (l'une vers Satan, l'autre vers Dieu), rend vivante, crédible, la double nature de la Beauté en en faisant une Femme. (Pour le sens d'«allégorie» se reporter page 101.)

Le tutoiement, l'apostrophe, le rejet du nom de la Beauté au début du deuxième vers, font exister sa «personne» à nos yeux. Aussitôt, pour mieux la concrétiser encore, le poète focalise notre attention sur son *regard*. Il faut savoir que, chez Baudelaire, le regard féminin est toujours agissant : il projette sa lumière, il répand à distance son poison ou son élixir. Ici, il «*verse*» la mort ou la vie comme une fontaine (place privilégiée de la métaphore en début du troisième vers). Dès lors, le poète, emporté par l'image, peut ajouter la comparaison du vin aux effets de la Beauté : le Vin qui, précisément, dans la troisième partie des *Fleurs du Mal* sera décrit à la fois comme source de joie (l'ivresse) et de déchéance (l'ivrognerie).

Une fois établie l'ambivalence de la Beauté et sa personnification féminine, Baudelaire se met à chanter son pouvoir bénéfique. Celui-ci réside dans les plaisirs profonds qu'elle procure à ceux qui l'approchent.

Plaisir visuel :

> « **Tu contiens dans ton œil le couchant et l'aurore ;** »

Plaisir olfactif :

> « **Tu répands des parfums comme un soir orageux ;** »

Plaisir sensuel :

> « **Tes baisers sont un philtre et ta bouche une amphore
> Qui font le héros lâche et l'enfant courageux.** »

Mais chacune de ces sensations, observons-le, donne beaucoup plus qu'elle-même. Le physique, chez Baudelaire, engendre le métaphysique. La perception de la femme-beauté relie au monde, unit à l'univers ; cette liaison à la nature, à la femme, emplit l'homme à ce point que la force qui le traverse peut, alternativement, l'anéantir ou le survoler ; mais ceci se passe très calmement.

Cette strophe, en effet, décrit la toute-puissance de la

Beauté comme une puissance tranquille. D'une part, parce que la contemplation domine ; d'autre part, parce que les vers se déroulent sur un rythme on ne peut plus régulier : l'ensemble de la strophe est accentué toutes les trois syllabes (à l'exception du début du quatrième vers : «*Qui font*»). L'effet d'ampleur est produit par les images des deux premiers vers (vision d'un œil *contenant* l'horizon, d'un parfum *occupant* tout le soir), et par l'enjambement des deux derniers, dont le mouvement est porté par les allitérations :

> « Tes **b**aisers sont un **ph**iltre et ta **b**ouche une am**ph**ore
> Qui **f**ont le héros lâche et l'en**f**ant courageux. »

Ce dernier vers, en accolant par deux fois des mots de sens contraires (héros/lâche ; enfant/courageux), fait remarquablement ressortir l'ambivalence de la Beauté, son étrange pouvoir de renversement des choses établies. Magie de femme, puissance de déesse, c'est tout un ; et l'ambiguïté qui en découle conduit naturellement le poète à nous reposer la question de l'origine mystérieuse de la Beauté.

Strophes 3 à 5

> « Sors-tu du gouffre noir ou descends-tu des astres ? »

Le fond de l'interrogation reste le même, mais le contraste s'enrichit d'une nuance visuelle : les «*astres*», lumineux, s'opposent aux ténèbres du «*gouffre noir*». Baudelaire explicitera par la suite ce contraste : la Beauté attire par sa lumière (elle charme, ses bijoux miroitent, elle éblouit) mais, comme Satan, fait sombrer dans le mal (la noirceur *morale*), l'horreur, la mort. Voici donc le portrait de la Beauté maléfique. Elle est d'abord l'Être suprême, puisqu'elle règne sur le Destin lui-même qui, traditionnellement, commandait aux hommes *et aux dieux*. Cet assujettissement du Destin (pourtant personnifié) est traduit par la comparaison avec le chien, mais aussi par la cadence décroissante du vers 10, parfaitement réductrice :

Hymne à la Beauté / 93

$$\overset{5}{\overbrace{\text{« Le Destin charmé /}}} \overset{4}{\overbrace{\text{suit tes jupons /}}} \overset{3}{\overbrace{\text{comme un chien ; »}}}$$

La Beauté est, de plus, indifférente à ce qu'elle fait ou défait :

> « Tu s̲èmes̲ au has̲ard la joie et les dés̲as̲tres, »

Les allitérations de ce vers (consonnes sifflantes) soulignent le désagrément du tableau, où « la joie » est bien seule parmi « les désastres ».

Toute-puissante et insensible, la Beauté est enfin irresponsable :

> « Et tu gouvernes tout et ne réponds de rien. »

Toute-puissance et irresponsabilité : c'est la définition même du despotisme. Cette troisième strophe a permis d'animer la déesse : elle était une force tranquille, la voici une puissance agissante. On ne voyait que son visage : on la découvre totalement (mouvement des jupons, geste symbolique de la Semeuse). Désormais, elle a perdu toute ambiguïté, elle détruit à sens unique, elle triomphe dans le mal :

> « Tu marches sur des morts, Beauté, dont tu te moques ;
> De tes bijoux l'Horreur n'est pas le moins charmant,
> Et le Meurtre, parmi tes plus chères breloques,
> Sur ton ventre orgueilleux danse amoureusement. »

Le premier de ces vers mime remarquablement la démarche de la Beauté : alors que les allitérations marquent le mouvement rythmique, l'assonance morts/moques souligne le cruel contraste du sens en rapprochant les sons (paronomase), et la place du mot Beauté, dressé au milieu du vers, semble reproduire la hauteur dédaigneuse de la déesse foulant ses victimes :

$$\overset{2}{\overbrace{\text{« Tu m̲arches}}} \overset{4}{\overbrace{\text{sur des m̲orts,}}} \overset{2}{\overbrace{\text{Beauté,}}} \overset{4}{\overbrace{\text{dont tu te m̲oques ; »}}}$$

Les deuxième et troisième vers parachèvent le portrait de la Beauté en lui prêtant comme appâts ce qui, classiquement, est considéré comme laid : l'horreur, le crime. Le paradoxe surprend ; mais Baudelaire cultive intentionnellement une sorte d'*esthétique de la dissonance.*

Plus exactement, dans sa vision, l'ordre esthétique et l'ordre éthique sont définitivement séparés. Le Beau est indépendant du Bien ou du Mal. Ainsi, l'Horreur (morale) peut être Beauté (esthétique). On peut, comme on sait, « mourir en beauté », de même qu'existe le mythe du « crime parfait » : ainsi, il peut y avoir une sorte d'accomplissement formel dans l'œuvre de mal.

Pour faire ressortir ces idées provocantes, Baudelaire désarticule son vers, rapproche les termes antithétiques (bijoux/Horreur ; Meurtre/breloques) et esquisse le tableau sulfureux d'une danse du ventre de la Beauté, où se rejoignent l'érotisme et l'orgueil, le sadisme et le masochisme.

Mythe de la Beauté fatale, femme qui n'attire (physiquement) que pour détruire. Thème réciproque d'un désir sensuel meurtrier, qui laisse deviner qu'on ne possède l'orgueilleuse Beauté qu'en la tuant. Beauté du crime (sadisme), vertige de l'horreur et de la mort (masochisme). Focalisation du regard sur le ventre de la déesse, qui est vie (il danse, il est animé, il est source d'énergie vitale) et qui est mort (sûr de sa puissance d'attraction charnelle, il nargue, entraîne, hypnotise, et tue).

Tous ces thèmes se fondent dans le dernier vers, où les mots et les sons s'entrecroisent, le verbe « *danse* », accentué en position de septième syllabe, servant de pivot au mouvement final :

« Sur ton ventre orgueilleux danse amoureusement. »

La cinquième strophe ajoute deux nouveaux exemples, deux nouveaux tableaux, pour illustrer le lien amour/mort, le vertige suicidaire qui gît dans le désir de la Beauté. C'est d'abord l'image de l'éphémère (un insecte qui ne vit que quelques heures), qui se consume de bonheur dans la flamme :

Hymne à la Beauté / 95

> « L'éphémère ébloui vole vers toi, chandelle,
> Crépite, flambe et dit : Bénissons ce flambeau ! »

On assiste à l'approche de l'insecte, en trois temps décroissants (l'éphémère ébloui/vole vers toi/chandelle), au grésillement brutal (trois verbes) et surtout, au paradoxal contentement de la mouche qui bénit son destructeur : il y a donc de la jouissance à mourir d'amour. Même attitude masochiste de l'homme séduit par la femme vampirique :

> « L'amoureux pantelant incliné sur sa belle
> A l'air d'un moribond caressant son tombeau. »

L'amoureux « *pantelant* » perd la vie mais éprouve la joie trouble de succomber d'aimer. On remarquera l'horizontalité du tableau (l'amoureux et sa belle semblent déjà deux gisants) et le vertige tranquille traduit par l'enjambement (et ponctué par l'allitération en -b : belle/bond/beau). S'il est vrai qu'il y a de la pose romantique à cultiver la jouissance macabre d'un tel tableau, on notera toutefois que Baudelaire parle ailleurs, dans le poème en prose « Le désir de peindre », d'un type de femme qui donne « *le désir de mourir lentement sous son regard* ».

Strophes 6 et 7

Au bout de ces cinq strophes, l'hymne à la Beauté ressemble fort à un éloge de la défaite. Ne vaut-il pas mieux se détourner d'une entité aussi imprévisible ? Qu'est-ce qui peut pousser le poète à la choisir quand même ?

> « Que tu viennes du ciel ou de l'enfer, qu'importe,
> Ô Beauté ! monstre énorme, effrayant, ingénu !
> Si ton œil, ton souris, ton pied, m'ouvrent la porte
> D'un Infini que j'aime et n'ai jamais connu ? »

Le pari de Baudelaire s'explique par le nouveau caractère qu'il trouve à la Beauté : elle est messagère d'Infini. C'est sa *dimension* (bonne ou mauvaise, qu'importe) qui compte. Elle est si vaste qu'elle ne peut être appréhendée d'un seul regard (d'où le morcellement de l'approche : son œil, son souris, son pied). Elle est un monstre (mot masculin !) parce qu'elle est hors nature, elle dépasse le Bien et le Mal qui se partagent ce monde. Elle est effrayante, et l'est d'autant plus qu'elle l'est ingénument. Elle est énorme, elle est « hors normes », et c'est justement pour cela qu'elle touche à l'Infini. Mais, ce faisant, elle demeure une personne (Baudelaire l'apostrophe pour la troisième fois), et cela justifie l'amour que lui porte le poète.

Une seule phrase, interrogative, emporte tout le quatrain, exprimant la complexité de la beauté par les exclamations et qualifications péremptoires qui la hachent (dans les deux premiers vers); mais cette phrase s'ouvre sur un appel, un élan qui semble lui-même illimité, dont l'ampleur est notamment produite par l'enjambement des deux derniers vers.

Cet élan montre que le « *qu'importe* » jeté par l'orateur n'a rien de désinvolte : il traduit un désir d'évasion absolu, un vertige irrépressible devant l'infini, fût-il inconnu. Ce mouvement du « *qu'importe, si* », par lequel le poète se lance à corps perdu, désespérément hors du monde, se retrouve dans maint endroit de l'œuvre de Baudelaire. A la fin du « Voyage », par exemple :

> « Nous voulons, tant ce feu nous brûle le cerveau,
> Plonger au fond du gouffre, Enfer ou Ciel, qu'importe ?
> Au fond de l'Inconnu pour trouver du *nouveau* ! »

Même aspiration, dans le poème en prose « Any where out of the world » :

> « Mon âme fait explosion, et sagement elle me crie : "N'importe où ! n'importe où ! pourvu que ce soit hors de ce monde !" »

On lit encore, dans « Le Mauvais vitrier » (bien que le ton soit ironique) :

> « Mais qu'importe l'éternité de la damnation à qui a trouvé dans une seconde l'infini de la jouissance ? »

Ce mouvement du « *qu'importe* » assume donc très explicitement le risque suicidaire. Le poète sacrifie sa vie bien réelle contre l'espoir d'un Infini encore inconnu. Il accepte délibérément de perdre au change. Pourquoi ? La dernière strophe va nous le préciser : c'est moins par désir d'un ailleurs que par besoin de fuir l'ici-bas.

> « De Satan ou de Dieu, qu'importe ? Ange ou Sirène,
> Qu'importe, si tu rends, — fée aux yeux de velours,
> Rythme, parfum, lueur ô mon unique reine ! —
> L'univers moins hideux et les instants moins lourds ? »

Ce nouveau quatrain révise en baisse l'aspiration précédente : on ne rêve plus d'infini, on veut seulement échapper (un tant soit peu) au fini. La phrase, pressée par les *« qu'importe »*, chargée de nouveaux attributs prêtés à la Beauté, poursuit et achève la grande interrogation du poète.

Elle en achève aussi le mouvement oratoire (et l'on pourrait même dire *respiratoire* : le lecteur ressent, à la lecture, la longue oppression que le poète veut secouer, et qui pèse encore dans le dernier vers, que les rejets successifs forcent à prononcer à bout de souffle).

De nouvelles nuances apparaissent dans cette strophe finale. La féminisation de la beauté redevient nette : reine, sirène ou fée, elle revêt une figure plus classique que le *« monstre effrayant »* de l'évocation antérieure ; le charme l'emporte sur la peur. De plus, les caractères de la *« fée aux yeux de velours »* sont aussi les traits sensibles de la poésie baudelairienne : *« rythme, parfum, lueur »* nous renvoient aux «Correspondances». Le culte de la Beauté réunifie ici l'idéal artistique et l'idéal amoureux.

On note enfin l'admirable symétrie du dernier vers :

> « L'univers moins hideux et les instants moins lourds ? »

C'est un espace-temps complet qui nous apparaît. L'espace est hideux, le temps est pesant. L'un et l'autre achèvent d'illustrer le caractère fini, contraignant, de notre monde. L'aspiration du poète n'est plus que de rendre moins insupportables les contingences de notre condition. D'où l'aspect tragique du choix final de la Beauté : pour obtenir de simples répits à son ennui de vivre, faut-il que le poète risque toute son existence ?

CONCLUSION

Dans un sonnet antérieur, intitulé « La Beauté », Baudelaire développe une conception beaucoup plus formelle de la beauté. Celle-ci est un « *rêve de pierre* », haïssant « *le mouvement qui déplace les lignes* » ; elle fascine sans doute le poète, mais par son caractère plastique, objectivement harmonieux, immuable ; elle ne pénètre pas aussi profondément au cœur de son existence, elle n'est pas un pari aussi tragique que dans le texte que nous venons d'étudier.

Certes, cet « Hymne à la Beauté » reprend les idées esthétiques de Baudelaire : le thème des correspondances entre les sens, la valeur sculpturale de la beauté, sa dimension extraordinaire. Mais ce n'est plus tant sa valeur objective, ni même son origine, qui la définissent : c'est le bouleversement qu'elle suscite, le vertige bénéfique/maléfique qu'elle produit sur les hommes Elle se caractérise moins par une valeur formelle que par l'émotion *subjective*, le frisson d'infini qu'elle génère au fond de l'âme. Dès lors, la beauté peut se trouver partout, dans l'Horreur comme dans la Fraternité, dans le Meurtre comme dans l'harmonie d'un soir. Il suffit que le poète se sente *transporté*, qu'il oublie une seconde le poids de l'espace-temps. Ce poème nous livre donc la clef des *Fleurs du Mal* : le Mal même a sa beauté vertigineuse, le Mal a son parfum, et le poète peut donc en faire des Fleurs...

Mais quel pari, quel risque soudain ! L'idéal artistique ou amoureux n'est plus un simple rêve, il suppose un mouvement intérieur où l'être se donne en entier, aveuglément, sans savoir s'il va « plonger au fond du gouffre » ou s'élever au septième ciel. La Beauté, ambivalente, n'est plus seulement l'objet d'une contemplation, mais d'un culte, d'une attente totale et définitive. Sans doute l'ambivalence de la Beauté répond-elle aux deux postulations contraires qui traversent l'homme : s'il choisit la Beauté, il trouve alors réuni en elle ce qui se contredit en lui. Mais à quel prix ? On comprend que Baudelaire ait dit avoir mis « toute sa religion » dans son recueil, toute sa foi dans la Beauté ; mais c'est bien à la façon des mystiques qui sacrifient la réalité de leur existence au nom d'un hypothétique salut.

ÉLÉMENTS POUR LE COMMENTAIRE COMPOSÉ

Ce poème se prête aisément à l'organisation d'un commentaire composé ou à la pratique de la lecture méthodique : les aspects dominants de sa thématique sont en effet faciles à distinguer les uns des autres, et à traiter par études synthétiques successives. Trois points ressortent clairement :

1. UNE CÉLÉBRATION DE LA FEMME.
2. L'AMBIVALENCE DE LA BEAUTÉ.
3. L'ATTITUDE DU POETE.

1. Une célébration de la Femme

La personnification de la Beauté donne lieu à une évocation puissante du charme physique de la femme. Son mouvement, sa dimension (qui oblige à une peinture morcelée), l'ampleur de ses yeux, mais aussi toutes les parties de son corps (le sourire, le pied, le ventre) sans parler de leur mise en valeur (par les bijoux, les breloques, les jupons), tout illustre son pouvoir d'attraction, son « charme » magique (elle est « *fée* », « *sirène* »), l'effet irrésistible qu'elle produit sur la sensualité de ses adorateurs (ses baisers, son ventre qui danse, ses parfums). Il y a là un résumé des appâts féminins, dont on retrouvera l'évocation dans d'autres « Fleurs » du Mal.

2. L'ambivalence de la Beauté

Toutes les questions duelles et les réponses antithétiques qui s'échelonnent dans le poème doivent être étudiées de façon suivie, avec leurs reprises et les nuances qui sont apportées successivement. L'étude de l'idée doit naturellement s'appuyer sur les jeux d'images et de rythmes par lesquels

Baudelaire peint les deux faces extrêmes de la Beauté, et dresse le tableau de sa toute-puissance.

3. L'attitude du poète

Dès le début, par l'interrogation, par l'invocation, par l'expression du désir et de la peur, le poète établit la relation ambiguë de l'homme et de la Beauté. Il fait sentir l'infini qui est en elle, et développe de strophe en strophe son vertige, lequel prépare son choix final. On ne peut séparer dans cette étude la progression de l'idée du large mouvement oratoire qui l'exprime, et aboutit à l'aspiration désespérée qui clôt le poème.

Bien entendu, pour ceux qui veulent approfondir la conception baudelairienne, des renvois peuvent être faits aux autres textes où le poète s'interroge sur l'art, sur l'essence du Beau. A la suite d'autres commentateurs, nous citerons ces extraits des *Journaux intimes* de l'auteur :

> « J'ai trouvé la définition du Beau, de mon Beau. C'est quelque chose d'ardent et de triste, quelque chose d'un peu vague, laissant carrière à la conjecture. Je vais, si l'on veut, appliquer mes idées à un objet sensible, à l'objet, par exemple, le plus intéressant dans la société, à un visage de femme. Une tête séduisante et belle, une tête de femme veux-je dire, c'est une tête qui fait rêver à la fois, — mais d'une manière confuse — de volupté et de tristesse ; qui comporte une idée de mélancolie, de lassitude, même de satiété, — soit une idée contraire, c'est-à-dire une ardeur, un désir de vivre, associé avec une amertume refluante, comme venant de privation ou de désespérance. Le mystère, le regret sont aussi des caractères du Beau [...]
>
> Je ne prétends pas que la Joie ne puisse pas s'associer avec la Beauté, mais je dis que la Joie en est un des ornements les plus vulgaires ; — tandis que la Mélancolie en est pour ainsi dire l'illustre compagne, à ce point que je ne conçois guère (mon cerveau serait-il un miroir ensorcelé?) un type de Beauté où il n'y ait du *Malheur*. Appuyé sur — d'autres diraient : obsédé par — ces idées, on conçoit qu'il me serait difficile de ne pas conclure que le plus parfait type de Beauté virile est *Satan*, — à la manière de Milton. »

BAUDELAIRE ET L'ALLÉGORIE

L'allégorie, on le sait, est ce procédé stylistique qui consiste à figurer une idée, une entité abstraite, par une image, une métaphore, un être vivant. Ainsi, on fera de la Calomnie un serpent, de la République une jeune femme (Marianne), de la Mort une faucheuse. Les allégories sont le plus souvent des personnifications. Il suffit, à la limite, de donner une majuscule à un mot pour lui conférer le statut vague d'un être moral qu'on traite en personnage.

Baudelaire use souvent de l'allégorie. Le Temps est un ennemi, la Douleur est une compagne, la Haine «*est un ivrogne*», «*La Débauche et la Mort sont deux aimables filles*», l'Angoisse un pirate intérieur.

L'allégorie sert évidemment à rendre vivante l'idée, à animer l'abstraction. Une fois posée l'équivalence entre la beauté et la femme, par exemple, le poète peut décrire et faire vivre celle-ci, lui donner un corps, rendre sensible ses appâts.

Mais l'emploi de l'allégorie s'explique plus profondément chez Baudelaire par la proximité de sa vision avec l'idéalisme platonicien. Le poète semble croire à un monde d'essences, d'Idées en soi, existant par elles-mêmes et agissant plus ou moins secrètement dans notre univers matériel. Dès lors, la majuscule donnée à une idée lui confère un statut d'Essence supérieure, de puissance autonome. Ainsi, l'idée de Beauté est à l'évidence essentiellement Femme aux yeux du poète. Elle est comme une réalité personnelle, présente en ce monde pour nous en faire désirer un autre où elle règne — même s'il est dangereux de répondre à l'appel de cette «*Sirène*» (autre personnification !).

TRAVAIL SUR UN THÈME

Il serait intéressant de rassembler pour comparaison des poèmes qui se présentent plus ou moins comme des « Arts poétiques » et dans lesquels l'auteur s'exprime à la fois en tant que penseur et en tant qu'artiste.

102 / L'idéal poétique

Un travail dans ce sens a été fait par Pierre Lepère dans *Création poétique et poésie de l'aube de la Renaissance au crépuscule du romantisme*, chez Pierre Bordas et fils, collection *Littérature vivante*. Il serait possible de prolonger cette recherche en venant jusqu'au XXe siècle.

L'idéal amoureux

1. Parfum exotique.
2. Harmonie du soir.
3. L'Invitation au Voyage.

1

PARFUM EXOTIQUE

PARFUM EXOTIQUE

Quand, les deux yeux fermés, en un soir chaud d'automne,
Je respire l'odeur de ton sein chaleureux,
Je vois se dérouler des rivages heureux
4 Qu'éblouissent les feux d'un soleil monotone ;

Une île paresseuse où la nature donne
Des arbres singuliers et des fruits savoureux ;
Des hommes dont le corps est mince et vigoureux,
8 Et des femmes dont l'œil par sa franchise étonne.

Guidé par ton odeur vers de charmants climats,
Je vois un port rempli de voiles et de mâts
11 Encor tout fatigués par la vague marine,

Pendant que le parfum des verts tamariniers,
Qui circule dans l'air et m'enfle la narine,
14 Se mêle dans mon âme au chant des mariniers.

CONDITIONS DE PUBLICATION

Les débuts de « Parfum exotique » sont modestes puisque le poème paraît pour la première fois en mai 1857 dans le *Journal d'Alençon*. Pourquoi cette publication dans un petit journal d'une petite ville de Normandie ? Tout simplement parce qu'il s'agit d'un journal dont s'occupe Poulet-Malassis, lequel est en train de préparer la première édition des *Fleurs du Mal*.

Le poème figure dans les trois premières éditions des *Fleurs du Mal*. Il prend toujours place dans le premier tiers de « Spleen et Idéal ».

CONDITIONS D'ÉCRITURE

Ce poème est souvent rapproché de deux autres poèmes de Baudelaire :

— « La Chevelure », poème en vers qui vient immédiatement après lui dans *Les Fleurs du Mal*, poème cité page 301.

— « Un Hémisphère dans une chevelure », poème en prose qui figure dans *Le Spleen de Paris*, poème cité page 303.

On a longtemps pensé que l'ordre d'écriture était : « Parfum exotique » / « La Chevelure » / « Un Hémisphère dans une chevelure ». Pichois penche plutôt pour l'ordre : « Parfum exotique » / « Un Hémisphère dans une chevelure » / « La Chevelure ».

Dans les deux cas, « Parfum exotique » vient en premier. Il semble qu'il s'agisse, en effet, d'un poème de jeunesse qui a été comme le noyau initial d'où proviennent les deux œuvres plus étoffées qui suivent.

Dans l'étude du poème, il faudra éviter de mélanger l'étude proprement dite de ces quelques strophes et les références aux deux autres textes. Il vaut mieux, dans un premier temps, examiner le texte tel qu'il se présente et ne l'envisager qu'ensuite comme l'un des éléments d'une triade.

IDÉE GÉNÉRALE

Le mouvement du texte est celui d'une expansion rappelant celle mise en œuvre dans les deux tercets de « Correspondances ». A partir d'une simple sensation olfactive surgit progressivement tout un univers. Cette expansion nous conduit du réel à l'imaginaire, de l'ici au là-bas, du présent à un autre temps dont tout laisse à penser qu'il est un passé lointain d'avant le péché originel.

DE L'ODEUR AU PARFUM

Quel que soit le type d'explication choisi, il apparaît indispensable de consacrer la première partie à l'explicitation de cette structure en expansion qui conduit de l'odeur d'une femme réelle au parfum de verts tamariniers imaginaires.

Pour faire ressortir cette organisation, nous reproduirons le poème en mettant certains éléments en caractères gras.

> **Quand, les deux yeux fermés, en un soir chaud d'automne,**
> **Je respire l'odeur de ton sein chaleureux,**
> **Je vois** se dérouler des rivages heureux
> Qu'éblouissent les feux d'un soleil monotone ;
>
> Une île paresseuse où la nature donne
> Des arbres singuliers et des fruits savoureux ;
> Des hommes dont le corps est mince et vigoureux,
> Et des femmes dont l'œil par sa franchise étonne.
>
> **Guidé par ton odeur** vers de charmants climats,
> **Je vois** un port rempli de voiles et de mâts
> Encor tout fatigués par la vague marine,
>
> Pendant que le parfum des verts tamariniers,
> Qui circule dans l'air et m'enfle la narine,
> Se mêle dans mon âme au chant des mariniers.

Les éléments en gras correspondent au réel, à ce qui est vécu. Les éléments en maigre (beaucoup plus importants du point de vue quantitatif) correspondent au domaine de l'imaginaire.

Avant d'aller plus loin dans l'étude de la structure, deux remarques sur les éléments relatifs au réel (en gras) :

— Il faut évidemment noter le couple «*les deux yeux fermés*» / «*Je vois*» : opposition surprenante au premier abord, mais qui se comprend très bien. Le «narrateur» ne ferme les yeux sur le réel que pour mieux les ouvrir sur l'imaginaire.

— Dans cette opposition, «*Je vois*» est mis en relief par le procédé du rejet. Il en va de même quand cette même expression revient au vers 10.

La structure du poème peut donc se ramener au schéma suivant :

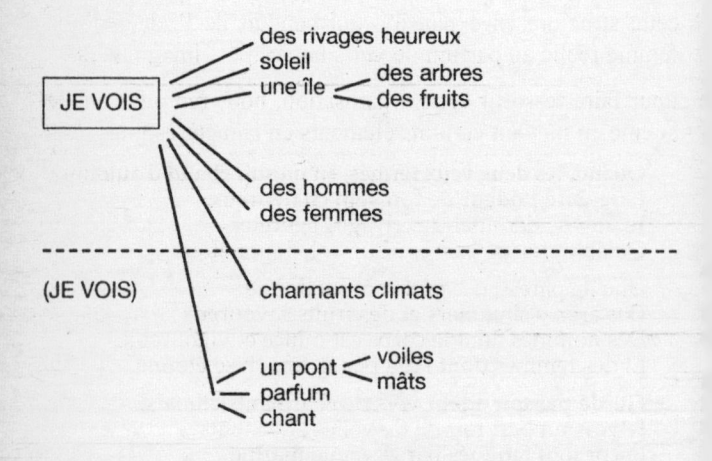

```
                 des rivages heureux
                 soleil
                 une île ─── des arbres
JE VOIS                      des fruits

                 des hommes
                 des femmes
- - - - - - - - - - - - - - - - - - - - - -
(JE VOIS)        charmants climats

                 un pont ─── voiles
                             mâts
                 parfum
                 chant
```

COMMENTAIRE DU SCHÉMA

La ligne en pointillés correspond à la séparation entre les quatrains et les tercets.

Le second «*Je vois*» est mis entre parenthèses pour montrer qu'il n'a qu'une fonction de relais.

Le mot «relais» est cependant pris dans toute sa force et implique donc un nouveau départ.

Dans le vers 3, près du «*sein chaleureux*», le poète a la vision des rivages lointains. Dans le vers 10, une fois «*guidé*» vers ces contrées, c'est-à-dire en s'étant déplacé (mentalement), il voit ce qui se passe sur place. Il y est, ce que confirme le second tercet.

Dans cette expansion, il est possible de marquer des étapes :
 1. Je vois.
 2. Je m'y vois.
 3. Y étant, voici ce que je vois.

En ce qui concerne cette reprise par «*Je vois*», nous constatons la présence du même couple «*Odeur*» + «*Je vois*». Le relais concerne non seulement l'expression «*Je vois*» mais ce couple qui rappelle la grande opposition (Réel/Imaginaire) autour de laquelle s'articule tout le poème.

Il s'est donc établi une correspondance entre l'«*odeur*» d'une femme qui semble être une intime et de nombreux éléments suggérés par cette odeur.

A propos de cette femme — réelle —, nous constatons qu'il n'y a dans le poème aucun élément de description en dehors de cette odeur et de l'expression «*de ton sein chaleureux*». Cette dernière expression est relativement vague en dehors d'une connotation légèrement érotique : elle suggère en effet la nudité et l'intimité.

Le contexte est lui aussi évoqué rapidement. Un seul hémistiche suffit à Baudelaire («*en un soir chaud d'automne*»). La chaleur — expression relayée par «*chaleureux*» — a pu contribuer à susciter la naissance dans l'imagination d'un pays ébloui par «*les feux d'un soleil monotone*».

Notons au passage qu'ici l'automne est connoté positivement alors que chez d'autres auteurs il s'associe au brouillard, à la tristesse et paraît préluder à cette sorte de mort de la nature qu'est l'hiver.

110 / L'*idéal amoureux*

Le point de départ est une odeur, mais les premiers éléments qui viennent peupler l'imagination de l'être en proie au rêve sont tous visuels (rivages, île, arbre, hommes, femmes, port, voiles, mâts); une seule exception au vers 6 avec «*savoureux*» qui correspond à une sensation gustative.

Ce n'est qu'en fin de poème qu'apparaissent des sensations d'un autre ordre : des sensations olfactives (le «*parfum*» des verts tamariniers) et auditives (le «*chant*» des matelots).

Nous avons constaté que ce poème était articulé sur la correspondance entre ce qui est perçu (l'«*odeur*») et tout ce qui est imaginé. Nous sommes cette fois en présence de correspondances entre différentes sensations, et donc dans le domaine des synesthésies. Ce qui est vu suggère des sensations gustatives, olfactives et auditives. Non seulement les parfums, les couleurs et les sons se répondent, mais ils ne cessent de s'*appeler* les uns les autres.

Dans l'étude de «Correspondances», parallèlement à l'évocation des synesthésies, nous avons parlé d'une correspondance entre de simples sensations et des notions morales, psychologiques. Ce type de correspondances se retrouve ici («*rivages heureux*», «*île paresseuse*», «*par sa franchise*»). Le mot «*fatigué*» du vers 11 est pris dans un sens technique et n'entre pas dans ce réseau. Il peut cependant évoquer une sorte de lassitude qui rend le voyageur plus poreux aux sensations nouvelles.

Le mouvement de ce poème correspond donc à une expansion. Tout part d'une source qui se ramène à peu de chose et prend ensuite de plus en plus d'ampleur. Au départ l'«*odeur*» avec seulement quelques circonstanciels; ensuite le poème — comme le rêve — se «*déroule*», pour reprendre une expression du texte, et envahit l'imagination du poète (et celle du lecteur). Cette expansion ressemble au phénomène qui se produit quand on débouche un flacon de parfum : à partir d'une source restreinte, une expansion qui progressivement emplit l'espace.

SUR LE VOYAGE AUX ÎLES

Le lien est toujours établi entre le goût pour l'exotisme tropical que manifeste Baudelaire et le voyage qu'il fit à vingt ans jusque dans les îles de l'océan Indien. Vous pouvez, bien sûr, suivre la tradition en ce domaine. Il n'est cependant pas nécessaire de s'arrêter trop longuement sur ce point. Baudelaire a certainement été marqué par ce voyage, mais il ne faut pas tout expliquer par là.

En fait, il s'agit d'un voyage forcé et non mené à son terme. Baudelaire est par nature profondément casanier. Paris lui suffit en dépit des misères qu'il y connaît et il est, avant tout, un voyageur en chambre. Sans ce voyage, l'exotisme aurait certainement joué un rôle important dans son œuvre ; le voyage a surtout — et peut-être seulement — contribué à la coloration de ce goût de l'ailleurs.

Car, sur le plan littéraire, il faut distinguer l'exotisme du récit de voyage qui s'appuie sur une observation du réel et l'exotisme nous transportant dans un pays de rêve. Baudelaire ne s'intéresse qu'à cette dernière forme.

Bernardin de Saint-Pierre, pour l'océan Indien justement, Chateaubriand pour l'Amérique, Théophile Gautier pour l'Espagne et bien d'autres voyageurs avaient mis au goût du jour l'exotisme du récit de voyage. De cet exotisme du réel, déjà, en bien des cas, embelli par l'imagination, l'exotisme du rêve faisait sa pâture. Ainsi, Victor Hugo n'a pas besoin d'aller en Orient pour écrire *Les Orientales* (1828), un livre qui frappera tout particulièrement Baudelaire.

Il ne faut donc pas privilégier le voyage sous les tropiques pour expliquer l'importance de l'exotisme dans *Les Fleurs du Mal*. Baudelaire aspire sans cesse à un ailleurs qui n'est jamais seulement géographique et qui se résume dans la formule « N'importe où ! n'importe où ! pourvu que ce soit hors du monde ! »

Il s'agit de changer de lieu, de temps et même de planète pour aller — c'est le dernier vers des *Fleurs du Mal* :

« Au fond de l'inconnu pour trouver du *nouveau* ! »

112 / *L'idéal amoureux*

LE CONTRAIRE DE L'ENFER URBAIN

Le poème apparaît donc comme une extrapolation du titre qui peut d'ailleurs se comprendre de deux manières :

— Le parfum désigné par le titre est le parfum des « *verts tamariniers* ». Il est « *exotique* » parce qu'il ne se respire que dans les pays lointains.

— Il peut s'agir non plus du résultat de l'expansion que nous avons analysée, mais de sa cause ; le « *parfum* » peut être cette « *odeur* » d'où a surgi tout un univers exotique.

Bien sûr, ce peut être aussi l'un et l'autre.

Le pays évoqué est exotique par son éloignement. Il l'est plus encore en ce qu'il apparaît comme un contretype de l'univers urbain dans lequel se démène Baudelaire. Il propose le contraire de ce que l'on peut vivre en Europe et plus spécialement à Paris.

Le soleil s'oppose aux atmosphères souvent pluvieuses de Paris, cette île « *paresseuse* » contraste avec l'agitation frénétique de la capitale, les hommes et les femmes qui respirent la santé n'ont rien à voir avec les petites vieilles disloquées ou les aveugles hagards qui errent dans les rues de la Cité. Mais, plus encore, l'homme des villes n'a plus rien de commun avec l'être humain qui vit dans ces pays de rêve.

Cette harmonie entre les habitants de ces rivages lointains et le monde qui les entoure est bien mise en évidence par le procédé de l'hypallage.

L'hypallage est une figure de style qui se définit par le transfert de caractéristiques propres à une réalité sur une autre réalité. Nous en avons ici deux beaux exemples avec les expressions « *rivages heureux* » et « *île paresseuse* ». Le transfert s'est opéré des habitants aux lieux où ils résident. Par ce moyen, ces habitants sont suggérés aux vers 3 et 5 avant d'être nommés aux vers 7 et 8 (« *Des hommes... Et des femmes...* »). Mais ces hypallages qui vont des habitants aux lieux suggèrent aussi l'idée d'une consubstantialité (le fait d'être d'une même substance) et donc d'une harmonie parfaite entre les deux : des habitants « *heureux* » et « *paresseux* » (mot connoté positivement) contribuent à l'aspect paradisiaque des lieux. Mais le processus joue aussi dans le sens inverse : l'aspect des lieux incite les habitants au bonheur et à l'indolence.

Tous ceux qui, de Montaigne à Rousseau en passant par Diderot, ont contribué à l'élaboration du mythe du bon Sauvage ont décrit, quand ils évoquaient les peuples lointains, une anti-Europe. Ils se souciaient peu de vérité scientifique car leur propos était avant tout de faire ressortir les défauts de leur continent.

Baudelaire se situe sur un tout autre plan car sa préoccupation n'est en rien politique. Il aspire à un ailleurs parce que l'ici est proprement invivable (la tentation du suicide le visite souvent). Comme tous les paradis, celui auquel il aspire est une antithèse du monde dans lequel il vit. Mais, alors que les penseurs qui évoquent des paradis lointains songent surtout à améliorer l'Europe, Baudelaire ne songe qu'à s'en échapper au moins par le rêve. Il rejoint cependant ces penseurs en ce que, comme pour eux, cette évocation d'un âge heureux est tout empreinte de nostalgie. Le paradis auquel on rêve est un paradis perdu. Autant que dans l'espace, « Parfum exotique » nous transporte dans le temps.

UN PARADIS PERDU

Nous avons indiqué, en passant, que l'idée de paresse était dans ce poème connotée positivement. Elle rejoint l'« indolence » de l'albatros et de la femme aimée ou le « nonchaloir » évoqué dans plusieurs poèmes des *Fleurs du Mal*.

Nous sommes encore dans l'« anti-Paris » si l'on songe à l'horreur de Baudelaire pour le bourgeois. Le bourgeois se

JEANNE DUVAL

« Parfum exotique » est le premier poème du cycle de Jeanne Duval (cf. p. 120). Jeanne était une mulâtresse et le lien avec l'exotisme tropical va de soi. Remarquons toutefois que, dans le poème, aucun élément de description physique ne permet d'affirmer qu'il s'agit bien d'elle. Dans d'autres textes, les références à la peau brune rendent très probable l'identification.

L'attitude à adopter à propos de Jeanne est la même que celle que nous venons de définir avec le voyage vers le Sud. Il faut se garder d'un déterminisme simpliste se ramenant à une formulation réductrice de ce type : sa compagne est une mulâtresse, donc il va écrire des poèmes sur les pays où vivent les Noirs.

Les choses sont évidemment plus complexes. Tout d'abord, il n'y a pas plus de hasard dans la vie psychologique que dans la production des textes. Si Baudelaire a choisi une femme noire — choix beaucoup plus hors norme qu'il ne l'est aujourd'hui —, c'est justement parce qu'elle correspond à son goût de l'exotisme. Nous sommes donc loin de l'équivalence évoquée plus haut : ce n'est pas la présence de Jeanne qui suscite l'exotisme, mais le goût de l'exotisme qui suscite la présence de Jeanne.

Par ailleurs, le fait que ce soit Jeanne ou une autre qui se trouve à la source de « Parfum exotique » n'a pas une grande importance pour le commentaire. Comme à propos du voyage, il sera toujours bon de montrer que l'on a quelques notions d'histoire littéraire. De même, la référence au cycle de Jeanne Duval sera toujours la bienvenue ; elle montre, en effet, que vous ne vous êtes pas contenté d'étudier le poème qui figurait sur votre liste. Mais, encore une fois, l'essentiel n'est pas là. Donné sans nom d'auteur et sans aucune référence, le poème continuerait de produire un effet. Le commentaire porte avant tout sur cet effet et sur les moyens mis en œuvre pour y parvenir.

disqualifie à ses yeux par le fait qu'il a promu comme une valeur sacrée — la valeur entre toutes — le travail *rentable*. Mais il est possible de penser aussi au Paradis d'avant la Chute. On se souvient que la punition du péché originel fut le travail présenté comme une malédiction : « *Tu gagneras ton pain à la sueur de ton front.* » Nous sommes, avec « Parfum exotique », dans l'ère pré-adamique, dans cette période où Adam n'ayant pas mordu au fruit défendu, il était encore comme Ève fait à l'image de Dieu. Ils étaient nus, n'avaient pas honte de leur corps ; Ève n'avait rien à cacher. Ces deux indices se retrouvent aux vers 7-8. La soif d'un ailleurs se double de la nostalgie d'une époque paradisiaque perdue.

Ces pays du Sud apparaissent comme l'envers d'une Europe en train de s'industrialiser, mais ils répondent aussi au désir d'une régression vers une époque où régnaient l'innocence et l'harmonie. Il n'est pas interdit d'établir un lien entre cette aspiration et des données biographiques. Ce vert paradis des amours enfantines, Baudelaire l'a connu quelques mois auprès de sa mère entre la mort de son père et l'arrivée du commandant Aupick ; tout comme Rousseau, qui situait lui aussi l'âge d'or dans le passé, l'avait connu pendant une période relativement brève auprès de Madame de Warens.

Quand on sait l'importance du péché originel dans la vision du monde de Baudelaire, il n'y a d'ailleurs pas à s'étonner du fait qu'il ne puisse imaginer le paradis que dans l'autrefois. « Parfum exotique » fait ainsi partie d'un réseau de poèmes se rattachant à cette nostalgie. Ainsi deux vers de « *J'aime le souvenir de ces époques nues* », qui précède de quelques pages « Parfum exotique » dans le recueil, évoquent « *l'homme et la femme* » dans des termes très proches de ceux employés aux vers 7 et 8 :

> « **Alors l'homme et la femme en leur agilité
> Jouissaient sans mensonge et sans anxiété,** »

Baudelaire ne se contente pas de dire cette harmonie propre à l'Éden. Il va s'efforcer de la suggérer de différentes manières. Nous avons vu déjà comment ; par exemple, il utilisait pour ce faire les ressources de l'hypallage. Mais il a recours à bien d'autres procédés.

La simplicité du vocabulaire

Le vocabulaire de ce poème se caractérise par sa simplicité. Cela peut provenir d'une volonté de Baudelaire de réagir contre la tendance à abuser des mots exotiques, tendance qu'il peut observer autour de lui chez les mauvais poètes.

Il n'a recours qu'à un seul mot exotique (« *tamariniers* ») dont il tire une rime très riche. Mais, justement du fait de sa rareté et de sa position dans la conclusion très ouverte du poème, ce mot produit tout son effet.

On peut s'arrêter aussi sur le mot « *narine* », surtout si l'on a gardé en mémoire le vers de Victor Hugo dans « Réponse à un acte d'accusation » (*Les Contemplations*) :

> « J'ai dit à la narine : Eh mais tu n'es qu'un nez ! »

« *Narine* » était rangé dans le registre des mots « poétiques » et Hugo refusait de distinguer les mots nobles des mots roturiers. S'il accueille volontiers comme lui les mots autrefois bannis, Baudelaire n'éprouve pas le besoin de proscrire ceux qui étaient stylistiquement marqués comme « poétiques ».

Remarquons, à propos de ce mot, qu'il se situe dans une progression qui confirme l'idée d'expansion évoquée plus haut :

1. Parfum circulant dans l'air (« *Qui circule dans l'air* […] »).

2. Parfum atteignant le corps et semblant l'emplir (« […] *qui m'enfle la narine* […] »).

3. Parfum atteignant l'âme (« *Se mêle dans mon âme* […] »).

Mais, dans le choix du vocabulaire, c'est bien la simplicité qui l'emporte, simplicité qui va parfois jusqu'au prosaïsme (« ***charmants*** *climats* » ; « ***verts*** *tamariniers* »). Les cieux ne sont pas céruléens et les roseaux virides comme chez les mauvais poètes. Plutôt que de recourir à des mots relativement rares comme « fragrance » ou « effluve », il se contente du mot « *odeur* », mais, par l'agencement du poème, il l'enrobe de connotations neuves. Il le « charge » comme le sorcier africain « charge » un masque.

Ce recours à un vocabulaire très simple s'explique très bien ici. Il tend à évoquer la simplicité d'un univers des premiers âges et la simplicité de mœurs de ceux qui y vivent. Un temps où les choses et les êtres sont encore proches de leur essence.

Le travail sur les sonorités

Le sentiment d'un univers harmonieux et paisible sera aussi rendu par un travail raffiné sur les sonorités et le rythme. Nous donnerons quelques exemples d'analyse dans ce domaine.

Ainsi, présence d'un « *a* » dans tous les mots qui se trouvent en fin de vers dans les deux tercets et présence de « *ma* » dans cinq vers sur six.

Présence de rimes intérieures :

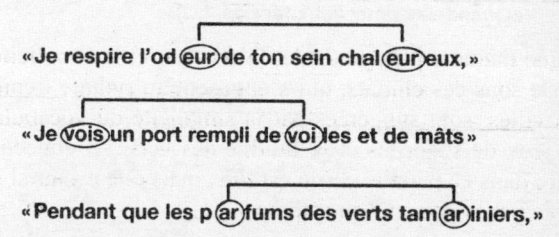

« Je respire l'od(eur) de ton sein chal(eur)eux, »

« Je (vois) un port rempli de (voi)les et de mâts »

« Pendant que les p(ar)fums des verts tam(ar)iniers, »

Il est toujours difficile de savoir où l'on peut s'arrêter dans ce type d'analyse ; ainsi, dans le dernier vers, nous notons la présence d'un chiasme sonore : âme/ma(riniers).

â   me
m   a(riniers)

Mais ce type d'analyse n'est-il pas trop sophistiqué et cela d'autant plus qu'il est difficile d'analyser l'effet produit? A la limite, il vaut cependant mieux pécher par excès que par omission dans cette analyse du matériau sonore. Car une étude qui s'en tient au référent (le sens qui est véhiculé par le texte) passe à côté de ce qui est essentiel en poésie.

Les effets du rythme

Une utilisation relativement traditionnelle de l'alexandrin :

— Recours aux deux hémistiches de longueur égale pour bien faire sentir les parallélismes :

> 6 / 6
> «Des arbres singuliers / et des fruits savoureux;»
>
> 6 / 6
> «Qui circule dans l'air / et m'enfle la narine,»

— Autres effets de parallélisme :

> «Je vois» // «Je vois»
> «Des hommes dont [...]» // «Et des femmes dont [...]»

— Attaque ferme du poème :

> 1 / 5
> «Quand, les deux yeux fermés, [...]»

D'une manière plus générale, la douceur et la simplicité de la vie sous ces climats, qui s'opposent au rythme trépidant des villes, sont suggérées par la simplicité du vocabulaire, les jeux de sonorités et la fluidité des vers. La douceur de vivre dans ce paradis perdu est *dite*, mais elle est aussi suggérée par la douceur du rythme.

Grâce à la médiation de la femme — une compagne plutôt qu'une mère même si l'expression «*sein chaleureux*» convient aux deux — le poète a pu s'évader vers des contrées conformes à ses vœux. Quatorze vers, grâce au caractère en expansion et ouvert du poème, ont permis à Baudelaire de nous y conduire et de trouver, le temps d'une lecture et de sa remémoration, « *l'univers moins hideux et les instants moins lourds* ».

ORGANISATION D'UN COMMENTAIRE COMPOSÉ

En dehors de l'introduction et de la conclusion, un commentaire composé peut très bien ne comporter que deux grandes parties. C'est vers un plan de ce type que nous avions commencé à organiser nos matériaux :

1. DE L'ODEUR AU PARFUM.

Comme dans notre développement portant ce titre, cette partie contiendrait tout ce qui concerne le caractère en expansion du texte.

2. LE PARADIS PERDU.

Cette partie engloberait les développements correspondant à « Le contraire de l'enfer urbain » et « Le paradis perdu » des pages précédentes.

Mais, parce que notre seconde partie risquait de devenir lourde, nous avons finalement choisi de la dédoubler en distinguant la nostalgie d'un ailleurs de celle d'un autrefois. Ce qui nous donne :

1. DE L'ODEUR AU PARFUM.
2. LE CONTRAIRE DE L'ENFER URBAIN.
3. LE PARADIS PERDU.

La première solution — celle d'un plan en deux parties — est plus satisfaisante d'un point de vue strictement esthétique, mais la seconde semble favorable à une meilleure lisibilité.

AUTRES TEXTES SUR LE DÉSIR D'ÉVASION

Se reporter à la fin de l'étude sur « L'Invitation au Voyage » page 158.

EXPLICATIONS DANS LES REVUES

Jacques Geninasca, « Les figures de la perception et du voyage dans *Parfum exotique* et leurs représentations sémantiques », *Études baudelairiennes*, VIII.

Marcel Schaettel, « Schèmes sensoriels et dynamiques dans "Parfum exotique" de Baudelaire, *Études baudelairiennes* VIII.

Micheline Rosenfeld, « L'exotisme », *Études baudelairiennes* IX.

Nicolas Ruwet, quelques pages dans *Langue, discours et société* (Seuil).

LES INSPIRATRICES

Trois femmes semblent avoir joué un rôle important dans l'activité créatrice de Baudelaire. Cela a conduit à distinguer dans *Les Fleurs du Mal* des groupes de poèmes se rapportant à ces trois personnes :
— le cycle de Jeanne Duval,
— le cycle de Madame Sabatier,
— le cycle de Marie Daubrun.

Pour certains poèmes, le rapprochement prête peu à discussion ; par exemples ceux qui évoquent la peau noire de Jeanne Duval ou ceux parlant des yeux verts de Marie Daubrun. Mais l'attribution n'est pas toujours aussi facile même dans le cas d'une dédicace précise.

Il n'existe donc pas, dans *Les Fleurs du Mal*, des parties nettement délimitées, chacune étant consacrée à l'une de ces femmes ; plutôt des nébuleuses aux franges indéterminées.

2
HARMONIE DU SOIR

Harmonie du soir

Voici venir les temps où vibrant sur sa tige
Chaque fleur s'évapore ainsi qu'un encensoir ;
Les sons et les parfums tournent dans l'air du soir ;
4 Valse mélancolique et langoureux vertige !

Chaque fleur s'évapore ainsi qu'un encensoir ;
Le violon frémit comme un cœur qu'on afflige ;
Valse mélancolique et langoureux vertige !
8 Le ciel est triste et beau comme un grand reposoir.

Le violon frémit comme un cœur qu'on afflige,
Un cœur tendre, qui hait le néant vaste et noir !
Le ciel est triste et beau comme un grand reposoir ;
12 Le soleil s'est noyé dans son sang qui se fige.

Un cœur tendre, qui hait le néant vaste et noir,
Du passé lumineux recueille tout vestige !
Le soleil s'est noyé dans son sang qui se fige...
16 Ton souvenir en moi luit comme un ostensoir !

122 / *L'idéal amoureux*

CONDITIONS DE PUBLICATION

Le poème paraît en avril 1857 dans *La Revue française* et aussi dans le *Journal d'Alençon*, journal imprimé par Poulet-Malassis, le premier éditeur des *Fleurs du Mal*. Le poème figure ensuite dans toutes les éditions des *Fleurs du Mal*.

Il est dans la première moitié de la partie des *Fleurs du Mal*, partie intitulée « Spleen et Idéal ».

VARIANTES

Vers 1 : Baudelaire a d'abord essayé « *Voici venir le temps...* »

Le remplacement de « *le* » par « *les* » introduit peut-être une plus grande indétermination et donc un côté plus ouvert et plus suggestif.

Il a aussi supprimé des tirets en début ou en fin de vers et préféré l'orthographe « *valse* » à « *walse* ».

LECTURE

Une lecture relativement neutre (pas d'effets oratoires) et s'efforçant de faire ressortir avant tout la musique des vers.

Il faut prononcer les « e » dans « *Chaque* » (v. 2 et 5) ; « *tournent* » (V. 3) ; « *Valse* » (v. 4 et 7) ; « *tendre* » (v. 10 et 13) ; « *recueillent* » (v. 14).

Nécessité de marquer la diérèse à « *violon* » (v. 6 et 9) et donc prononcer : vi-o-lon (3 syllabes) alors que, dans la langue courante, le mot compte pour deux syllabes : vio-lon.

VOCABULAIRE

Il faut toujours étudier un poème comme un réseau, réseau de notations d'images, de sonorités, etc. Ici, entre autres choses, il faut évidemment s'arrêter au réseau constitué par les mots empruntés à la liturgie catholique. Comme ces mots sont moins communément connus qu'au temps de Baudelaire, nous en rappelons le sens page 127.

SITUATION ET THÈME

« Harmonie du soir » est, dans la première partie des *Fleurs du Mal*, l'avant-dernier poème du cycle de l'amour spirituel, inspiré par Madame Sabatier, que Baudelaire avait idéalisée comme « *l'Ange, la Muse et la Madone* ». Cette femme radieuse, dans la vie comme dans l'œuvre du poète, s'oppose à la figure de Jeanne Duval, à laquelle est consacrée la série de poèmes qui précèdent — le cycle orageux de l'amour charnel. Ce rappel est sans doute nécessaire pour expliquer *l'origine* d'un poème où « rayonne » littéralement le souvenir de la femme aimée ; mais il ne suffit évidemment pas à en comprendre l'exceptionnelle beauté. Pour cela, il nous faut oublier les circonstances biographiques, recevoir et ressentir le texte tel qu'en lui-même, et par une analyse interne de ses thèmes et de son art, rendre compte de l'émotion qu'il nous invite à partager.

Le sujet du poème est apparemment simple : un homme saisi par l'atmosphère harmonieuse d'un soir se sent envahi par le souvenir d'une femme qu'il a aimée et, « tout naturellement », compare cette image radieuse dans son cœur au soleil qui se couche à l'horizon. Mais à y regarder de plus près, on peut se demander si cette évocation est si naturelle que cela. S'agit-il d'un crépuscule, observé un soir, qui a suscité ces pensées dans l'esprit du poète ? Ou bien, n'est-ce pas plutôt Baudelaire qui, pour célébrer le culte de la femme aimée, a inventé ce tableau d'un soir pour servir d'écrin au souvenir rayonnant de son amour ? Cette question nous invite à distinguer en Baudelaire l'homme et le poète : l'état d'âme du premier est en effet le matériau sur lequel travaille l'art du second, pour transformer sa vie en poésie, son émotion en musique, son souvenir en contemplation.

COMPOSITION

Il serait ridicule de proposer un «plan» de ce texte. Le terme de «mouvement» n'est pas lui-même approprié, puisque le poème ne progresse que vers son immobilisation, et ne vibre que pour se taire. Aussi choisissons-nous le mot de *composition*, qu'il faut prendre dans toute sa valeur musicale, symphonique.

A la manière d'une partition, le poème fond ensemble plusieurs motifs présents du début jusqu'à la fin :

• Le premier motif est **visuel, pictural** : il évoque la lente évolution du moment crépusculaire ; le soir tombe, les parfums s'exhalent, le monde s'agite encore ; le ciel s'ouvre à la venue du crépuscule ; le soleil rougeoie encore et se fige, mais il ne se couche pas vraiment, il est comme arrêté par le poème, immobilisé pour toujours, comme si jamais il ne devait disparaître.

• Le second motif est **musical** : il chante le dernier soupir, la vibration finale du jour. D'une part, les termes exprimant des sensations auditives (sons, valse, violon) sont explicitement présents dans les dix premiers vers. D'autre part, la disposition des vers selon la forme fixe du pantoum (le deuxième et le quatrième vers de chaque strophe doivent devenir le premier et le troisième vers de la strophe suivante, et ainsi de suite) conduit à un effet de refrain, de reprise des thèmes et des sonorités, d'incantation. Tout le poème repose sur deux rimes, -ige (indice de mouvement) et -oir (indice de quiétude). L'évolution du texte, musicalement comme picturalement, est un passage de la vibration à l'immobilité ; il y a correspondance entre les sons et les images dans le ralentissement et l'apaisement du jour. Peu à peu, la musique cède la place à la lumière, l'oreille à la vue, car le silence est nécessaire à la contemplation.

• Le troisième motif est **religieux** : ce poème est une cérémonie. Pour le poète qui a écrit «*La Nature est un temple*» (dans le sonnet «Correspondances»), l'harmonie du soir n'est pas seulement une réalité physique ; c'est un mystère religieux. Les comparaisons des éléments de la nature à des objets de la liturgie chrétienne (encensoir/reposoir/ostensoir) préparent la célébration du souvenir de la femme aimée, dont l'éclat irradie le dernier vers.

• Le dernier motif est **intérieur** ; il raconte un état d'âme, l'histoire d'un cœur triste, hanté par la peur de l'oubli, qui tente d'arrêter le temps pour maintenir en lui-même l'image de la femme qu'il a aimée, la divinise en organisant son culte, et s'éternise lui-même en la contemplant. Ce motif est le sens du poème, bien sûr ; mais ce sens n'aurait pas de consistance s'il ne se constituait des motifs précédents : c'est grâce à ceux-ci que le poète parvient à fixer son âme en un paysage intérieur qui sublime son émotion, et lui apporte la paix.

ÉTUDE SUIVIE

> « Voici venir les temps où vibrant sur sa tige
> Chaque fleur s'évapore ainsi qu'un encensoir ; »

Solennité du ton : cette annonce des temps à venir est prophétique ; elle nous suggère, dès le début, que nous n'allons pas assister à un simple tableau du soir ; la nature va servir un mystère qui la dépasse — sans quoi, nous ne pourrions comprendre qu'une formule aussi religieuse soit employée pour nous signifier un simple balancement des fleurs. Le second vers, que l'enjambement rend inséparable du premier, décrit l'office de chaque fleur : comme si chacune, prise isolément, et bien montrée en gros plan sur sa tige, avait conscience de sa fonction d'encensoir. Le naturel (les fleurs/le soir/exhalent leur parfum) est au service du surnaturel : l'élévation de l'odeur des plantes encense le temple de la nature et la divinité (non encore nommée) qui y réside.

Pour souligner cette atmosphère de célébration, Baudelaire opère une fusion des sensations : visuelles (vibrer/encensoir), olfactives (évaporation/odeur d'encens) et musicales,

126 / *L'idéal amoureux*

ces dernières étant données par le rythme lent, mais soutenu, du premier vers, aux assonances et allitérations calculées (-i et -an ; -v et -t).

> « Voici venir les temps où vibrant sur sa tige »

On note aussi, dans le second vers, la présence de voyelles ouvertes, accentuées, et qui, prolongées par les -r, obligent la voix du lecteur à exhaler le son comme les fleurs exhalent leur odeur :

> « Chaque fleur s'évapore ainsi qu'un encensoir ; »

Ces deux premiers vers nous décrivent une nature encore en mouvement ; les deux suivants accentuent cette vibration du soir, en l'accompagnant explicitement de musique (proche ? lointaine ? réellement entendue ? simple métaphore ?) :

> « Les sons et les parfums tournent dans l'air du soir ;
> Valse mélancolique et langoureux vertige ! »

Tout se meut dans l'air du soir, mais les choses n'y existent que dans leur émanation (le son, le parfum), donnant ainsi une impression d'apesanteur. Ce mouvement est une danse (les émanations « *tournent* », tout « *valse* » lentement, donnant une sensation de « *vertige* », qui est justement « l'impression selon laquelle on croit que les objets environnants sont animés d'un mouvement circulaire », cf. Petit Robert). Le rythme souligne, et même crée, cet effet de ronde. Le verbe « *tournent* », en position de septième syllabe, porte un accent dominant, si bien que le vers semble s'enrouler autour de ce mot-charnière. La disposition en chiasme du dernier vers, où les deux substantifs « *valse* » et « *vertige* » se répondent, tandis que les deux adjectifs s'entremêlent au milieu de la phrase (leurs syllabes se répètent curieusement « *mélancolique et langoureux* »), dessine une véritable boucle. Les accents toniques et les allitérations (-v/-l) parachèvent l'effet d'entraînement, et donc la sensation de vertige, du vers :

LE VOCABULAIRE DE LA LITURGIE

L'*encensoir* est une cassolette (boîte à parfums) où, au cours de certaines cérémonies, on fait brûler de l'encens : celui-ci dégage une fumée pénétrante, en principe agréable à sentir. La cassolette est suspendue à une chaînette, ce qui permet de la balancer en direction du prêtre qui célèbre l'office, qui est ainsi « encensé ». La comparaison de Baudelaire s'explique, puisqu'il y a à la fois balancement et parfum ; et d'ailleurs, Vigny avait déjà utilisé cette image, dans « La Maison du Berger » :

> « **Et le soupir d'adieu du soleil à la terre
> Balance les beaux lys comme des encensoirs.** »

Le *reposoir* est un petit autel sur lequel on dépose le « Saint Sacrement », lors des processions. Le Saint Sacrement est l'Hostie consacrée, laquelle, dans la liturgie catholique, représente le Corps du Christ. La comparaison de Baudelaire implique donc une réelle présence divine au cœur du ciel.

L'*ostensoir* est une pièce d'orfèvrerie au centre de laquelle on place l'Hostie consacrée, afin de l'exposer à l'adoration des fidèles. Cet objet en or ciselé, circulaire, a des rayons en métal qui sont à l'image des rayons du soleil. La comparaison qu'opère Baudelaire entre la figure divinisée de la femme et le soleil radieux du soir est donc judicieuse : le naturel et le surnaturel s'y fondent intentionnellement.

« **Valse mélancolique et langoureux vertige !** »

Mais ce dernier vers ne se limite pas à ce mouvement visuel et musical : il introduit le thème de l'affliction dans cette atmosphère jusque-là enivrante, et apparemment décrite sans intervention subjective du poète. La mélancolie, la langueur n'appartiennent pas au soir en tant que tel : elles proviennent de celui qui contemple, qui les projette sur le paysage, ou qui, en contemplant celui-ci, les sent s'éveiller en lui. D'où l'exclamation qui clôt le vers, signe de l'émotion (du mouvement *intérieur*) qui est liée, en lui, à ce paysage. L'harmonie du soir, agréable et triste à la fois, n'est

> ## LA DIÉRÈSE
>
> La diérèse consiste à dissocier, dans la prononciation d'une syllabe, deux sonorités composant une diphtongue (qu'on ne prononce donc, normalement, qu'en une seule fois). Ainsi, le son -io-, dans le mot « violon » (ou dans le mot « violence ») sera dissocié en deux voyelles, -i et -o, ce qui va dédoubler la syllabe initiale. On dira « vi-o-lon » ou « vi-o-lence ». On trouvera de même les dissociations « nati-on », « opi-um », « expansi-on », etc.
>
> Les diérèses sont toujours volontaires de la part des poètes. Elles peuvent avoir plusieurs effets :
>
> — le premier effet est d'attirer l'attention sur un mot important, que sa prononciation inhabituelle oblige à souligner ;
>
> — le deuxième est un effet rythmique d'extension du vers, comme on le voit dans ce vers du « Voyage » (nous soulignons les diérèses) :
>
> **« Et se réfugi-ant dans l'opi-um immense »**
>
> L'extension correspond ici à l'impression d'espace intérieur que l'opium est censé créer dans l'esprit du fumeur ;
>
> — le troisième effet de la diérèse tient à la dissonance peu agréable qu'elle produit par son hiatus (la rencontre de deux voyelles) ; elle sert alors à exprimer un désagrément moral, une sorte de déchirure interne, et c'est dans cette perspective que la diérèse est employée dans le vers 6 :
>
> **« Le vi-olon frémit comme un cœur qu'on afflige ; »**

plus seulement un accord entre les sons, les parfums, les images de cette heure : elle est aussi dans l'accord secret entre un paysage et une âme nostalgique.

Au début de la seconde strophe, nous assistons à la première reprise d'un vers déjà chanté :

« Chaque fleur s'évapore ainsi qu'un encensoir ; »

Le sens ne change pas ; mais en changeant de contexte, les vers répétés changent de tonalité. Ici, prise isolément (on oublie la vibration sur la tige), la vision de la fleur calme le mouvement, le vertige précédent, et la légère pause exigée par le point-virgule, à la fin du vers, introduit un répit provisoire. Mais aussitôt, l'animation reprend avec le frémissement de la musique, et la souffrance esquissée au vers 4 se creuse, s'intensifie et se précise :

> « **Le violon frémit comme un cœur qu'on afflige ;
> Valse mélancolique et langoureux vertige !** »

D'une part, avec la présence du violon, la valse prend de l'ampleur, ne peut plus être une simple métaphore de la danse du soir : elle est un élément objectif du tableau, elle peut évoquer le souvenir d'un bal ancien. D'autre part, l'image du cœur affligé ne peut être une simple comparaison : le poète perçoit dans le son du violon le symbole de ses souffrances de cœur. Une équivalence se crée, ou plutôt s'approfondit, entre l'atmosphère externe et le climat interne, entre le paysage et l'état d'âme. Le mouvement d'intériorisation, à peine esquissé au vers 4, s'amorce vraiment ici. On note la nature lancinante de la douleur : ce cœur «*qu'on afflige*» (quel est, qui est ce «*on*»?) *subit* sans pouvoir réagir la souffrance qu'une volonté inconnue se plaît à lui infliger (et peut-être s'y complaît-il lui-même). Cette nature lancinante du mal est soulignée par la diérèse de «*vi-o-lon*» (désagrément de la dissociation produite par le hiatus) et par l'assonance appuyée des -i dans ce vers, que prolonge la rime :

> «Le v<u>i</u>-olon frém<u>i</u>t comme un cœur qu'on affl<u>i</u>ge ;»

La reprise du vers de la valse-vertige, dans ce nouveau contexte, ne fait qu'accroître le mouvement de la douleur ; le mot «vertige», dont le sens était d'abord concret, prend alors une connotation morale : il traduit le trouble intérieur, et ce qui était encore au vers 4 l'ivresse d'un soir devient maintenant, et simultanément, le tourment d'un cœur. C'est alors qu'un regard sur la beauté du couchant va tenir lieu de premier apaisement :

> «**Le ciel est triste et beau comme un grand reposoir.**»

Dans la ligne générale du poème, qui va du mouvement vers

le repos, de l'émotion vers la contemplation, ce vers marque un premier arrêt (le répit du vers 5 n'avait été qu'une pause légère), un véritable arrêt-sur-image, si on ose cette comparaison avec l'art cinématographique. L'impression de repos, donnée dans le sens littéral du mot «reposoir», est surtout produite par la dimension d'un spectacle qui appelle l'attitude contemplative. Mais le rythme aussi est essentiel : le premier hémistiche, qui doit se dire lentement en raison des trois accents toniques (toutes les deux syllabes), suggère la hauteur du tableau, tandis que le second hémistiche, constitué de deux groupes de trois syllabes, en souligne l'extension, l'horizontalité si l'on veut :

«Le ciel est triste et beau comme un grand reposoir.»
(3 × 2)   (2 × 3)

Ce ciel grandiose, certes, est dit «*triste*» : mais chez Baudelaire, la vraie beauté est inséparable de la tristesse; il l'a dit lui-même, et le poète qui s'est donné pour tâche d'extraire les «fleurs» du «mal» a pour fonction essentielle de dégager toute la «beauté» qui se trouve dans la «tristesse».

La beauté triste du soleil couchant n'est donc pas seulement l'écho de l'âme qui souffre, elle en est la consolation; et elle le sera d'autant plus que ce cadre magnifique, en s'intériorisant à la fin du poème, deviendra partie intégrante du cœur du poète — partie divinisée même, puisque le «reposoir» auquel la comparaison l'assimile est un autel prêt à recevoir l'Hostie consacrée, c'est-à-dire la présence même de Dieu dans la liturgie chrétienne. Certes, l'auditeur du poème ne sait pas encore que la femme aimée va être l'objet divin de la contemplation, ni que le cœur du poète en sera l'autel : il est seulement mis sur la voie d'une célébration religieuse, d'une transfiguration du soir. Mais le commentaire du poème doit dès le début tenir compte du vers final, dont le sens irradie tout ce qui le précède.

Le début du troisième quatrain, reprenant comme un refrain le thème du violon, va prolonger et préciser la souffrance et la hantise du cœur :

« Le violon frémit comme un cœur qu'on afflige,
Un cœur tendre, qui hait le néant vaste et noir ! »

Le « *cœur* », qui était d'abord un simple élément de comparaison (mais nous n'étions pas dupes), devient cette fois le sujet principal du propos. Le violon, qui vibrait dans l'air du soir, fait place explicitement à la vibration qui tourmente l'âme du poète : le processus d'intériorisation s'accentue. « *Un cœur* », dit le poète : cette expression indirecte, avec l'article indéfini, est d'autant plus émouvante qu'elle se

---

LE PANTOUM

Le *pantoum*, dit aussi *pantoun*, est une forme poétique d'origine malaise (Bornéo). Il fut utilisé par les romantiques car il correspondait à leur goût pour l'exotisme et plus spécialement pour l'Orient.

Les parnassiens s'y intéresseront après les romantiques, notamment Leconte de Lisle. Les symbolistes s'y arrêtent aussi. Un pantoum écrit par Verlaine montre que cette forme pouvait s'associer avec une tonalité tout autre que celle du poème de Baudelaire.

Constitué de quatrains, le pantoum se caractérise par le retour de certains vers : le deuxième et le quatrième vers d'un quatrain deviennent le premier et le troisième du quatrain suivant. Le nombre des quatrains n'est pas limité.

Nous constatons que, fidèle à son esthétique de la forme brève, Baudelaire s'est contenté de quatre strophes, ce qui nous donne un poème à peine plus long qu'un sonnet. Par ailleurs, son poème ne fonctionne qu'avec deux rimes, procédure qui accentue l'effet d'une obsession lancinante.

Mais Baudelaire ne respecte que d'une façon approximative les règles du pantoum pour ce qui est du retour des vers. C'est pourquoi on parle, à propos d'« Harmonie du soir », d'un « faux-pantoum », d'un pantoum « irrégulier » ou encore d'un pantoum « libertin ».

Pour plus de précisions sur le pantoum en général et sur ce poème en particulier (en tant que genre), se reporter au *Dictionnaire de poétique et de rhétorique* de Henri Morier (P.U.F.).

veut plus discrète (le poète romantique n'avait que trop tendance à « mettre son cœur en écharpe »).

En revanche, la hantise de Baudelaire éclate : c'est la peur du grand néant, le vertige devant le gouffre noir qui nourrira le « spleen ». Bien entendu, au premier degré, ce néant qui menace, c'est la nuit qui s'avance à l'horizon (cri primaire : et si le jour ne réapparaissait plus ?). Mais le véritable néant est de nature intérieure ; c'est justement celui du cœur, le néant de ne plus aimer, de ne plus être aimé : en bref, le néant de l'oubli, qui sera opposé, au vers 14, au culte du « *passé lumineux* ». La césure de ce vers, avancée à la quatrième syllabe, partage habilement la proposition : mise en valeur du cœur simple, en début du vers (un cœur qu'on afflige / Un cœur tendre) ; jaillissement du cri d'horreur sur huit syllabes, véritable « cri du cœur », martelé par les accents, achevé par un point d'exclamation :

« qui hait le néant vaste et noir ! »

Mais c'est le dernier cri de douleur. Bien sûr, la blessure va demeurer présente, mais en s'apaisant, en se « *figeant* » dans la contemplation du couchant :

« Le ciel est triste et beau comme un grand reposoir ;
Le soleil s'est noyé dans son sang qui se fige. »

Deux vers d'immobilisation du soir, de consolation de la tristesse par la beauté contemplée, de progrès de la paix sur l'agitation. Le néant noir est dissipé par le rougeoiement du soleil. Les vers mouvementés cèdent la place à un rythme régulier :

« Le soleil s'est noyé dans son sang qui se fige. »

L'allitération et la présence des sons mouillés (soleil / noyé) font en outre de ce vers une phrase dense, qu'on doit prononcer avec lenteur, sans pause marquée. L'image du sang joint l'aspect pictural du soleil couchant au thème de la blessure morale, renforçant (par projection ici) le lien entre le paysage et l'état d'âme. La rime en -ige, caractéristique de la vibration depuis le début du poème, semble vidée de son effet par le sens du mot : « *se fige* » (mais « se figer », ce n'est pas encore « être » figé : il y a achèvement du mouvement, mais encore mouvement lent). Dans ce vers, la valeur sonore et visuelle des mots semble l'emporter sur le sens littéral (celui d'une mort du soleil qui *se noie*), et faire prévaloir l'aspect statique du *tableau* sur le mouvement de mort (du jour) qui menace.

La dernière strophe va précisément conjurer cette menace. Le cœur « *tendre* », qui s'était laissé « *affliger* », devient tout à coup actif et lutte contre la nuit de l'oubli :

> « Un cœur tendre, qui hait le néant vaste et noir,
> Du passé lumineux recueille tout vestige ! »

Dans ces deux vers, la proposition relative qui exprimait le plus grand effroi est absorbée par l'enjambement, effacée par la signification du vers nouveau : la tâche du poète est de recueillir le passé, de recueillir les moindres vestiges encore lumineux de ce qu'il a vécu, de *se* recueillir en définitive (comme dans le poème « Recueillement », et avec toutes les connotations religieuses du terme). Le nouveau point d'exclamation exprime, cette fois, le désir intense de sauver le passé, d'éterniser les meilleurs moments du temps vécu, et peut-être la sensation imminente qu'il va y parvenir. Sans doute garde-t-il une blessure ineffaçable, — savoir que ce temps, même « recueilli », reste un temps *passé* ; c'est ce que répète la reprise de l'avant-dernier vers :

> « Le soleil s'est noyé dans son sang qui se fige. »

Mais les trois points de suspension, qui préparent le lecteur à recevoir une signification nouvelle, donnent lieu à une inversion complète de la tonalité douloureuse du soir. Le soleil ne va pas se coucher et disparaître avec son sang. Le spectacle du couchant n'était qu'un tableau symbolique, le lieu naturel d'un mystère surnaturel, le décor nécessaire à la célébration d'un culte, celui de la femme bien-aimée, ou plus précisément, de son souvenir :

> « Ton souvenir en moi luit comme un ostensoir ! »

L'ostensoir est un objet en or au centre duquel se place l'Hostie consacrée, de forme circulaire, et dont les rayons en métal sont forgés eux-mêmes à l'image des rayons du soleil. Baudelaire opère donc dans ce vers une double métaphore : la femme aimée est le soleil de son univers intérieur, où elle luit pour toujours ; elle est en même temps une présence divine au centre de son souvenir, comme l'Hostie au cœur de l'ostensoir. Le poète, quant à lui, identifie son âme à un grand ciel, qui est l'autel, le reposoir où rayonne la figure de celle qu'il a aimée, comme le soleil irradie le couchant. Cette double métaphore unit à la fois le spectacle de la nature et le culte religieux ; et ceux-ci, en se rejoignant, s'intériorisent et forment un paysage sublime, en creux, dans le tendre cœur du poète.

Recueillir le passé par le souvenir n'est possible que si on l'actualise : c'est l'effet produit par le soudain tutoiement, qui rend justement *présente* la femme aimée (le «*tu*» s'adresse en principe à la personne *qui est là*). Conjointement, Baudelaire dit enfin «*moi*». En associant dans le vers le toi et le moi, il recrée dans une sorte de présent intemporel la liaison qui a eu lieu entre elle et lui. L'entrecroisement dans la phrase des termes qui les concernent l'un et l'autre (avec les assonances qui les rappellent) parachève leur union, l'harmonie de leurs cœurs :

«Ton souvenir en moi luit comme un ostensoir!»

L'accent dominant du vers est placé sur le verbe «*luit*», en position centrale. Le point d'exclamation final souligne le bonheur d'avoir reconquis le passé, conjuré le temps, retrouvé la femme aimée, et divinisé l'amour. Le soleil intérieur triomphe de la mort.

CONCLUSION

Indépendamment de sa thématique, « Harmonie du soir » est une remarquable manifestation du génie poétique de Baudelaire, à trois niveaux.

On peut admirer d'abord l'art du versificateur. Non seulement Baudelaire maîtrise parfaitement la technique de l'alexandrin, avec ses coupes, ses accents rythmiques, ses allitérations et assonances étudiées, mais il semble se jouer avec aisance des contraintes sévères du « pantoum ». La reprise codée des vers, loin d'appauvrir le sens du texte, accentue sa richesse musicale et affective : c'est par elle que le poème devient incantatoire.

Mais « Harmonie du soir » est aussi une illustration remarquable des correspondances baudelairiennes. Correspondances « horizontales » d'abord : les sons, les parfums et les images se font écho et s'unissent pour créer l'atmosphère. Correspondances « verticales » surtout : les éléments de la nature sont choisis et ordonnés pour devenir les symboles d'un monde sublimé, où se déroule la célébration mystique de la bien-aimée.

Un troisième trait de l'esthétique de Baudelaire apparaît enfin dans ce poème : la relation créée — savamment mise en œuvre — entre le paysage et l'état d'âme, entre le spectacle du soleil couchant et le tableau d'un cœur aimant. Et c'est sans doute par ce processus d'intériorisation progressive de l'harmonie du soir que le texte atteint sa dimension la plus profondément poétique — celle qui tend à transformer une seconde passagère en un moment d'éternité.

ÉLÉMENTS POUR
LE COMMENTAIRE COMPOSÉ

On a vu comment se fondent les divers aspects qui font l'originalité d'« Harmonie du soir ». La tâche du commentaire composé n'est que de les regrouper et les mettre en ordre. Or, dans l'étude de la composition du poème (point n° 3), nous avons opéré ce regroupement. Nous nous permettons donc de le reprendre ici, en proposant une analyse en trois parties :

1. L'HARMONIE D'UN SOIR.
2. UN MYSTERE RELIGIEUX.
3. LE SOUVENIR RADIEUX.

1. L'harmonie d'un soir

On rassemblera ici tous les traits expressifs (motif pictural / motif musical / leur correspondance) qui confèrent à cette soirée son atmosphère harmonieuse, propice au symbole que le poète veut y « lire ».

2. Un mystère religieux

Du début à la fin du texte, on étudiera les métaphores religieuses, le progrès de la cérémonie, le passage du mouvement à la contemplation — la permanente « correspondance verticale » entre la nature et le culte qu'elle va servir.

3. Le souvenir radieux

Il s'agit de retracer l'histoire d'un cœur simple que l'adoration intérieure de la femme aimée console et fait échapper au Temps. Cette troisième partie, comme les autres, suppose une analyse du poème du début à la fin, qui s'attachera à suivre le processus d'intériorisation du paysage.

EXPLICATION EN REVUE

Norman Rudich, « *Harmonie du soir* de Charles Baudelaire : explication de texte », *L'Information littéraire*, n° 3, 1965.

3
L'INVITATION AU VOYAGE

L'Invitation au Voyage

    Mon enfant, ma sœur,
    Songe à la douceur
D'aller là-bas vivre ensemble !
    Aimer à loisir,
    Aimer et mourir
6 Au pays qui te ressemble !
    Les soleils mouillés
    De ces ciels brouillés
Pour mon esprit ont les charmes
    Si mystérieux
    De tes traîtres yeux,
12 Brillant à travers leurs larmes.

    Là, tout n'est qu'ordre et beauté,
    Luxe, calme et volupté.

15 Des meubles luisants,
    Polis par les ans,
Décoreraient notre chambre ;
    Les plus rares fleurs
    Mêlant leurs odeurs
20 Aux vagues senteurs de l'ambre,
    Les riches plafonds,

Les miroirs profonds,
La splendeur orientale,
Tout y parlerait
À l'âme en secret
26 Sa douce langue natale.

Là, tout n'est qu'ordre et beauté,
Luxe, calme et volupté.

29   Vois sur ces canaux
           Dormir ces vaisseaux
Dont l'humeur est vagabonde ;
           C'est pour assouvir
           Ton moindre désir
34 Qu'ils viennent du bout du monde.
           — Les soleils couchants
           Revêtent les champs,
Les canaux, la ville entière,
           D'hyacinthe et d'or ;
           Le monde s'endort
40 Dans une chaude lumière.

Là, tout n'est qu'ordre et beauté,
Luxe, calme et volupté.

CONDITIONS DE PUBLICATION

Le texte paraît pour la première fois dans la *Revue des Deux Mondes*, le 1er juin 1855. Il figure ensuite dans les éditions de 1857, 1861 et 1868.

Pièce 53 dans l'édition que nous utilisons (1861), «L'Invitation au Voyage» se trouve au milieu de la première partie des *Fleurs du Mal* («Spleen et Idéal») entre «Le Beau navire» («*Je veux te raconter, ô molle enchanteresse*») et «L'Irréparable» («*Pouvons-nous étouffer le vieux, le long remords*»).

On considère que ce poème appartient au cycle de Marie Daubrun, encore qu'il faille, comme nous le montrons plus loin, nuancer ce type d'attribution.

VARIANTES

Pas de variantes importantes ; un tiret au début des vers 4 et 39 ; absence de virgule en fin du vers 4. Le poème a donc tout de suite trouvé sa forme définitive.

L'INVITATION AU VOYAGE

Deux sources d'inspiration sont à l'origine de ce poème :

• Le mythe d'une Hollande où règnent le calme, le bien-être, l'ordre, et une richesse venue d'ailleurs. Baudelaire n'y était pas allé, note Antoine Adam (édition Garnier des *Fleurs du Mal*), mais il existait une tradition littéraire sur la Hollande, «terre béatifiante» dit ailleurs Baudelaire. En outre celui-ci, comme critique d'art, connaissait suffisamment la peinture flamande pour ne pas se faire, à travers elle, une idée très esthétique de ce pays.

• La figure de Marie Daubrun, d'autre part, femme aimée de Baudelaire au même titre que Jeanne Duval et Apollonie Sabatier, mais d'une façon beaucoup plus ambiguë. Le poète lui consacre un cycle de poésies où il célèbre ses mystérieux yeux verts, en les comparant à plusieurs reprises à un «*ciel brouillé*». Un poème porte d'ailleurs ce titre, où l'on peut lire :

> « **Ton œil mystérieux (est-il bleu, gris ou vert?)**
> **Alternativement tendre, rêveur, cruel,**
> **Réfléchit l'indolence et la pâleur du ciel [...]**
> **Comme tu resplendis, paysage mouillé**
> **Qu'enflamment les rayons tombant d'un ciel brouillé!** »

Mais ces deux sources de « L'Invitation au Voyage », celle qui suscite le désir d'un voyage idyllique et celle qui illustre le rêve du pays idéal, ne doivent être tenues que pour ce qu'elles sont : des explications de la *genèse* du poème, mais non du poème lui-même. Ce qui nous importe ici, c'est moins la réalité dont part l'écrivain que la façon dont il l'idéalise. On oubliera donc passablement la Hollande réelle ou la personne historique qu'a pu être Marie Daubrun. En revanche, on tentera d'approfondir les racines profondes de l'imaginaire de Baudelaire et l'art par lequel il invite la bien-aimée (et nous-mêmes) à voyager avec lui.

On ne manquera pas non plus de se référer assez souvent au poème en prose intitulé, lui aussi, « L'Invitation au Voyage », que Baudelaire écrivit deux ans plus tard, tant le thème lui était cher. Il y déclare. « *Un musicien a écrit l'*Invitation à la valse*; quel est celui qui composera l'*Invitation au voyage, *qu'on puisse offrir à la femme aimée, à la sœur d'élection?* » Cette perspective nous indique clairement que nous avons à commenter ici, non une invitation réelle, mais un chant idéal, composé par un maître peintre et musicien.

COMPOSITION

« L'Invitation au Voyage » se compose de trois évocations successives, trois petits volets d'un grand tableau qu'on a souvent comparé à un triptyque hollandais. Le premier décrit les «*ciels brouillés*» du pays mystérieux, semblables aux yeux de la bien-aimée ; le second imagine la chambre rêvée où les amants abriteraient leur intimité ; le troisième est une vue sur le port, puis sur la ville entière au crépuscule.

Mais cette claire succession ne nous donne qu'une vague idée du mouvement du poème, de sa dynamique *paradoxale* — puisqu'en fin de compte, comme dans « Harmonie du soir », tout le mouvement du texte ne fait que tendre à l'immobilisation finale. Si l'on examine de façon plus détaillée la composition de cette « invitation » au voyage, on distinguera plusieurs linéaments qui se développent conjointement :

• C'est d'abord un ***voyage dans l'espace*** dont on vient de dire les trois étapes. Mais il faut préciser. Dans la première strophe, la description est mouvante : l'idée de départ (« *aller là-bas* ») engendre le tableau des « *ciels brouillés* », qui lui-même se fond dans l'image des yeux « *brillant à travers leurs larmes* » ; ainsi s'opère une première boucle visuelle, qui ramène la dynamique de la rêverie à une sorte d'arrêt-sur-image.

Dans la seconde strophe, alors que la description semble s'enfermer dans les détails d'un intérieur hollandais, l'irruption des « *miroirs profonds* » et de la « *splendeur orientale* » suggère un arrière-plan, un espace s'offrant à notre imagination, avant que le thème de la « *douce langue natale* » ne fixe, ne *fige* la scène dans un étrange passé. La dernière strophe, quant à elle, accomplit l'ultime passage de l'agitation au repos : à l'évocation des vaisseaux, qui vagabondent, succède la contemplation d'un monde qui s'endort au soleil couchant.

Quant au refrain, à la suite de chaque couplet, il a pour effet de clore l'invitation par un tableau ordonné, qui semble immuable dans l'espace et dans le temps.

• Concurremment à ce mouvement spatial en effet, on observe un ***déplacement temporel*** dont on peut se demander s'il opère une progression dans le temps ou une plongée dans l'intemporalité. L'impératif présent qui meut tout le poème («*Songe*») nous oriente vers un futur proche; mais l'indicatif qui suit nous donne aussitôt le sentiment que *déjà* le poète contemple dans les yeux de l'aimée le «*pays qui* (lui) *ressemble*».

Il est vrai que le conditionnel revient explicitement dominer la seconde strophe : on imagine qu'il faudra se déplacer dans le temps pour jouir de l'intimité promise. Mais immédiatement, dans la troisième strophe, nous nous retrouvons dans un temps présent (impératif «*Vois*», puis indicatif); tout se passe comme si, sur place, le transfert avait magiquement eu lieu : nous *sommes* dans le monde idéal; la rêverie au conditionnel, par le simple effet de la poésie, a opéré la métamorphose, sans qu'il y ait eu besoin de voyager. Il y a eu saut dans l'intemporel : la troisième strophe «*assouvit*» le désir suscité dans la première.

• Le *mouvement musical*, la grande ligne mélodique (refrains compris) qui conduit le triptyque confirme ces impressions de déplacement sur place, d'animation vers l'immobilité, que nous venons d'indiquer. Certes, les vers sont courts (cinq et sept syllabes), mais ce serait une grossière erreur d'en déduire qu'ils sont rapides. La variété rythmique des vers impairs (les heptasyllabes contiennent de deux à quatre accents toniques qu'il faut marquer), le fait que la phrase se déroule sur plusieurs vers, dans une sorte d'enjambement sans fin, obligent à une *lecture lente*, qui tienne compte de la pause suivant chaque rime.

De plus, la fréquence de ces rimes (souvent renforcées d'assonances internes) accentue les effets de répétitivité, de bercement sonore (qui sont à l'opposé de l'idée de vitesse et de déplacement).

La composition des strophes enfin, où régulièrement un vers de sept syllabes suit deux vers de cinq, produit un effet d'amplitude régulière : chaque vers «long», par rapport aux précédents, impose à la voix un lent déploiement des mots (qui coïncide souvent, d'ailleurs, avec l'élargissement de la vision). Ce ralentissement obligé, par intervalles, prépare évidemment le refrain dont la diction devra être la plus calme possible — en correspondance avec les arrêts contemplatifs signalés plus haut.

• La *manœuvre intime*. Il ne faut pas oublier que la femme aimée est supposée entendre cette chanson, céder à cette invitation. Les mouvements précédemment étudiés sont au service d'un discours qui se veut persuasif, d'une stratégie idyllique. Or, la progression de l'histoire est une progression vers l'intimité.

Au départ, le poète dit «*je*» et «*tu*», le pays rêvé est encore à distance du couple. Au deuxième couplet, malgré le conditionnel, c'est l'image soudaine du «*nous*» qui jaillit : le décor propice, la «*douce langue*» parlée en «*secret*», tout propose comme crédible, et imminente, l'intimité idéale. A la troisième strophe, le rêve s'actualise : si le tutoiement revient, c'est un tutoiement au sein du couple constitué ; le crépuscule final semble contemplé par les deux amants, en un seul regard : ils communient dans une contemplation commune. Le voyage semble accompli — en rêve. L'invitation au voyage était surtout une invitation à la rêverie. Mais rêver de voyage, n'est-ce pas déjà voyager en rêve ?

Bien entendu, ces diverses composantes de «L'Invitation au Voyage», qui sont autant de pistes d'une lecture méthodique, ne produisent leur plein effet poétique que dans leur fusion. Il nous faut donc maintenant écouter se dérouler la chanson presque mot à mot, comme elle pourrait être murmurée à l'oreille de l'aimée, et, par une étude suivie, tenter d'approcher son pouvoir d'hypnose…

ÉTUDE SUIVIE

Première strophe

> « Mon enfant, ma sœur,
> Songe à la douceur
> D'aller là-bas vivre ensemble ! »

Évasion, songe. «*Là-bas*» reste vague, mais la «*douceur d'aller*» se fait tentante, pour oublier sans doute l'ennui du quotidien. L'accent est pourtant mis, non sur le voyage lui-même, mais sur le songe qu'on peut en faire : songe de départ, songe de fusion («*mon*» dit *moi*; «*songe*» dit *toi*; «*ensemble*» dit *nous*). Le mouvement est centrifuge, l'ordre des mots mimant l'éloignement de l'*ici* vers l'*ailleurs* rêvé : Mon enfant / Songe / Aller / Là-bas / Vivre ensemble.

Le ton, surtout, est à souligner : ton intime, impératif, calme que Baudelaire emploie souvent, y compris à l'égard de lui-même («*Sois sage, ô ma douleur !*», «*Contemple-les, mon âme*»). Il s'agit bien d'invitation et non d'injonction : le poète appelle, il presse en douceur, il va tenter de charmer la bien-aimée par la seule évocation du lieu idéal où il la convie. Douceur, retenue, que marquent les mots employés (il la nomme «*enfant*», «*sœur*», car c'est à l'âme qu'il s'adresse, à «l'âme sœur» justement) et que soulignent les reprises de sonorités (mon <u>en</u>fant / <u>en</u>semble ; <u>s</u>œur / <u>s</u>onge / dou<u>c</u>eur). Le point d'exclamation laisse un instant songer à la douceur de ce songe ; mais il n'interrompt pas vraiment la phrase : le programme du «*vivre ensemble*» va achever le mouvement de l'invitation.

> « Aimer à loisir
> Aimer et mourir
> Au pays qui te ressemble ! »

Pas de contraintes : l'amour enfin rime avec toujours. Aimer à tout moment, aimer jusqu'à la mort (ou jusqu'à en mourir, tant l'émotion sera profonde, absolue). Pas d'ennui non plus dans cette unique occupation, car le soin d'aimer creuse le temps, allonge les heures, approfondit le bonheur, selon le commentaire de Baudelaire lui-même dans le poème en prose qui a le même titre : « *C'est là qu'il faut aller vivre, c'est là qu'il faut aller mourir ! Oui, c'est là qu'il faut aller respirer, rêver et allonger les heures par l'infini des sensations [...] là-bas, où les heures plus lentes contiennent plus de pensées, où les horloges sonnent le bonheur avec une plus profonde et plus significative solennité* ».

Ce mouvement perpétuel de l'amour (mouvement *lent*, comme le souligne l'auteur, d'où la lenteur de diction de ces vers courts) se traduit naturellement par la répétition des mots et des sons : le -r final du verbe aimer doit, ne l'oublions pas, être prononcé, ce qui renforce encore l'euphonie des deux vers, l'effet de fluidité sans fin que leur donnent les liquides (Aimè-r-à loisir / Aimè-r-et mourir).

Le troisième vers, par son extension relative, élargit — donne de l'espace — à ce cercle d'amour sans fin ; mais en même temps, il surprend par la comparaison inattendue entre le pays rêvé et la femme qui s'y trouve invitée. A quoi sert le déplacement, se dit-on, puisque déjà la bien-aimée a le visage du pays idéal ? S'agit-il d'un voyage vers l'Ailleurs, ou d'une éternelle quête du Même ?

On peut répondre que l'intimité avec la femme idéalisée serait incomplète, insatisfaisante, dans un cadre qui ferait dissonance avec elle. En même temps, le poète essaie de flatter le narcissisme de son amie en lui offrant un pays-miroir, un lieu où elle acquerrait une dimension absolue : « *Ne pourrais-tu pas [...] te mirer dans ta propre **correspondance** ?* », dit justement Baudelaire dans la version en prose du poème. Aussi développe-t-il cette correspondance entre le visage aimé et le paysage idéal qui en est le reflet :

> « **Les soleils mouillés
> De ces ciels brouillés
> Pour mon esprit ont les charmes
> Si mystérieux
> De tes traîtres yeux,
> Brillant à travers leurs larmes.** »

Ce sizain au déroulement lent, panoramique, fait en effet

une comparaison *objective* entre les ciels et les yeux (dans lesquels la prunelle fera office de « soleil ») ; le déploiement des vers correspond lui-même au large coup d'œil qu'on jette sur l'horizon d'un tableau, avant que, par une sorte de brouillage étudié, les ciels « réels » se muent en ces autres ciels que sont les yeux de la bien-aimée. Ce brouillage de l'image (qui font l'eau et la lumière, les larmes et le brillant) est renforcé par la présence abondante de la semi-consonne qu'on nomme l'yod, dont l'effet sonore, précisément, est appelé « mouillure » par les phonéticiens : sol<u>ei</u>ls / mou<u>illé</u>s / c<u>ie</u>ls / brou<u>illé</u>s / myst<u>érie</u>ux / <u>yeu</u>x / br<u>illant</u>.

Mais cette comparaison objective, cette « correspondance » que l'art de Baudelaire crée en associant les images et les sonorités, trouve sa raison profonde dans la subjectivité du poète. Il dit clairement « *pour **mon esprit** ont les charmes* » : à ce niveau, il n'y a plus comparaison, mais équivalence.

Un même principe essentiel habite la femme et le paysage qui lui ressemble, et qui ne serait pas lui-même si elle ne se trouvait en son centre. Le pays idéal est une vaste projection de la femme aimée, comme la femme aimée est le principe spirituel qui seul peut donner son âme à ce lieu d'amour et de rêve. On dépasse alors l'interprétation d'un piège narcissique pour une amie qui aurait trop peur d'être dépaysée.

L'idéalité de ce pays (nécessaire pour qu'il corresponde à l'image idéale de la femme) est d'ailleurs caractérisée par la généralisation au pluriel qu'opère Baudelaire : « *les soleils* », « *ces ciels* », désignent une nature épurée, une peinture qui ne vise aucun paysage précis, mais la recomposition d'un tableau de maître (des commentateurs évoquent les ciels de Ruysdaël).

Dans ce paysage symbolique, les yeux en larmes sont aussi symboliques. Ils renvoient à un au-delà mystérieux où la beauté est toujours dotée de malheur (voir « L'Hymne à la Beauté »), ou porteuse de malheur (la simple douleur d'entrevoir en elle un Infini... qui nous échappe).

Image de la beauté, la femme est ambivalente : elle promet la douceur, l'infinie douceur, et ne peut tenir la promesse de ce qu'elle promet sans le vouloir. Ainsi, ses yeux sont « traîtres » en ce qu'ils ne peuvent vraiment apporter le ciel que leur charme mystérieux semble promettre. « *Vivrons-nous jamais, passerons-nous jamais dans ce tableau qu'a peint mon esprit, ce tableau qui te ressemble ?* » dit précisément Baudelaire dans le poème en prose.

Il ne peut qu'en rêver l'image lointaine, et nous inviter à en partager la nostalgie. Cela dit, « L'Invitation au Voyage » nous fait vite oublier l'ambiguïté de ces yeux, la rêverie est plus forte, et le poète continue d'imaginer auprès de la femme la perfection du pays qu'elle rappelle, et qui l'appelle.

Le refrain

> « Là, tout n'est qu'ordre et beauté,
> Luxe, calme et volupté. »

Succédant au plan fixe — un regard en pleurs — qui clôt la première strophe, ce refrain apporte une note consolatrice ; mais il va plus loin, et tente de nous donner un tableau sublime du pays promis.

Le poète dit « *là* », et non plus « *là-bas* », comme s'il voyait déjà ce monde idéal. Il parle au présent : ce pays existe donc, et semble accessible dès maintenant. C'est le pays de la totalité, du définitif : on y trouve « *tout* » ce qu'on peut rêver, et les cinq substantifs qui le constituent, concentrés par l'absence d'articles, produisent un rare effet de compacité et de plénitude.

Ces substantifs sont des mots-essences, des réalités parfaites : Ordre, Beauté, Luxe, Calme, Volupté. Ils seront illustrés par les diverses évocations que l'auteur donnera dans les strophes suivantes (le tableau intérieur de la chambre, la vue sur le port, la contemplation du paysage au soleil couchant). Corrélativement, la négation restrictive

(« *tout n'est que* ») élimine tout le reste : le hasard, l'horreur, la misère, les ennuis, la douleur, toutes choses qui sont intrinsèquement liées au réel de la vie dans ce monde, et qui constituent le mal ou le malheur ordinaire du poète. Ainsi, le pays idéal dont Baudelaire rêve et veut faire rêver est aux antipodes de son expérience quotidienne, de son « spleen », du vertige des « gouffres amers » qui le hante nuit et jour.

Le rythme calme et mesuré du refrain confirme ses significations. Tous les mots — tous importants — sont (ou doivent être) accentués :

> « Là, tout n'est qu'ordre et beauté,
>
> Luxe, calme et volupté. »

Le lecteur est conduit à articuler chaque syllabe dans toute sa plénitude sonore. Or, les consonnes (les groupes consonantiques) abondent : elles contribuent notablement à l'effet de compacité souligné ci-dessus, en particulier dans le second vers (dont la durée, de ce fait, doit durer autant que celle du premier). Quelques assonances et allitérations renforcent encore l'harmonie de l'ensemble (dentales du premier vers, liquides du second ; abondance des voyelles -o / -é) :

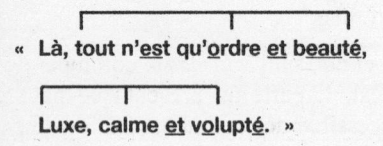

> « Là, tout n'est qu'ordre et beauté,
>
> Luxe, calme et volupté. »

Il est rare de trouver des vers aussi denses, dans lesquels la substance sonore puisse à ce point *matérialiser* l'évocation suggérée par les mots-essences. Le lieu idéal semble s'être incarné.

Deuxième strophe

Le refrain a évoqué le pays en général. Immédiatement, sans transition, le poète évoque la chambre idéale pour les amants. Il s'agit de l'imaginer si parfaite que la bien-aimée ne puisse résister au désir de s'y retrouver. Bien sûr, l'évocation est au conditionnel ; mais l'irruption soudaine de « *notre chambre* » place en quelque sorte sa « sœur d'élection » devant le fait accompli. Le premier aspect du tableau est visuel :

> **Les meubles luisants
> Polis par les ans
> Décoreraient notre chambre ;**

Les objets, rayonnant d'une lumière qui semble émaner de leur surface même, assurent l'ordre et le luxe du lieu. L'extension du troisième vers semble appeler la rêverie et son prolongement sans fin. L'assonance des -an, qui reprend des sons de la première strophe (enf*an*t / *en*semble) et sera poursuivie dans la suite (mêl*an*t / *am*bre / splend*eu*r / ori*en*tale / l*an*gue), berce de sa musique sourde l'existence intime des amants.

La qualité de la lumière est indissociable de sa signification : ces meubles sont polis « *par les ans* ». La rêverie baudelairienne se nourrit d'une profondeur *temporelle*. L'intérieur fermé que la scène évoque se creuse ainsi d'une perspective ancienne, d'un voyage à travers les ans que rappelle la patine des objets.

> **Les plus rares fleurs
> Mêlant leurs odeurs
> Aux vagues senteurs de l'ambre,**

A l'agrément des sensations visuelles succède le *transport* des sensations olfactives. Avec soin, le poète choisit ce qu'il y a de mieux dans l'ordre du parfum, de plus pénétrant (l'ambre), et n'hésite pas, dans ces trois vers, à solliciter quatre fois notre imagination olfactive (fleurs / odeurs / senteurs / ambre). L'imprégnation qui se produit en nous est encore accentuée par la répétition des sons (fl*eu*rs / od*eu*rs / sent*eu*rs) et, une fois de plus, par l'expansion rythmée du troisième vers :

> **«Aux vagues senteurs de l'ambre»**

On ne peut oublier, en lisant ces vers, l'importance capitale du parfum dans la rêverie baudelairienne. Au sein du lieu le plus intime, le parfum fait *voyager* le poète. Il dit lui-même, dans le poème en prose « Un hémisphère dans une chevelure » : « *Mon âme voyage sur le parfum comme l'âme des autres hommes sur la musique.* » Ainsi se fondent en lui les deux aspirations contradictoires à l'intimité et au déplacement. Ce n'est pas à un voyage extérieur qu'est invitée la bien-aimée, mais à un transport intérieur, dans un espace-temps qui reste à définir.

> « **Les riches plafonds**
> **Les miroirs profonds**
> **La splendeur orientale,** »

Nous revenons à l'évocation visuelle, mais une évocation visuelle qui ne s'arrête pas à ce que l'on voit : chaque élément (ils sont au pluriel, comme synthétisant mille et un tableaux) nous emporte au-delà de ce qu'il paraît. Les plafonds renvoient à la beauté, à l'ordre, à la richesse évoqués dans le refrain. Les miroirs sont des multiplicateurs d'espace : d'une part, ils peuvent refléter ce qui est *à l'extérieur* de la chambre (la chambre mystérieuse, magiquement, ressaisit en elle-même le monde entier); d'autre part, ils reculent les murs, multiplient les meubles, agrandissent et enrichissent la demeure des amants.

A tout ce qui précède, Baudelaire ajoute « *la splendeur orientale* » (avec une diérèse sur l'adjectif « *ori-en-tale* », qui met le mot en relief), qu'il commente d'ailleurs dans le poème en prose parallèle : dans le port où se situe l'abri des amants, les « *trésors du monde affluent* », et d'« *énormes navires* », « *fatigués par la houle et gorgés des produits de l'Orient* », « *rentrent au port natal* ».

Cette explication réaliste confirme l'effet produit par l'expression « *splendeur orientale* » : une nouvelle expansion, vers l'au-delà des mers, donne à la chambre des amants sa dimension exotique. Mais alors, tous les éléments énumérés dans le panorama intérieur qui précède trouvent un sens inattendu : ils parlent, ils expriment plus qu'eux-mêmes ; tout ce qu'ils disent renvoie dans le passé :

> **Tout y parlerait**
> **À l'âme en secret**
> **Sa douce langue natale.**

L'*ailleurs* sert à ramener dans l'*autrefois* ! L'espace-temps auquel conduit cette chambre est celui d'un paradis originel, une atmosphère natale, un port premier où la présence féminine ne peut avoir qu'un caractère maternel. La «*douce langue natale*» n'est-elle pas, littéralement, la langue maternelle ?

On croit comprendre, en parvenant à ce moment du poème, la raison pour laquelle la dynamique de la rêverie, le mouvement du voyage, ne visent au fond que la paix d'un lieu idéal, le repos dans un giron : il s'agit d'un retour plutôt que d'un départ, d'une quête spirituelle plutôt que spatiale, d'un approfondissement contemplatif de l'intimité plutôt que d'une course idyllique aventureuse.

La femme est paysage parce que l'environnement premier de l'enfant est une femme. Le lieu rêvé est idéal parce que *tout* y est trouvé («***Tout* y parlerait**», «***Tout* n'est qu'ordre et beauté**», «*la ville **entière** s'endort*»).

Il ne faudra pas s'étonner si le poème s'achève sur un «*monde*» qui «*s'endort*» : il est bien comme une berceuse par laquelle le poète Baudelaire berce à la fois la «sœur d'élection» et l'enfant qu'il fut. Le lieu de cette fusion retrouvée est un lieu spirituel : il importe de noter que c'est à l'*âme* («*en secret*») que toutes les choses muettes qui meublent la chambre «*parlent*».

Par la grâce de la femme emmenée dans ce pays, tout se transfigure : la présence féminine redonne au pays natal sa dimension à la fois spirituelle et maternelle. Ainsi, la «sœur d'élection» est appelée dans un pays que le poète constitue précisément en la faisant venir. Elle en est le moyen et la fin. C'est alors à juste titre, pour peu que le conditionnel se réalise, que le narrateur pourra réaffirmer le propos du refrain :

> « Là, tout n'est qu'ordre et beauté,
> Luxe, calme et volupté. »

Troisième strophe

Or, le conditionnel présent se mue en présent actuel. Le poète fait soudain comme si le transport s'était réalisé ; elle et lui *sont* dans le pays idéal ; depuis la chambre intime, ils peuvent contempler à leurs pieds le port, puis l'horizon. A sa manière, ce poème rappelle le mouvement de «La Maison du Berger», de Vigny : la femme idéale y est pareillement invitée à rejoindre un havre d'intimité et de paix (la «maison du berger»), pour y contempler le monde que le poète lui peint. Car c'est lui qui, à la fois enfant rêveur et magicien paternel, invente le paysage où il veut se blottir près de la femme aimée :

> « **Vois sur ces canaux**
> **Dormir ces vaisseaux**
> **Dont l'humeur est vagabonde ;**
> **C'est pour assouvir**
> **Ton moindre désir**
> **Qu'ils viennent du bout du monde.** »

Nous sommes dans le port imaginaire. L'impératif «*Songe*» est devenu : «*Vois*». La femme aimée a suivi (en imagination) le voyage (rêvé) du poète. Ils sont dans la chambre idéale, où tout est luxe et volupté ; mais ils ont besoin de contempler l'animation extérieure pour mieux savourer la paix de l'intimité.

Cette animation est *limitée* : elle nous est marquée par l'humeur «*vagabonde*» des navires et par le mouvement final de leur entrée dans le port (ils «*viennent*» de loin) ; ces deux indications sont en outre placées dans les vers «longs» de ce premier sizain, ces vers dont le rythme élancé ouvre à chaque fois l'esprit à la rêverie (en un instant, celle-ci «*vagabonde*», puis revient «*du bout du monde »*...) ; mais c'est la dernière fois que le thème du voyage nous est signifié.

Car les vaisseaux se trouvent sur des canaux, qui sont comme des fleuves immobilisés, et ils «*dorment*»; s'ils sont revenus du bout du monde c'est pour se reposer : la rêverie est *centripète*, contrairement au début de la première strophe; enfin, le «*désir*» de la femme aimée est présenté comme immédiatement assouvi, c'est-à-dire qu'il est élément de calme et non plus d'animation.

Dans cette demi-strophe, tout s'ordonne autour de la bien-aimée; il lui suffit de contempler sans bouger; et ce qui bouge encore ne fait que chercher sa place autour d'elle, ne sert qu'à valoriser l'ordre immobile où va rayonner sa beauté. Ainsi, ce premier sizain apparaît comme la réalisation de ce qui semblait promis dans le premier sizain de la toute première strophe; nous voici à l'arrivée de ce qui était annoncé au départ, dans une symétrie qui mérite d'être constatée en rapprochant les deux textes :

« Mon enfant, ma sœur	« Vois sur ces canaux
Songe à la douceur	Dormir ces vaisseaux
D'aller là-bas vivre ensemble!	Dont l'humeur est vagabonde;
Aimer à loisir	C'est pour assouvir
Aimer et mourir	Ton moindre désir
Au pays qui te ressemble! »	Qu'ils viennent du bout du monde.»

Mais cette symétrie est encore confirmée lorsque l'on compare la suite des deux strophes, puisqu'il va s'agir de deux contemplations du paysage élargi, céleste, où rayonnent des soleils symboliques.

« Les soleils mouillés	« — Les soleils couchants
De ces ciels brouillés	Revêtent les champs
Pour mon esprit ont les charmes	Les canaux, la ville entière,
Si mystérieux	D'hyacinthe et d'or;
De tes traîtres yeux	Le monde s'endort
Brillant à travers leurs larmes. »	Dans une chaude lumière. »

La similitude du mouvement, l'arrêt sur une vision finale, après l'essor contemplatif, l'aspect *idéal* des deux évocations (ce crépuscule est, lui aussi, la figure épurée de tous les «*soleils couchants*»), tout rapproche les deux sizains. Ce rapprochement nous suggère en outre une signification implicite : c'est que cet ultime paysage ressemble lui aussi au visage de la femme aimée : ce que le poète lui fait contempler, *elle l'est* auprès de lui ; le poète reçoit d'elle cette « *chaude lumière* » dans laquelle l'enfant qu'il a été peut rêver de s'endormir encore...

Bien entendu, dans cette symétrie, les différences n'en ressortent que mieux. La principale réside dans la suppression de toute ambiguïté. Il n'y a plus de larmes, il n'y a plus d'ambivalence de la femme. On est bien revenu à une sorte d'âge d'or, de paradis natal sans péché, sans traîtrise. Tout est lumière, et la lumière transcende la matière : les soleils *revêtent* de leur illumination les choses de ce monde ; champs, canaux, ville entière ne sont plus que des draperies, un décor pictural, substantiel certes, mais délesté cependant de la lourdeur oppressive de la matière. Le monde est proprement *transfiguré*.

Ce mouvement de transfiguration se manifeste dans le déploiement de la phrase : le rayon de soleil semble actif ; par la grâce de la métaphore (« *revêtent* »), il *peint* littéralement le tableau ; les champs, les canaux, la ville entière sont évoqués successivement comme dans un panorama, la vision s'élargissant jusqu'au mot « *monde* », un monde dont la chaude lumière englobe ceux-là mêmes qui le contemplent.

Cette chaude lumière où ils vont à leur tour s'endormir semble une nouvelle chambre protectrice, ou plus exactement, l'extension au monde entier de la chambre idéale décrite au cours de la seconde strophe. Si bien que cette vision extérieure reste, au fond, la vision d'un monde intérieur, de cet espace-temps paradisiaque, à jamais immuable, intemporel (tout ceci est écrit au présent), qui était rêvé dans l'intimité de la seconde strophe. Le refrain prend alors toute sa valeur : le voyage au pays rêvé est accompli.

CONCLUSION

« L'Invitation au Voyage » réalise ce qu'elle promet. De même que *L'Invitation à la Valse*, de Weber, est déjà une valse, de même la rêverie à deux à laquelle Baudelaire convie la femme aimée est déjà un voyage dans toute sa plénitude.

Dans un poème en prose intitulé « Les Projets », Baudelaire met en scène un héros qui se dit : « *J'ai eu aujourd'hui, en rêve, trois domiciles où j'ai trouvé un égal plaisir. Pourquoi contraindre mon corps à changer de place, puisque mon âme voyage si lestement? Et à quoi bon exécuter des projets, puisque le projet est en lui-même une jouissance suffisante?* »

Dans un autre poème en prose, intitulé « Anywhere out of the world », Baudelaire déclare *à son âme* : « *Puisque tu aimes tant le repos, avec le spectacle du mouvement, veux-tu venir habiter la Hollande, cette terre béatifiante? Peut-être te divertiras-tu dans cette contrée dont tu as souvent admiré l'image dans les musées. Que penserais-tu de Rotterdam, toi qui aimes les forêts de mâts, et les navires amarrés au pied des maisons?* »

Ces textes sont éclairants. On voit bien que le poète tient à son âme le même langage, en définitive, qu'à la « sœur d'élection », comme si elle n'était qu'un double de lui-même, comme s'il n'aimait en elle que l'image de son propre désir (le narcissisme est lié, chez l'enfant, à l'image flatteuse qu'il trouve de lui-même dans le regard complice de la mère). On voit aussi que le désir du repos est tel, chez lui, qu'il n'aime que le voyage intérieur de la rêverie. Son seul vrai voyage est littéraire.

Le poème que nous venons d'étudier nous explique les raisons profondes pour lesquelles le voyage reste contemplation :

156 / *L'idéal amoureux*

- On ne peut aller qu'en rêve au pays du bonheur total ; toute tentative de réalisation serait déception.

- Ce n'est pas le déplacement aventureux vers l'ailleurs, mais le transport instantané, ubiquiste, dans un paysage immobile, qui le hante : un transport sans déplacement, un transport « de l'esprit et des sens », comme il est dit dans le sonnet « Correspondances ».

- Ce pays qui le hante n'est pas vraiment un pays, mais une époque ; l'ordre et la beauté du paysage hollandais mythique ne sont que des traductions visuelles d'un lieu intemporel, d'un au-delà du Temps, qui en fait est un âge d'or, un « en deçà » du Temps.

- Cet « en deçà » est sans doute le giron maternel, idéalisé par le souvenir et la nostalgie que le poète en conserve : voilà pourquoi ce paysage a le visage de la femme aimée, voilà pourquoi la femme aimée ne semble aimée que parce qu'elle « transporte » son compagnon dans cet espace-temps dont elle réveille la nostalgie en lui : il suffit donc de la contempler, il suffit de rêver auprès d'elle et avec elle ; il suffit enfin de *faire rêver* — par la grâce de la poésie — pour réussir en quelque sorte ce voyage idyllique.

ÉLÉMENTS POUR LE COMMENTAIRE COMPOSÉ

Le principe du commentaire composé est de pénétrer de plus en plus profondément dans l'originalité du poème, en ordonnant ses divers aspects. Il nous paraît logique de suivre le plan suivant :

1. LE VOYAGE DANS L'ESPACE.
2. LE VOYAGE DANS LE TEMPS.
3. LA NOSTALGIE D'UN ÂGE D'OR.

1. Le voyage dans l'espace

C'est le sens au premier degré de « L'Invitation au Voyage », comme l'indique le titre. On étudiera ici la progression vers l'ailleurs, l'évocation d'une Hollande mythique, le tableau visuel, sa qualité picturale, les liens entre la scène intérieure et le monde externe, la perfection du lieu idéalisé par le refrain.

2. Le voyage dans le temps

On pourra synthétiser ici ce que nous annoncions en analysant la composition du poème : le déplacement temporel et la stratégie intime mise en œuvre par le texte. Bien entendu, il faudra montrer le double plan selon lequel progresse le voyage dans le temps : c'est d'une part un mouvement vers un futur proche qui se matérialise à mesure que la bien-aimée semble participer à la rêverie ; c'est d'autre part un mouvement secret vers le passé, vers un temps antérieur intemporel et quasi immobile.

3. La nostalgie d'un âge d'or

Tous les caractères d'un bonheur baudelairien, le « transport de l'esprit et des sens », pourront être regroupés ici : volupté sensuelle (ivresse calme des parfums, profusion de la lumière et des chaudes couleurs), saveur ambiguë de la tristesse dans la beauté, bonheur musical engendré par les reprises sonores et le déploiement d'une phrase mélodique enjambant les vers, dosage savant du mouvement dans le repos et de l'espace dans la clôture. Mais bien sûr, au cœur de cet âge d'or, il y a la protection de la femme-paysage, la nostalgie d'un retour au giron maternel idéalisé en âge d'or, l'éternelle contemplation du paradis natal perdu, et que le poète tente de retrouver.

AUTRES TEXTES SUR L'ASPIRATION À UN AILLEURS

- Baudelaire lui-même ; en particulier « Moesta et errabunda » dans *Les Fleurs du Mal*.

> « Emporte-moi, wagon ! enlève-moi, frégate !
> Loin ! loin ! ici la boue est faite de nos pleurs ! »

Voir aussi « L'Invitation au Voyage » en prose dans *Le Spleen de Paris* (cité page 313).

- Chateaubriand dans *René* dans la suite de Ossian et du *Werther* de Goethe.

- Mallarmé : « Brise marine ».

- Valéry Larbaud : par exemple « Ode » :

> « Prête-moi ton grand bruit, ta grande allure si douce,
> Ton glissement nocturne à travers l'Europe illuminée,
> O train de luxe ! et l'angoissante musique
> Qui bruit le long de tes couloirs de cuir doré [...] »

- Blaise Cendrars : « Tu es plus belle que le ciel et la mer » dans *Au cœur du monde* (1919-1922) :

> « Quand tu aimes il faut partir
> Quitte ta femme quitte ton enfant
> Quitte ton ami quitte ton amie
> Quitte ton amante quitte ton amant
> Quand tu aimes il faut partir [...] »

- Henri Michaux, « Emportez-moi » dans *La Nuit remue* :

> « Emportez-moi dans une caravelle,
> Dans une vieille et douce caravelle,
> Dans l'étrave, ou si l'on veut dans l'écume,
> Et perdez-moi au loin, au loin [...] »

ÉTUDES DANS LES REVUES

Jean-Bertrand Barrère, « Chemins, échos et images dans *L'Invitation au Voyage* de Baudelaire », *Revue de littérature comparée*, octobre-décembre 1957.

Pour tout ce qui concerne l'exotisme, se reporter aux références qui suivent l'explication de « Parfum exotique » page 120.

Le Spleen

1. L'Ennemi.
2. Spleen.

1
L'ENNEMI

L'Ennemi

Ma jeunesse ne fut qu'un ténébreux orage,
Traversé çà et là par de brillants soleils ;
Le tonnerre et la pluie ont fait un tel ravage,
Qu'il reste en mon jardin bien peu de fruits vermeils.

Voilà que j'ai touché l'automne des idées,
Et qu'il faut employer la pelle et les râteaux
Pour rassembler à neuf les terres inondées,
Où l'eau creuse des trous grands comme des tombeaux.

Et qui sait si les fleurs nouvelles que je rêve
Trouveront dans ce sol lavé comme une grève
Le mystique aliment qui ferait leur vigueur ?

— Ô douleur ! Ô douleur ! Le Temps mange la vie,
Et l'obscur Ennemi qui nous ronge le cœur
Du sang que nous perdons croît et se fortifie !

CONDITIONS DE PUBLICATION

« L'Ennemi » paraît pour la première fois dans la *Revue des Deux Mondes* en 1855. Il fait partie des dix-huit poèmes publiés à cette date sous le titre « Les Fleurs du Mal » qui apparaît pour la première fois.

Ce poème est présent dans la première édition des *Fleurs du Mal* (pièce 10). Il occupe la même place dans les éditions de 1861 et de 1868.

VARIANTES

Pas de variantes connues.

IDÉE GÉNÉRALE ET ORGANISATION

« L'Ennemi » est un sonnet nettement articulé en deux temps. Dans une première partie qui comprend les onze premiers vers, le poète, par le biais d'une métaphore filée, résume sa vie ; sur un fond de désastre subsiste comme un ultime espoir.

A ces trois premières strophes de nature autobiographique, succède sans transition une méditation de caractère très général — le «*nous*» a succédé au «*je*» — et partiellement énigmatique.

Pour être plus précis, la métaphore filée qui « illustre » la vie du poète débouche sur une question à laquelle le dernier tercet apporte une réponse négative. Il paraît nécessaire d'examiner, dans un premier temps, comment s'articulent cette question et sa réponse.

LA QUESTION ET SA RÉPONSE

Nous avons déjà noté une différence importante entre les deux éléments de ce diptyque. La métaphore filée concerne la destinée singulière du poète (« *Ma jeunesse* », « *j'ai touché* », « *en mon jardin* », « *dont je rêve* »). La reférence au « *je* » est discrète, mais elle figure dans les trois strophes. Avec le dernier tercet, la perspective s'élargit par le passage au « *nous* » (« *nous ronge le cœur* », « *nous perdons* »). De la destinée particulière du poète, nous passons à la condition humaine envisagée dans son ensemble. Cet élargissement se retrouve dans de nombreux poèmes des *Fleurs du Mal* et constitue même l'essence de ce recueil. Baudelaire, partant de sa propre destinée, exprime le drame de l'être humain dans sa généralité. Il le dit d'ailleurs dans la fameuse apostrophe qui ferme le premier poème du livre :

« **— Hypocrite lecteur, — mon semblable, — mon frère!** »

Nous reviendrons sur le fonctionnement de la métaphore filée, mais il apparaît tout de suite qu'elle s'articule sur une opposition : opposition entre la destruction due à l'orage d'une part et l'espoir d'une renaissance d'autre part. La réponse constituée par le second tercet est aussi construite sur une opposition, mais d'une nature tout autre et qui pourrait être considérée comme le symétrique de celle qui figure dans la question. L'« Ennemi » détruit comme le fait l'orage, mais, cette fois, la destruction n'est pas suivie d'une accalmie et de l'espoir d'un renouveau. A la différence de l'orage qui atteint son terme et s'épuise, l'« Ennemi » se renforce d'autant plus qu'il détruit. Et le « *je* » devenu un « *nous* », sans la moindre embellie, d'affaiblissement en affaiblissement, va irrémédiablement à sa perte.

Par le jeu de cette question et de sa réponse, Baudelaire renouvelle en fait une méditation sur le temps qui était presque un lieu commun depuis la Renaissance. Il s'agit de l'opposition entre le temps de la nature caractérisé par le renouvellement et le temps humain toujours assimilé à un inéluctable déclin. Dans la nature, chaque année, le printemps revient après l'hiver et les arbres retrouvent leurs feuilles. Il n'en est pas de même pour l'être humain. Ses cheveux ne repoussent plus une fois tombés et l'hiver de la vieillesse n'est que l'antichambre de la mort. De Ronsard à Hugo, le thème a été traité mille fois.

En quoi consiste, en effet, le vœu exprimé au terme de la première partie. Le poète souhaite participer du temps cyclique de la nature. La réponse est implacable : le temps humain est linéaire, inexorable. Il n'est pas celui d'un renouvellement de la vie, mais celui de son irrémédiable destruction. Par le jeu de cette question et de sa réponse, Baudelaire renouvelle donc un poncif. La chose n'était pas pour lui déplaire. L'étude de la métaphore filée montre qu'il le fait avec beaucoup de subtilité.

LE FONCTIONNEMENT DE LA MÉTAPHORE

Rappelons tout d'abord que la métaphore filée est une métaphore continuée, une image qui se prolonge. Nous sommes bien dans ce cas ici puisque l'image court sur onze vers.

Le mot « métaphore » est celui qui convient. Baudelaire ne dit pas « *Ma jeunesse fut comme un orage [...]* », ce qui serait du domaine de la comparaison, mais « *Ma jeunesse fut un orage [...]* ». Une réalité (le paysage) se substitue complètement à une autre (la vie) pour exprimer ce que cette dernière a d'essentiel ; c'est pourquoi nous avons dit qu'elle l'*illustre*.

Étude de l'opposition

Poussons plus loin l'analyse de l'opposition sur laquelle repose cette première partie. Il s'agit donc d'une opposition entre un passé sous le signe de la destruction (avec quand même les exceptions qu'exprime le vers 2) et un futur marqué au coin de l'espoir.

Sur le plan quantitatif, les deux éléments de cette opposition s'équivalent à peu près. Le passage de l'un à l'autre se fait dans le second quatrain qui contient l'idée de déclin («*l'automne des idées*») et de mort («*des trous grands comme des tombeaux*»), mais où s'exprime l'idée de réparations possibles («*Et qu'il faut employer la pelle et les râteaux...*») L'espoir est exprimé ensuite, d'une manière plus nette dans la question-souhait qui occupe la totalité du premier tercet.

«*Un paysage est un état d'âme*» disait Amiel. Les onze premiers vers sont un bel exemple de cette procédure consistant à suggérer le contenu de son âme en décrivant un paysage. Mais, souvent, ce paysage-état d'âme est présenté d'une manière statique. Ici, au contraire, il est montré dans son évolution. On va de l'orage à l'«après-orage», du passé à un présent lourd du futur, du désastre à l'espoir. Ce passage d'un temps à un autre est exprimé par tout un jeu d'oppositions qui s'imbriquent d'une manière complexe.

Le thème de l'orage est présent presque de bout en bout puisque l'auteur s'y réfère aux vers 1, 3, 7, 8 et 10. Il est surtout axé sur l'eau («*pluie*», «*inondées*», «*Où l'eau creuse*» «*sol lavé*») alors que le vent ou l'éclair auraient pu être privilégiés. L'examen de tous les éléments relatifs à l'eau montre que, parti d'idées négatives («*ravage*», «*inondées*», «*creuse des trous*», idée de mort introduite par la comparaison avec «*des tombeaux*»), le poème passe à une évocation de l'eau connotée positivement : «*lavé*» contient l'idée d'une purification et le contexte suggère l'idée d'une terre non seulement lavée mais aussi fécondée par la pluie.

Le mot «*ravage*» nous incite à étudier un autre réseau. Nous constatons la présence de son contraire avec l'idée de réparation qui apparaît dans la seconde strophe. La destruction est évoquée dans les vers 3 et 4 («*un tel ravage*»; «*Qu'il reste en mon jardin bien peu de fruits vermeils*»). Elle revient au vers 8 :

«*Où l'eau creuse des trous grands comme des tombeaux.*»

Mais l'idée de réparation contenue dans les vers 6 et 7 lui fait solidement contrepoids :

166 / *Le Spleen*

> **« Et qu'il faut employer la pelle et les râteaux
> Pour rassembler à neuf les terres inondées, »**

A ces deux oppositions s'ajoute une opposition entre l'automne et le printemps même si le mot « printemps » ne figure pas dans le texte. « *Voilà que j'ai touché l'automne des idées* » dit le poète après avoir constaté les dégâts de l'orage. L'automne est la saison des tempêtes mais aussi celle des récoltes. Pourtant, il reste « *bien peu de fruits vermeils* ». Mais à ces rares « *fruits* » du vers 4 s'opposent les « *fleurs nouvelles* » du vers 9. Aux destructions des premiers vers s'oppose le renouveau (« *pour rassembler à neuf* », « *les fleurs nouvelles* »), un renouveau qui suggère nettement le printemps. L'idée de fécondité exprimée par le mot « *vigueur* » va dans le même sens. Ce n'est sans doute pas un hasard si le dernier mot du premier vers est « *orage* » et si le dernier mot de cette partie est « *vigueur* ». La grande opposition entre ces deux éléments peut en effet se ramener à l'opposition entre ces deux termes.

A propos de cette fécondité et de cette nouvelle vigueur, il faut s'arrêter sur le mot « *mystique* » qui apparaît au vers 11 (« *Le mystique aliment qui ferait leur vigueur* »). Il fait partie, avec « *l'automne des idées* » des rares éléments qui nous rappellent que nous sommes en présence d'un paysage intérieur.

Une double interprétation semble possible, dans les deux cas en relation avec l'étymologie : le mot vient du grec *mustikos* = « relatif aux mystères » ; il se rattache à *mustês*, terme désignant l'initié païen qui entrait en contact avec la divinité dans le cadre d'un *mustërion* (mot d'où est venu « mystère »).

Dans le poème, ce mot peut être compris de deux manières :

— aliment d'origine divine, surnaturelle, revigorant ;

— aliment permettant d'atteindre le surnaturel et donc, en se dégluant du réel, d'accéder à une renaissance par le biais de la création.

Dans les deux cas, il s'associe au terme «*mystique*» une idée de secret, de mystère ; l'inspiration dont le renouveau est souhaité est mystérieuse dans son origine comme dans ses buts puisqu'elle débouche sur un décryptage du mystère de l'univers.

Les deux interprétations ne s'excluent d'ailleurs pas. L'idée dominante reste celle d'une élévation, d'un accès à l'art et au divin. Sur ce «mal» qu'est la destruction peuvent surgir de nouvelles «fleurs» qui témoigneront de la part divine de l'homme.

Cette étude de différents réseaux convergeant pour illustrer et faire sentir l'opposition fondamentale montre toute l'importance que Baudelaire accorde à la *composition*, le mot étant pris ici dans son sens rhétorique. Il existe cependant d'autres moyens par lesquels le poète peut agir sur notre sensibilité.

De l'idée à l'image

La longue métaphore filée de «L'Ennemi» ne sert pas seulement à développer l'idée du texte, à en faire valoir les diverses significations. Elle a son rôle propre d'image tentant de «parler» à notre imaginaire. Elle émeut en nous, au fil des vers, des visions soudaines dont nous avons le souvenir, elle nous saisit par ses lueurs et ses contrastes, elle fait en sorte que nous ayons dans l'esprit un tableau animé, et non pas simplement un texte d'idées. C'est là le propre de la poésie.

Ainsi, pour prendre un exemple simple, l'idée de la mort dans ce poème n'est pas une abstraction : elle est un vertige. La succession des termes, au vers 8, nous précipite en trois temps dans la tombe :

«Où l'eau creuse / des trous grands / comme des tombeaux.»

Les trois images successives ouvrent la terre sous nos yeux ; la mort est une chute dans un trou ; ce vers est un petit film.

L'effet produit est d'ailleurs renforcé par les accents rythmiques, qui mettent en valeur les mots clefs :

«Où l'eau creuse des trous grands comme des tombeaux.»

Un accent dominant souligne le mot «*grands*» en position centrale (7e syllabe). Enfin, le jeu des sonorités renforce encore la scansion de ce long vers affolant :

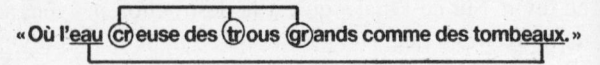

«Où l'eau creuse des trous grands comme des tombeaux.»

Aussitôt après cette sombre vision, Baudelaire parle de «*fleurs nouvelles*» croissant soudain sur la grève : notre imagination est alors saisie par le contraste ; le thème de l'ambivalence du monde (la vie — l'orage — porte la mort, comme la mort — le sol creusé — porte la vie) nous est ainsi présenté comme un tableau plus que comme une idée. Nous ne pourrons que mieux adhérer à l'interrogation du poète (car nous avons vu de tels tableaux) ; nous serons concernés quand il dira «*nous*».

L'OBSCUR ENNEMI

> « Et qui sait si les fleurs nouvelles dont je rêve
> Trouveront dans ce sol lavé comme une grève
> Le mystique aliment qui ferait leur vigueur ? »

Le tableau par lequel l'auteur présente une synthèse extrêmement dense de sa vie se termine par une question : subsiste-t-il un espoir de renouveau ?

La double invocation («*Ô douleur ! ô douleur !*») par laquelle commence le vers 12 laisse immédiatement présager une réponse négative. La suite, qui explique un titre auquel il n'avait pas été fait allusion jusque-là, confirme cette première impression : la réponse est «non». Il n'y aura pas de renouveau. L'«*obscur Ennemi*» est là qui se nourrit de notre propre substance et nous conduit irrévocablement et sans le moindre répit vers le dernier couac.

Mais qui est cet «*obscur Ennemi*»? Un premier examen nous conduit à nous demander s'il s'agit véritablement du Temps. En effet, Baudelaire écrit : «*Le Temps mange la vie, /ET l'obscur Ennemi* […]*»* La conjonction «*et*» coordonne en principe des choses différentes, et, en conséquence, le Temps constituant le premier élément du couple, il ne peut pas aussi en constituer le second. Quel serait alors cet inflexible «*Ennemi*» dont le caractère mystérieux est justement souligné par l'adjectif «*obscur*»? Les hypothèses n'ont pas manqué dont quelques-unes sont un peu hasardeuses. Nous les évoquons rapidement.

Il pourrait s'agir de Satan dont on sait l'importance dans la mythologie baudelairienne. Mais il est quand même difficile de lui appliquer le dernier vers.

L'image de Prométhée peut venir à l'esprit. Prométhée, personnage de la mythologie grecque, avait été puni par les dieux pour avoir dérobé le feu au profit des hommes : un vautour lui rongeait éternellement le foie. Prométhée a souvent été assimilé au poète dans la mesure où il défie les dieux et s'aventure dans l'au-delà. Mais l'analogie entre l'Ennemi et le vautour est plus qu'approximative puisque le foie de Prométhée se renouvelait constamment alors que la perte de substance apparaît dans le dernier vers comme irrémédiable.

L'«*Ennemi*» pourrait être le Spleen qui nous pousse à dire «A quoi bon?», cette immense fatigue devant l'absurdité du monde d'un Sisyphe qui n'arrive pas à s'imaginer heureux. Le Spleen — ou ce qui revient presque au même, l'Ennui, dans le sens pascalien que ce mot a toujours chez Baudelaire — tend, par cet «A quoi bon?», à tarir l'envie de créer. Mais, avec la création artistique, disparaît la seule chose qui pouvait donner un sens à la vie. L'Ennui triomphe, fortifié de l'inappétence qu'il a créée.

Il est possible de penser aussi au remords, souvent présent avec une majuscule dans *Les Fleurs du Mal*, ce remords dont la langue courante dit qu'il nous «ronge».

170 / Le Spleen

Celui qui connaît la vie de Baudelaire a même envie de se référer à la syphilis, cette maladie dont Baudelaire commençait à comprendre qu'elle cheminait en lui d'une manière irrémissible. Maupassant, atteint de la même maladie, disait de la mort : « *Je la sens en moi comme une bête rongeuse.* » Mais cette hypothèse de la maladie n'est pas non plus très convaincante. Car, même si tout homme en bonne santé est un malade qui s'ignore, cette interprétation est difficilement compatible avec le « *nous* » de « *qui nous ronge* ».

Satan, le vautour dévorant le foie de Prométhée, le Spleen, l'Ennui, le Remords, la maladie : toutes ces hypothèses ont été faites et doivent être examinées sans prévention. Mais aucune n'étant vraiment satisfaisante, force nous est de revenir au texte.

En effet, n'avons-nous pas abandonné un peu vite l'hypothèse selon laquelle cet « *Ennemi* » serait le Temps ? L'expression « *obscur Ennemi* » pourrait être un hypallage pour le Temps envisagé comme celui qui travaille *dans l'ombre*. Le « *et* » n'est pas forcément exclusif. Il peut ajouter non pas une réalité nouvelle mais un caractère nouveau.

Cette hypothèse d'un « *et* » articulant une gradation s'accorde très bien au texte. Le premier élément (« *Le Temps mange la vie* ») est relativement abstrait en dépit du recours à la métaphore. L'élément qui suit (« *qui nous ronge le cœur* ») recourt, en parallèle, à une métaphore du même type. Mais celle-ci est plus concrète. L'action s'est précisée et limitée à l'être humain. La présence d'une majuscule au début du mot « *Ennemi* » suggère l'idée d'une bête rongeuse ; elle animalise le Temps, en faisant une sorte d'allégorie : le Temps est un vampire. Dans cette perspective, le « *et* » assure une progression, à la fois vers l'intériorisation du Temps et vers son animalisation.

Par rapport à un Temps plus extérieur qui règle la marche de l'univers, l'« *Ennemi* » peut donc bien être ce temps intérieur dont Baudelaire perçoit en lui la marche par toutes ses fibres. Cette interprétation n'exclut d'ailleurs pas entièrement toutes les autres. Le Remords, le Spleen, l'Ennui peuvent être considérés comme des alliés de ce Temps intérieur qui, infatigablement, se nourrit de ce qu'il détruit.

Cette interprétation a le mérite de ne pas être trop réductrice ; « *l'obscur Ennemi* » n'est pas une expression simplement redondante. Elle enrichit la fin du texte et souligne la volonté de Baudelaire de laisser une part d'ambiguïté. Mais, cette visualisation d'un temps vorace, qui n'écarte pas la présence de ses alliés, nous fait ressentir avec Baudelaire la malignité d'une force obscure et complexe, à l'œuvre en nous, qui chemine patiemment vers le triomphe suprême que représentera pour elle notre définitif anéantissement.

> « Il me semble [...]
> Qu'on cloue en grande hâte un cercueil quelque part.
> Pour qui ? — C'était hier l'été ; voici l'automne !
> Ce bruit mystérieux sonne comme un départ. »

UN AUTRE COMMENTAIRE COMPOSÉ SUR LE MÊME TEXTE

On trouvera un commentaire composé portant sur « L'Ennemi » dans *50 modèles de commentaires composés* de Véronique Anglard (Marabout MS 50) page 289.

La comparaison avec notre proposition sera fructueuse car elle montrera la variété des approches possibles.

AUTRES POÈMES SUR LE MÊME THÈME

Les poèmes sur la marche du temps et sur la mort sont innombrables. Nous vous laissons donc le soin de vous constituer une anthologie personnelle sur la question.

Un rapprochement avec « Soleils couchants » (6) dans *Les Feuilles d'automne* de Victor Hugo permettrait de comparer les esthétiques. D'autres rapprochements sont possibles avec des poèmes des *Fleurs du Mal* comme « L'Horloge ».

ÉTUDES DANS LES REVUES

Paul Henderickx, « Notes critiques. Qui est l'*obscur Ennemi* de Baudelaire ? », *Cahiers d'Analyse textuelle*, n° 9, 1967.

2

SPLEEN

Spleen

Quand le ciel bas et lourd pèse comme un couvercle
Sur l'esprit gémissant en proie aux longs ennuis,
Et que de l'horizon embrassant tout le cercle
4 Il nous verse un jour noir plus triste que les nuits ;

Quand la terre est changée en un cachot humide,
Où l'Espérance, comme une chauve-souris,
S'en va battant les murs de son aile timide
8 Et se cognant la tête à des plafonds pourris ;

Quand la pluie étalant ses immenses traînées
D'une vaste prison imite les barreaux,
Et qu'un peuple muet d'infâmes araignées
12 Vient tendre ses filets au fond de nos cerveaux,

Des cloches tout à coup sautent avec furie
Et lancent vers le ciel un affreux hurlement,
Ainsi que des esprits errants et sans patrie
16 Qui se mettent à geindre opiniâtrement.

— Et de longs corbillards, sans tambours ni musique,
Défilent lentement dans mon âme ; l'Espoir,
Vaincu, pleure, et l'Angoisse atroce, despotique,
20 Sur mon crâne incliné plante son drapeau noir.

CONDITIONS DE PUBLICATION

Ce poème figure dans la première édition des *Fleurs du Mal*, celle de 1857. Il est la soixante-deuxième pièce du recueil et se trouve bien sûr dans la première partie du livre, celle qui est intitulée « Spleen et Idéal ». On le retrouve (pièce 78) dans l'édition de 1861 et (pièce 80) dans celle de 1868.

Il est précédé de trois autres « Spleen » :

— pièce 75 : « Spleen » : « *Pluviôse, irrité contre la ville entière.* »

— pièce 76 : « Spleen » : « *J'ai plus de souvenirs que si j'avais mille ans.* »

— pièce 77 : « Spleen » : « *Je suis comme le roi d'un pays pluvieux.* »

Il est donc le dernier des quatre « Spleen » qui figurent dans les *Fleurs du Mal*. *Les Petits poèmes en prose* sont aussi appelés *Le Spleen de Paris*, mais cet ouvrage ne contient pas de poèmes intitulés « Spleen ».

Dans une étude de ce texte, il est évidemment possible de faire un rapprochement avec les trois autres « Spleen » qui le précèdent. Ce rapprochement devra cependant être rapide, l'essentiel étant comme toujours l'étude du texte lui-même.

VARIANTES

Dans l'édition de 1861, Baudelaire a introduit des modifications par rapport à l'édition de 1857. Au vers 4, il avait d'abord écrit « *Il nous fait un jour noir plus triste que les nuits* » (remplacé par « *Il nous verse [...]* » en 1861). Cette variante peut donner lieu à un commentaire.

AUTRES VARIANTES

Dans le texte de 1857, Baudelaire,

— met une virgule après « *timide* » (vers 7) ;

— écrit «*d'horribles araignées*» (vers 11);

— écrit d'abord (sur épreuves) : «*Et poussent vers le ciel un long gémissement*» (on voit bien l'effet d'une plus grande âpreté introduit par l'allitération en -r de «*un affreux hurlement*» à la place de «*un long gémissement*»);

— écrit ainsi le début de la dernière strophe :

> « **— Et d'anciens corbillards, sans tambours ni musique
> Défilent lentement dans mon âme ; et l'Espoir
> Pleurant comme un vaincu, l'Angoisse despotique
> Sur mon crâne incliné plante son drapeau noir.** »

Sur les épreuves de cette première version, on lit «*— Et de grands corbillards...*» Baudelaire, toujours sur les épreuves, met une virgule entre «*et*» et «*l'Espoir*» en demandant à son éditeur ce qu'il en pense. On note à cette occasion le souci du détail de Baudelaire.

Notre étude suivie, lorsqu'elle s'arrêtera sur cette dernière strophe, montrera comment l'étude des variantes peut être intégrée au commentaire.

QU'EST-CE QUE LE SPLEEN ?

«*Spleen*» est un mot anglais apparu dans notre langue au XVIIIe siècle, et qui s'est répandu dans les textes littéraires au début du XIXe. Il a alors le sens général que lui donne le Petit Robert : «*Mélancolie passagère, sans cause apparente, caractérisée par le dégoût de toute chose.*»

Mais sous la plume de Baudelaire, le spleen prend une tout autre résonance. Par son importance, d'abord : sept ou huit poèmes lui sont consacrés, dont quatre portent le même titre «Spleen» (les pièces 75-76-77-78). Par sa place surtout : le spleen est chanté à la fin de la première partie des *Fleurs du Mal* («Spleen et Idéal»), comme s'il en était l'aboutissement. Baudelaire le décrit dès lors, non pas seulement comme l'opposé même de l'idéal, mais comme une composante essentielle de son «mal de vivre», à laquelle il ne peut échapper.

L'objet du commentaire sera donc de montrer toute l'originalité du spleen baudelairien : non pas un simple ennui passager ou une douce mélancolie, mais la nausée physique et morale, l'angoisse atroce, l'enfer de la condition terrestre par opposition aux aspirations célestes de l'idéal. On comprendra alors comment un poète, en se saisissant d'un mot commun, lui donne toute sa force, sa dimension nouvelle et définitive : le mot «*spleen*», enrichi de toutes les connotations que lui confère sa présence dans *Les Fleurs du Mal*, ne peut plus avoir le même sens après Baudelaire qu'avant lui.

MOUVEMENT DU TEXTE ET SIGNIFICATION DE SA STRUCTURE

Ce poème raconte une défaite acceptée. Deux phrases seulement le composent ; la première, surtout, qui s'étend sur quatre strophes, nous surprend. Par cette structure étudiée, Baudelaire peint l'ampleur de la crise qui l'ébranle, avant d'évoquer son abdication devant le mal. Le mouvement du texte, qui mime le progrès du mal, est donc clair :

• Les trois premières strophes, martelées par une vigoureuse anaphore (elles ont le même début, la même syntaxe : «*Quand [...] Et que ; Quand [...] Quand [...] Et que*»), sur un ton ascendant, décrivent l'oppression croissante du spleen.

• La quatrième strophe (où s'énonce enfin la proposition principale après la série des subordonnées) exprime l'ébranlement brutal engendré par cette oppression, sans qu'on sache s'il s'agit d'un sursaut volontaire contre le mal, ou d'une sorte de délire suprême, convulsif, avant l'abattement.

• La dernière strophe enregistre l'échec, la chute de l'espoir, dans une atmosphère funèbre : c'est la résignation définitive, l'abandon (complaisant ?) à l'angoisse.

Un poème est un tableau : avant de l'étudier en détail, il importe d'en percevoir à distance les grandes masses, les lignes de force. Le mouvement que nous venons d'analyser n'est qu'un aspect du texte : l'autre ligne directrice est son intériorisation progressive. Dès le début, on peut voir que la nature du spleen n'est pas seulement physique, liée au spectacle extérieur : elle est aussi spirituelle, cérébrale. Plus on avance dans le poème, plus on s'aperçoit que le tableau de l'oppression, à partir d'éléments réalistes (le ciel/la terre/la pluie), se transforme en paysage *intérieur* (les araignées dans le cerveau, un cortège funèbre dans l'âme).

Cette remarque doit nous rendre soucieux de ne pas réduire l'état d'âme de Baudelaire à de la simple tristesse, même infinie, devant un univers déprimant. Il faut voir au-delà, dans le paysage extérieur, des éléments choisis par l'auteur pour *imager* sa douleur interne. Ce n'est pas «*le ciel bas et lourd*» qui crée le désespoir, mais plutôt l'âme du poète qui trouve dans ce «*ciel bas et lourd*» la figure de son oppression intérieure, le symbole physique de son accablement moral. Perspective essentielle à l'approfondissement du message baudelairien.

La façon dont nous venons d'étudier l'organisation de ce poème permet deux constatations :

— Dans certains cas, le «découpage» du texte en séquences successives convient parfaitement ; quand nous sommes comme ici en présence d'une action présentée dans son déroulement chronologique, le bon sens conduit à suivre ce déroulement.

— Il faut, comme nous l'avons fait, compléter ce «découpage» par la mise en évidence de la ou des lignes de force qui concernent l'ensemble du poème.

ÉTUDE SUIVIE

L'oppression croissante

Le ciel se mue en son contraire : lui qui avait pour vocation d'inviter le poète à s'élancer vers l'Idéal (dans « Élévation », troisième texte du recueil), le voici qui se rabat sur l'être humain pour l'enfermer. L'idée de ce premier vers est servie par l'image du couvercle, que Baudelaire reprendra dans un sonnet ultérieur précisément intitulé « Le Couvercle » :

> « **Le Ciel ! couvercle noir de la grande marmite
> Où bout l'imperceptible et vaste Humanité.** »

Mais c'est surtout le rythme et les sonorités qui contribuent à l'effet de pesanteur ; les quatre mots centraux du vers sont pratiquement tous accentués, ce qui empêche de reprendre son souffle en les disant :

> «**Quand le ciel bas et lourd pèse comme un couvercle**»

L'accent tonique placé sur la septième syllabe en particulier (*pèse*) domine de tout son poids le vers, et à peine veut-on respirer que les gutturales de la comparaison qui suit (*com/cou/cle*) enchaînent la voix du lecteur. L'impression d'étouffement physique renforce ainsi le sens des mots ; mais le corps n'est pas seul à souffrir, l'âme est la véritable victime du ciel qui pèse :

> «**Sur l'esprit gémissant en proie aux longs ennuis,**»

Deuxième vers, deuxième motif d'accablement ! L'ennui lancinant, somme des déceptions et des échecs du poète, mais aussi de toutes les questions sans réponse que se pose l'être humain, ne cesse de torturer son cerveau. L'homme est passif, il est la *proie* de ces ennuis, il ne peut que gémir sans réagir.

Cette paralysie de l'esprit, liée à la pesanteur du monde, est elle aussi soulignée par le rythme et les sonorités : l'enjambement du premier au second vers, le quasi-effacement de la césure à l'hémistiche, obligent le lecteur à prononcer ces deux longs vers sans pause véritable ; en outre, les voyelles longues ou nasales (an/en/oie/aux/on/en/uis) contribuent à l'effet d'essoufflement souligné plus haut. L'art de Baudelaire consiste ici à nous faire entrer *physiquement* dans l'oppression du spleen, en groupant ces deux vers chargés de sens et de sons. Les deux vers suivants vont parachever notre accablement :

> « Et que de l'horizon embrassant tout le cercle
> Il nous verse un jour noir plus triste que les nuits ; »

Paradoxalement, notre vue ne s'ouvre à l'horizon... que pour s'y trouver encerclée. Nous voilà concrètement dans la « marmite », prêts à y recevoir l'humeur noire (cette expression ancienne désigne un liquide corporel et elle est la traduction littérale du mot «*spleen*») qui imprègne le «*jour*». Baudelaire avait d'abord écrit «*Il nous fait un jour noir*» : la métaphore qu'il introduit avec le verbe «*verser*» renforce considérablement l'expression. Voici le jour assimilé à un liquide noir, voici l'esprit littéralement *noyé* dans le spleen. Le jour, comme le ciel, s'est transformé en son contraire : le voici plus «*noir*» (moralement) que la nuit elle-même. La fermeté de l'accentuation, soulignée par l'allitération (nous/noir/nuits), rend implacable la tyrannie du spleen :

> «Il nous verse un jour noir plus triste que les nuits ; »

On note évidemment l'emploi du «*nous*». Baudelaire ne parle pas seulement de lui-même et des moments d'hébétude qui suivent l'abus des paradis artificiels : il décrit un état d'âme qu'il estime commun à tous les mortels ; il écrira plus loin «*nos cerveaux*», il exprime consciemment la pesanteur et l'obscurité dans lesquelles se débattent ses semblables les hommes, prisonniers sur cette terre...

> « Quand la terre est changée en un cachot humide
> Où l'Espérance, comme une chauve-souris,
> S'en va battant les murs de son aile timide
> Et se cognant la tête à des plafonds pourris ; »

Nouveau degré dans l'oppression : le ciel est oublié ; nous ne sommes plus à découvert, mais entre quatre murs, dans une atmosphère humide, sous une voûte basse et molle.

S'agit-il d'un paysage réel ? Le premier vers peut sans doute correspondre à une impression objective de rétrécissement de l'espace vital ; mais, dès le second, Baudelaire nous décrit, avec réalisme certes, un paysage *symbolique*, qui n'est que la représentation d'un état intérieur. Dans son âme, il y avait l'Espérance. Et voici que cette Espérance est sans issue, aveugle comme la chauve-souris. Correspondance entre le «*cachot*» de la terre et le cachot de l'âme, qui ne traduisent qu'une seule et même oppression. Le spleen, comme on l'a vu, a quelque chose d'aqueux, de fluide : d'où le besoin qu'a Baudelaire de peindre son impression interne par des images d'humidité, de pourriture. Le cachot implique l'idée d'exil (qui sera reprise plus loin : l'esprit, ici-bas, n'est pas dans sa patrie). L'Espérance, dotée d'un E majuscule, est ici une allégorie : Baudelaire la personnifie ; mais c'est aussitôt pour la dégrader en une bête maladroite, quoique obstinée.

Pour traduire le vol heurté et malhabile de la chauve-souris, Baudelaire désarticule le vers 6 (la césure coupe le vers en deux parties inégales — cinq et sept syllabes ; le rythme de la phrase est brisé). En revanche, la régularité du rythme des vers 7-8 et l'emploi de la forme progressive («*s'en va battant [...] et se cognant*») soulignent la constance, l'effort incessant de l'oiseau pour trouver l'issue inexistante qui conduirait à la délivrance.

Mais l'aile de l'espérance est «*timide*» (tout oiseau, hors de son élément, est gauche, cf. «L'Albatros»), et l'environnement est pourri : horreur de l'engluement, réalisme de l'expression (battre/cogner ; allitération qui insiste : plafonds pourris). Ironie amère de la formulation : comment peut-on se *cogner* contre quelque chose de mou ? L'Espérance, à ce régime, ne peut vraiment que désespérer. La strophe qui suit poursuit en effet le verrouillage de tout espoir :

> « **Quand la pluie étalant ses immenses traînées**
> **D'une vaste prison imite les barreaux,** »

Nouveau spectacle atmosphérique, dans la continuité du précédent ; on semble revenir à une peinture simplement réaliste de l'univers extérieur. Cependant, il n'est pas évident de percevoir instantanément les «*traînées*» de la pluie comme des «*barreaux*» : le sentiment d'être en prison *préexiste*, et fait surgir la comparaison. Le réseau de la pluie, indéfini et partout présent, ne semble s'étendre que pour confirmer les effets de claustrophobie produits par le «*couvercle*» et le «*cachot*» (cette extension est signifiée par les mots «*étalant*», «*immense*», «*traînée*» mais aussi par le déroulement de la proposition sur les deux vers) ; de plus, l'humidité évoquée précédemment se mue maintenant en véritable déluge. Mais cette accentuation du tableau objectif de la pluie (si essentiellement liée au spleen) n'est rien à côté de l'expression soudaine, inattendue, du tableau intérieur d'un esprit littéralement parasité :

« **Et qu'un peuple muet d'infâmes araignées
Vient tendre ses filets au fond de nos cerveaux,** »

Bien entendu, il n'y a pas de réelles araignées dans le cerveau du poète. Le spectacle est en entier métaphorique : Baudelaire visualise sa souffrance cérébrale sous la forme d'une véritable hallucination. Mais, à l'intérieur de cette évocation symbolique, son réalisme expressif reprend ses droits. On note alors tous les éléments qui en font une vision cauchemardesque : le nombre des insectes, qui forment un «*peuple*» ; leur effrayant silence, — ils travaillent imperceptiblement ; leur intentionnalité : ces bêtes savent ce qu'elles font, elles ne sont pas seulement *horribles*, comme Baudelaire avait d'abord écrit, mais «*infâmes*», moralement ignobles (elles sont ainsi l'équivalent de toutes les idées noires, de toutes les postulations vers le Mal qui menacent l'âme). La progression irrésistible de cette armée est marquée par l'enjambement et la régularité du rythme, sans parler des allitérations du dernier vers :

« **Vient tendre ses filets au fond de nos cerveaux,** »

Et l'on retrouve l'adjectif possessif de la première personne du pluriel, «*nos*», qui indique combien cette sensation, si propre à Baudelaire, se veut pourtant commune à tous les hommes : l'enlisement intellectuel et moral nous menace tous, et le spleen baudelairien se sent l'expression d'un Mal collectif. L'oppression culmine, dans ce dernier vers : le poète est ébranlé dans tout son être.

L'ébranlement

Il n'y a pas d'explication rationnelle à la quatrième strophe. On a compris, bien sûr, que l'angoisse est à son comble ; mais la réaction à celle-ci se fait par une nouvelle hallucination, succédant à la précédente, tant le cerveau semble devenu incapable de maîtriser (en le rationalisant) le délire qui s'empare de lui :

> « **Des cloches tout à coup sautent avec furie**
> **Et lancent vers le ciel un affreux hurlement,**
> **Ainsi que des esprits errants et sans patrie**
> **Qui se mettent à geindre opiniâtrement.** »

Expliquer, ici, ce serait faire une comparaison, dire explicitement : de même que les cloches ébranlent l'air, de même mes ennuis et mes maux font exploser mon âme. Baudelaire s'exprime au contraire directement par la métaphore et l'hyperbole : l'esprit en crise est *devenu* le tableau d'un ciel déchiré où les cloches, furieuses, s'entrechoquent dans le désordre de l'air, et hurlent affreusement. Réaction brutale, involontaire, et qui tournera court.

La cloche symbolise en quelque sorte la voix de l'âme (cf. le sonnet « La Cloche fêlée »). Les espérances du poète, brimées comme on l'a vu, tentent désespérément de s'élancer vers le ciel, d'en crever le couvercle : c'est un dernier appel — rendu affreux par la souffrance — au monde de l'Idéal, et cet appel ne sera pas entendu, malgré sa violence sonore. L'hallucination des cloches est en effet, contrairement à celle des araignées, un tableau plus sonore que visuel : les mots le signifient évidemment, mais aussi les accents toniques et les allitérations (cloches/coups ; lancent/ciel). Deux mots sont mis en relief dans les vers 13-14 :

« *sautent* », placé sous l'accent en position quasi centrale (septième syllabe), et « *hurlement* », que le hiatus (eux/hur) oblige le lecteur à détacher et à prolonger en fin de vers.

Ce long cri déchirant et brutal fait place dans les vers 15-16 à une plainte sourde et obstinée. Aussi peut-on s'étonner de la comparaison qu'établit Baudelaire : « *Ainsi que [...]* » Il s'agit, en réalité, d'un autre tableau pour exprimer la même impuissance douloureuse, un tableau qui est la suite du précédent : à la crise sonore succèdent les geignements sourds, l'autre face du désespoir, qui annonce la résignation prochaine. La profondeur de la plainte est marquée, une fois encore, par l'enjambement, par les allitérations sur les dentales (-t et -d), et surtout, par la diérèse sur l'adverbe « *opiniâtrement* », qui occupe un hémistiche à lui seul, et donne l'impression que le vers n'en finit pas de finir (comme la plainte) :

> « Qui se mettent à geindre opini-â-trement »

Les « *esprits errants et sans patrie* » sont la traduction imagée du profond sentiment d'exil du poète, qui se trouve en prison, hors de son élément, sur cette terre. La comparaison est d'autant plus précise que, traditionnellement, les « *esprits errants* » sont condamnés à errer sans repos : ils ne sont plus de ce monde, ils n'ont pas droit au Ciel, ils sont à jamais privés de repos et de patrie. Par cette image, Baudelaire exprime donc le caractère définitif, irrémédiable — sans remède — de son « *spleen* ». Véritable mort-vivant ici-bas, interdit dans l'au-delà, il ne peut plus que se laisser abattre.

La défaite

L'univers extérieur est oublié. Le poète nous dépeint son âme. Il s'abandonne au spectacle de ce qui s'y passe, comme s'il n'avait été que le terrain passif d'un combat qui le dépasse, entre les deux grandes entités qui dominent le monde des hommes : l'Espoir et l'Angoisse, deux allégo-

184 / *Le Spleen*

ries, deux abstractions personnifiées que l'art du poète va faire « vivre » sous nos yeux.

> « — Et de longs corbillards, sans tambours ni musique,
> Défilent lentement dans mon âme ; l'Espoir,
> Vaincu, pleure, et l'Angoisse atroce, despotique,
> Sur mon crâne incliné plante son drapeau noir. »

Les tableaux intérieurs de Baudelaire obéissent à une sorte de logique de l'image : après le cri suprême, après l'agonie de l'esprit, nous assistons à un cortège funèbre. Le poète, pour évoquer son deuil interne, se sert normalement d'images d'enterrement. On y remarque d'abord le silence, qui contraste avec les bruits antérieurs : ce convoi est sans cérémonie, nous sommes dans le dénuement le plus complet. On note surtout l'impression de lenteur infinie qui, outre le sens des mots et l'effet des allitérations (longs/défilent/lentement), est produite par l'extension de la phrase sur deux vers et son accentuation régulière.

> « — Et de longs corbillards, sans tambours ni musique
> Défilent lentement dans mon âme ; »

Insistons bien sur le fait que ce spectacle irréel n'a lieu que dans l'âme du poète : on a trop vu de candidats réduire ce poème au récit d'un jour mortel (vers 1-12), suivi de la perception d'un glas funèbre (vers 13) et s'achevant par le tableau objectif d'un enterrement en bonne et due forme ! Tout ici reste intérieur, spirituel. Corrélativement à cette désolation funèbre, Baudelaire décrit, toujours en lui-même, la chute de l'Espoir et l'irrésistible ascension de l'Angoisse.

> « [...] ; l'Espoir,
> Vaincu, pleure, [...] »

L'essentiel n'est pas l'idée (qu'on a bien comprise), mais la valeur expressive de cette chute. En fin de vers, marqué par l'accent, le mot « *Espoir* » se dit lentement, avec une intonation ascendante ; aussitôt, l'adjectif « *vaincu* », jeté en début de vers, isolé par les virgules, vient briser l'élan de la voix ; le verbe « *pleure* », accentué mais ne comptant qu'une syllabe dans le vers, achève la chute de l'intonation. Nous avons une parfaite cadence décroissante, en trois temps de moins en moins longs (l'Espoir/vaincu/pleure), et l'on n'aura pas de mal à apprécier la supériorité de cette version sur la première formulation de Baudelaire, dans l'édition de 1857 :

> « [...] ; et l'Espoir,
> Pleurant comme un vaincu, [...] »

La montée de l'Angoisse s'opère, symétriquement, par une cadence croissante, à l'intonation ascendante, aidée par le glissement de l'allitération (Angoisse/atroce/despotique), pour culminer — triompher — dans le dernier vers. Là encore, on peut citer la toute première rédaction de Baudelaire, avant même l'édition de 1857, pour juger de la différence :

> « — Et d'anciens corbillards, sans tambours ni musique,
> Passent en foule au fond de mon âme ; et l'Espoir,
> Fuyant sous d'autres cieux, l'Angoisse despotique
> Sur mon crâne incliné plante son drapeau noir. »

Le dernier vers n'avait pas besoin d'être modifié ! Il reprend le thème du cerveau torturé ; mais il s'agit bien cette fois du mal propre à Baudelaire (« *mon crâne* » s'oppose à « *nos cerveaux* »), qui accepte la défaite, offre son crâne, s'incline devant le drapeau noir (ce que souligne l'allitération (crâne/incliné/noir). En même temps, le despotisme de l'Angoisse est comme célébré : son emblème, le drapeau noir, est celui du royaume du Mal et des ténèbres, celui qu'adoptent les pirates qui pillent le bien d'autrui. L'Angoisse aliène littéralement la force vive, l'énergie spirituelle du poète. Sa puissance éclate dans le dernier verbe du poème, accentué, à la septième syllabe, et dominant le vers grâce à sa position centrale :

> « Sur mon crâne incliné plante son drapeau noir. »

La charge des allitérations et des accents toniques, dans cette fin, renforce encore (s'il est possible) l'effet réaliste de la métaphore. Le poète n'est pas seulement vaincu : il peint avec le plus grand art la puissance du vainqueur. C'est sa revanche...

CONCLUSION

L'Idéal a sombré dans le Spleen. C'est dire l'intensité *pathologique* de ce dernier dans l'existence de Baudelaire. On peut voir dans l'hébétement final, dans la soumission du cerveau au mal qui l'opprime, une annonce du drame final de Baudelaire, frappé d'hémiplégie et mourant aphasique. Mais ce serait dénaturer le poème que de le réduire à une explication biographique. Tout l'effort de l'auteur est au contraire de faire de sa vie ratée une œuvre réussie, c'est-à-dire un témoignage des aspirations et des maux de la condition humaine qui dépasse son cas personnel.

De ce point de vue, le « spleen », avec cette part de pose esthétique que lui confère le poète, apparaît comme un pôle essentiel de l'univers poétique de Baudelaire, avec l'Idéal, la Révolte et la Mort. Cet univers est la représentation tragique que l'auteur nous propose de l'éternel « mal du siècle » que tout homme est destiné à vivre. Entrer dans cet univers, c'est trouver la consolation de sentir exprimés pour nous, selon Antoine Adam, « *ce chaos d'aspirations et de nostalgies, ces intensités de joie et d'angoisse qui occupent les régions les plus profondes de notre cœur.* »

Dans l'univers poétique de Baudelaire, le spleen n'est pas le dernier mot. Si chaque élan vers l'Idéal finit par échouer dans le Spleen, le poète va tenter tout de même d'échapper à cette dialectique fatale. Les parties qui suivent, dans l'architecture des *Fleurs du Mal*, se présentent comme autant de tentatives du poète pour fuir son oppression intérieure, s'intéresser aux tableaux parisiens, s'évader dans l'ivresse (le Vin, les Fleurs du mal) ou se révolter contre l'ordre du monde...

ÉLÉMENTS POUR
LE COMMENTAIRE COMPOSÉ

Il est difficile, et même discutable, de procéder à l'étude du poème que nous venons d'expliquer sous la forme d'un commentaire composé. Une fois évoqué le mouvement d'ensemble du texte, on voit bien que celui-ci ne peut être saisi (poétiquement) que dans son déroulement, dans ses phases et ses images successives, et c'est d'ailleurs pour être apprécié (lu ou dit) dans cet ordre qu'il a été conçu. En séparant les divers aspects que le texte s'est justement efforcé d'unir, on prend toujours le risque de faire un commentaire... *décomposé*. Nous sommes donc conscients des imperfections du plan que nous proposons.

Ce plan sera organisé en trois temps :

1. L'HISTOIRE D'UNE CRISE.
2. RÉALISME ET FANTASTIQUE DANS L'ÉVOCATION.
3. LA NATURE PROFONDE DU SPLEEN.

1. L'histoire d'une crise

C'est une première partie indispensable pour situer dans leur mouvement tous les éléments du poème. Il s'agira donc de montrer, en particulier, le rétrécissement progressif de l'espace correspondant à la montée d'un sentiment d'oppression (3 premières strophes), la crise proprement dite (strophe 4) suivie d'une sorte d'abattement (strophe 5).

Pour cette analyse de la progression et de l'articulation du texte (et donc de sa structure), se reporter à l'étude qui figure au début de notre étude suivie.

2. Réalisme et fantastique dans l'évocation

Les différents tableaux peints par Baudelaire, du début à la fin du poème, doivent être étudiés du point de vue de leur réalisme. Il s'agit donc de montrer comment, par des notations précises et concrètes, les scènes sont rendues visibles, présentes.

Cela vaut aussi bien pour ce qui peut être « réel » (il y a peut-être effectivement un « *ciel bas et lourd* » à l'origine du spleen) que pour les évocations métaphoriques (le vol des chauve-souris, par exemple). Ainsi, l'évocation des cloches furieuses ou le défilé des corbillards seront appréciés dans leur valeur propre avant d'être interprétés comme traduction hallucinée d'un délire interne, dans la dernière partie.

Sans s'y attarder, cette étude pourra être l'occasion d'une réflexion sur la nécessité pour la fiction ou le fantastique (donc ce qui est issu de l'imagination) de s'ancrer sur des éléments concrets et précis afin de donner le sentiment du vrai ou de produire ce qu'on appelle l'effet de réel.

Dans ce commentaire, on s'arrêtera aussi sur le choix des éléments non seulement en fonction du sens des mots, mais aussi en relation avec les connotations qui s'y rattachent. Cela est particulièrement vrai pour les animaux mis en scène (chauve-souris, araignées).

3. La nature profonde du spleen

On l'a vu, le spleen est métaphysique autant que physique. L'oppression matérielle, extérieure, n'est que le symbole d'un enlisement, d'un désarroi, d'une défaite *intérieurs*. Ce processus d'intériorisation est à montrer à l'œuvre dans le texte, dès le début, et l'on ne manquera pas de repérer et de commenter tous les termes renvoyant à la réalité cérébrale, spirituelle, du spleen (« *esprit gémissant* », « *cerveaux* », « *crâne* » ; et les allégories : « *Espoir* », « *Espérance* », « *Angoisse* »).

En conclusion, on évitera de réduire le spleen à une simple crise nerveuse, maladive (ce qu'elle est aussi, bien sûr) ; on en montrera au contraire toute la portée dans l'univers poétique de l'auteur.

Éventuellement, dans le prolongement de cette analyse, pourra prendre place une réflexion sur la modernité de Baudelaire. Par ce mot « modernité », nous voulons simplement parler d'un accord avec la sensibilité moderne.

Baudelaire sera l'un des premiers à exprimer — poétiquement et d'une façon convaincante — l'angoisse métaphysique.

Cette angoisse métaphysique, dite aussi « angoisse existentielle » ou « sentiment de l'absurde » ou encore « nausée », sera l'un des thèmes porteurs de la littérature de l'après-guerre. Elle correspond au sentiment ressenti par l'homme devant l'absurdité de sa condition mortelle. Dans ce domaine, il existe une filiation Pascal, Kierkegaard (contemporain de Baudelaire), Dostoïevski (autre contemporain), Camus, Malraux, Sartre (auteur d'un livre sur Baudelaire), Beckett.

Pour tout ce qui concerne cette modernité de Baudelaire, se reporter au livre de Gérard Conio, *Baudelaire, Étude des Fleurs du Mal* dans la collection « Œuvres majeures » (éditions Marabout).

ÉTUDES DANS LES REVUES

Pierre Reboul, *L'Information littéraire*, mars-avril 1951, pp. 78-80.

Roman Jakobson, « Une microscopie du dernier « Spleen » dans *Les Fleurs du mal* », *Tel Quel* n° 29, 1967, repris dans *Questions de poétique*, Seuil/Points.

Michel Riffaterre, *Cahiers de l'Association internationale des Études françaises*, n° 23, mai 1971.

Tableaux parisiens

1. LES AVEUGLES.
2. A UNE PASSANTE.

1
LES AVEUGLES

Les Aveugles

Contemple-les, mon âme ; ils sont vraiment affreux !
Pareils aux mannequins ; vaguement ridicules ;
Terribles, singuliers comme les somnambules ;
4 Dardant on ne sait où leurs globes ténébreux.

Leurs yeux, d'où la divine étincelle est partie,
Comme s'ils regardaient au loin, restent levés
Au ciel ; on ne les voit jamais vers les pavés
8 Pencher rêveusement leur tête appesantie.

Ils traversent ainsi le noir illimité,
Ce frère du silence éternel. Ô cité !
11 Pendant qu'autour de nous tu chantes, ris et beugles,

Éprise du plaisir jusqu'à l'atrocité,
Vois ! je me traîne aussi ! mais, plus qu'eux hébété,
14 Je dis : Que cherchent-ils au Ciel, tous ces aveugles ?

CONDITIONS DE PUBLICATION

La partie « Tableaux parisiens » ne figure pas dans la première édition des *Fleurs du Mal* (1857). Elle n'apparaît que dans la seconde édition (1861).

Sur les 18 poèmes qui figurent dans cette édition de 1861, 8 étaient déjà présents dans la première édition, rangés dans la première partie du recueil, « Spleen et Idéal ». Ce n'est pas le cas pour « Les Aveugles » qui paraît pour la première fois dans *L'Artiste* en 1860, et prendra la septième place parmi les « Tableaux parisiens » en 1861. Il est possible qu'il fasse partie des rares poèmes dont Baudelaire disait qu'ils avaient été écrits en fonction du plan du recueil.

SOURCES

Les sources peuvent être tout simplement biographiques. Baudelaire peut très bien avoir été impressionné par une scène de rue.

Dans le domaine des sources littéraires, on a cité Champfleury et Dante. Dans une édition des *Contes* d'Hoffmann due à Champfleury, on pouvait lire :

> **« C'est cependant une chose remarquable qu'on reconnaît immédiatement les aveugles à cette seule manière de tourner la tête en haut, qui est propre à tous les aveugles. »**

Dans l'œuvre de Dante apparaissent des aveugles privés de la lumière à la fois matérielle et spirituelle.

Enfin, à propos de ce poème, il est souvent fait allusion à un tableau de Breughel l'ancien, *La Parabole des aveugles*. Le tableau n'est entré au Louvre qu'après la mort de Baudelaire, mais ce dernier peut très bien l'avoir découvert par le biais d'une gravure.

L'hypothèse d'un point de départ fourni par une ou plusieurs scènes de rue et celle faisant appel au tableau de Breughel via une gravure de Breughel ne sont d'ailleurs pas incompatibles. Ce sont les artistes qui nous apprennent à voir le monde, ce qui faisait dire à Oscar Wilde que la nature imite l'art. Il aura fallu attendre Cézanne pour que l'on se mette vraiment à *voir* des pommes. De la même manière, c'est peut-être Breughel qui a conduit Baudelaire à *voir* les aveugles dans la rue.

VARIANTES

Une variante importante au début du poème : sur le manuscrit, Baudelaire a remplacé «*Observe*» par «*Contemple*».

Même chose pour le début du vers 4, où Baudelaire essaie «*Fixant*» avant de choisir «*Dardant*».

Pour les tercets, le texte paru dans *L'Artiste* était assez différent. Baudelaire avait d'abord écrit :

> « [...] **tu chantes et tu beugles,**
> **Cherchant la jouissance avec férocité,**
> **— Moi, je me traîne aussi, mais [...]** »

Les autres variantes sont des détails de ponctuation.

VOCABULAIRE

Mannequins

Quand nous pensons aujourd'hui à des «mannequins», nous pensons à des femmes grandes et belles (plus rarement à des hommes), à la démarche souple et assurée. Elles ont aussi l'œil sûr puisqu'elles doivent évoluer d'une manière réglée dans un espace restreint. Que viennent faire ces ambassadrices de la beauté parmi les aveugles à la démarche saccadée et hésitante de notre poème ?

Première question à se poser : les défilés de mode tels que nous les connaissons existaient-ils en 1860, au moment où paraît le poème de Baudelaire ? Une réponse négative simplifierait notre tâche, mais ils apparaissent justement à cette époque.

Worth, le premier des grands couturiers, crée sa société en 1858, et il inaugurera la présentation de modèles portés par des mannequins vivants. En imaginant ces premiers mannequins (vivants) encore pas très sûrs d'eux, il serait possible d'admettre que Baudelaire s'y réfère. Mais, en fait, il faut écarter cette hypothèse en dépit de cette convergence des dates. La présentation de mode par des mannequins vivants est vraiment un phénomène tout récent, sans doute postérieur à l'écriture du poème, et elle garde un caractère confidentiel.

De plus, l'emploi du mot « mannequin » dans son sens moderne ne date que du XXe siècle.

Le « mannequin » dont parle Baudelaire est une espèce de statue articulée que l'on trouvait dans tous ces ateliers d'artiste qu'il aimait fréquenter. Elle permettait aux peintres d'y disposer des morceaux de tissu ou des vêtements et de peindre sans avoir à rétribuer un modèle.

Quand on essayait de leur faire adopter une nouvelle attitude, les mouvements de ces mannequins étaient rudimentaires et saccadés. Le parallèle avec nos aveugles convient bien cette fois.

IDÉE GÉNÉRALE

Dans ce sonnet, comme l'annonce le titre, Baudelaire décrit « *les* » aveugles. Il peut s'agir d'un groupe d'aveugles ou de différents aveugles vus à des moments différents. Comme le faisait pressentir l'article défini (« *les* »), Baudelaire va s'attacher à mettre en évidence ce qui est propre à cette catégorie d'êtres humains. La chose qui le frappe le plus est que les aveugles dont on sait qu'ils ne voient pas ont pourtant l'air de chercher quelque chose dans le ciel.

A cette description s'ajoute une méditation de caractère très générale et dépassant le cadre de la description pour prendre une dimension métaphysique. Baudelaire établit une comparaison entre les aveugles et lui-même. Ils ont des points communs — l'un et les autres se « *traînent* » —, mais le poète ne comprend pas ce que ces aveugles peuvent chercher du regard dans le « *Ciel* », le mot étant écrit cette fois avec une majuscule à l'initiale.

ÉTUDE DE LA STRUCTURE

Notre analyse de la façon dont le texte est organisé s'appuiera sur une visualisation des répartitions ou des lignes de force. Ces schémas feront ensuite l'objet d'un commentaire.

Schéma 1

Élément 1 :

[Contemple-les, mon âme] ; ils sont vraiment affreux !
Pareils aux mannequins ; vaguement ridicules ;
Terribles, singuliers comme les somnambules ;

Dardant on ne sait où leurs globes ténébreux.
Leurs yeux d'où la divine étincelle est partie,
Comme s'ils regardaient au loin, restent levés
Au ciel ; on ne les voit jamais vers les pavés
Pencher rêveusement leur tête appesantie.

Ils traversent ainsi le noir illimité,

Ce frère du silence éternel. / Ô cité !

Élément 2 :

Pendant qu'autour de nous tu chantes, ris et beugles,
Éprise du plaisir jusqu'à l'atrocité,

Vois ! je me traîne aussi ! mais, plus qu'eux hébété,

Je dis : Que cherchent-ils au Ciel, tous ces aveugles ?

Étude du schéma 1

Plusieurs constatations sont déjà possibles :

— La première ligne en pointillés distingue la partie de la description concernant l'allure générale de celle se rattachant au regard. Cependant, le mot « *somnambules* » du vers 3 annonce déjà plus ou moins le « *dardant on ne sait où...* » du vers suivant.

— La seconde ligne en pointillés (pointillé double) marque la fin de la description des aveugles et le passage à la méditation, le passage du physique au métaphysique.

— La double ligne en continu marque l'endroit où l'articulation en deux temps du poème s'effectue. Dans la première partie, le poète demande à son âme de «*contempler*» les aveugles; dans la seconde, il demande à la ville de le «*voir*» lui. Nous remarquons que cette articulation ne recoupe pas le découpage en strophes ou en vers.

— La ligne en pointillés qui suit distingue l'évocation de la ville du retour au thème des aveugles, désignés seulement au dernier mot du sonnet.

Cette articulation, là encore, ne recoupe pas la répartition en vers. A noter qu'elle le faisait dans une première version. Baudelaire avait, en effet, commencé ainsi le vers 13 : «*Moi, je me traîne aussi...*» Avec cette version, notre ligne en pointillé aurait dû se situer entre le vers 12 et le vers 13.

Nous notons donc à plusieurs reprises la volonté de l'auteur de ne pas se sentir contraint par l'organisation en strophes ou en vers pour articuler les unités de sens.

L'examen de l'Élément 2 peut être poussé plus loin :

— L'apostrophe («*Ô cité [...]*») correspond à une rupture et cette partie commence comme si les aveugles avaient été oubliés; oubli provisoire bien sûr.

— Cet Élément 2 est organisé en fonction de deux oppositions : opposition entre «*je*» et la «*cité*» marquée par notre ligne en pointillé et opposition entre «*je*» et les aveugles articulée par le «*mais*» du vers 13.

Un second schéma permet de mettre d'autres éléments en évidence.

Schéma 2

Contemple-les, mon âme ; ils sont vraiment affreux !
Pareils aux mannequins ; vaguement ridicules ;
Terribles, singuliers comme les somnambules ;
Dardant on ne sait où leur globes ténébreux.

Leurs yeux, d'où la divine étincelle est partie,
Comme s'ils regardaient au loin, restent levés
Au ciel ; on ne les voit jamais vers les pavés
Pencher rêveusement leur tête appesantie.

Ils traversent ainsi le noir illimité,
Ce frère du silence éternel. Ô cité !
Pendant qu'autour de nous tu chantes, ris et beugles,

Éprise du plaisir jusqu'à l'atrocité,
Vois ! je me traîne aussi ! mais, plus qu'eux hébété,
Je dis : Que cherchent-ils au Ciel, tous ces aveugles ?

Étude du schéma 2

Dans ce schéma, les doubles flèches (◄——►) marquent une opposition.

Les deux doubles flèches présentes dans les tercets correspondent aux deux oppositions que nous venons de signaler.

Les deux flèches simples correspondent à des mouvements importants pour la compréhension du texte :

— La première flèche correspond à un mouvement du « je » (« *mon âme* ») au « *nous* ». Venant d'étudier « L'Ennemi » où se retrouve cette opposition (je/nous), nous avons été tenté de retrouver ici le même passage entre la singularité du poète et la condition humaine envisagée dans son ensemble.

Mais, à y regarder de près, il ne s'agit pas de cela. Ce « *nous* » englobe seulement le « je » et un « ils » (les aveugles). A ce (je + ils) s'opposent les autres, tous ceux qui constituent la cité et s'adonnent aux plaisirs vulgaires. Le « *nous* » marque donc une sorte de solidarité dans l'exclusion entre le poète et les aveugles.

— La seconde flèche correspond à un mouvement encore plus important pour la compréhension du poème : nous passons du « *ciel* » (avec une minuscule et donc seulement envisagé dans son aspect physique) au « *Ciel* » (avec majuscule et donc apparaissant comme un équivalent de l'au-delà). Nous observons donc, dans ce poème, comme nous l'avons déjà fait dans d'autres cas, une montée du matériel au spirituel.

— Le trait en pointillé qui part de « *divine étincelle* » a pour but de montrer que le passage de « *ciel* » à « *Ciel* » était préparé.

Un chiasme de construction

Pour les mots « chiasme » et « apostrophe » utilisés dans ce développement, se reporter aux encadrés pages 266 et 90.

Pour être complet dans l'étude de cette structure, il faudrait souligner une sorte de chiasme de construction qui apparaît bien quand on examine les deux apostrophes situées pour l'une au début du poème et pour l'autre à la fin.

• La première apostrophe (« *Contemple-les, mon âme* ») permet à l'auteur de s'adresser à son âme afin de lui demander de regarder ce qui peut se voir dans la ville.

• La seconde apostrophe (« *Ô cité [...] Vois! je me traîne [...]* ») correspond au processus inverse ; il s'adresse à la ville pour qu'elle regarde son âme, spectacle encore plus lamentable que celui des aveugles déambulant.

Nous sommes bien en présence de cette structure croisée qui caractérise le chiasme.

Ce changement de perspective, ajouté à tout ce que nous venons d'observer, montre combien l'organisation d'un texte, même quand il s'agit d'un poème relativement simple comme « Les Aveugles », peut être à la fois subtile et complexe.

Les Aveugles / 201

Cette étude de la structure ne représente qu'une partie du travail préparatoire qui va permettre d'accumuler les matériaux appelés à être mis en œuvre dans une présentation synthétique.

Ces matériaux seront ensuite agencés à l'intérieur de plusieurs parties. On trouvera ci-après un exemple de répartition possible.

La méthode suivie — une parmi d'autres — consiste à plus ou moins mimer la découverte du texte par une personne abordant la lecture sans idées préconçues mais avec un regard exercé.

L'exposé comprend trois parties :

1. DE L'OBSERVATION À L'INTERROGATION.
2. DU CIEL AU CIEL (du «*ciel*» au «*Ciel*»).
3. JE, ILS, NOUS ET LES AUTRES.

DE L'OBSERVATION À L'INTERROGATION

Après une sorte d'apostrophe du poète à lui-même («*Contemple-les, mon âme [...]*»), «Les Aveugles» commencent à la manière d'une simple description. La première phrase — une phrase exclamative — introduit une certaine véhémence, mais c'est surtout la surprise qui domine.

En effet, le verbe «*Contempler*» conduit le lecteur à attendre quelque chose de beau, d'admirable et, d'une manière inattendue survient le mot «*affreux*» renforcé par l'allitération en «r» (vraiment affreux) prolongée au vers suivant (Terribles). Le mot «*Terribles*», pris ici dans son sens fort de celui qui inspire la terreur, a lui aussi de quoi étonner.

La surprise provient de l'enchaînement «*Contemple* → *affreux*», mais aussi du fait que les aveugles suscitent généralement la pitié. Or, Baudelaire emploie l'adjectif «*affreux*» qu'il renforce par «*vraiment*» comme s'il était insensible à leur malheur. Il n'y a pas de trace d'ironie ou de méchanceté dans le propos mais seulement le ton d'un constat désolé : il faut bien l'admettre, ne nous payons pas de mots, «*ils sont vraiment affreux*» ; soyons objectifs, ils n'inspirent pas la pitié, mais plutôt la terreur. Le lecteur est surpris et en même temps «accroché» par cette attaque paradoxale.

La description de ces promeneurs pas comme les autres se prolonge jusqu'au vers 8 même si, à partir de «*Au ciel*», ils sont plutôt décrits a contrario. Jusque-là, à première vue, rien d'autre qu'un simple «Tableau parisien». Seule l'expression «*divine étincelle*» se rattache à un autre monde.

Avec les vers 9 et 10, ou plus exactement les vers 9 et les neuf premières syllabes du vers 10, les choses changent. D'une focalisation externe (la réalité est perçue par un témoin extérieur), nous passons à la focalisation interne (la réalité est perçue du point de vue des protagonistes). Même si le récit reste en troisième personne («*Ils traversent [...]*»), nous entrons en effet dans le «*noir*» avec les aveugles (peut-être faut-il écrire le mot avec une majuscule pour montrer ce qu'ils ont d'archétypique).

Le côté horrible et terrifiant, d'abord simplement dit, est ensuite montré. Ils ont quelque chose de disloqué qui évoque les «*mannequins*» qu'on peut voir dans les ateliers d'artiste. Ils prêtent à rire, mais la pitié nous fait retenir ce rire et nous ne les trouvons que «*vaguement ridicules*». Ils sont «*terribles*» par ce regard qui se projette au loin («*dardant*») comme un javelot prêt à partir. Ils nous effraient aussi parce qu'on n'ose plus appeler des yeux ces «*globes*» ; «*ténébreux*», non pas parce qu'ils sont d'une couleur sombre mais parce qu'ils débouchent sur les ténèbres. L'auteur qui a dit et montré a aussi recours à la possibilité qu'a la poésie de suggérer.

La dureté d'un regard qui, paradoxalement, ne voit pas mais

nous transperce, est soulignée par le jeu des cinq dentales dans le vers 4 :

> « **D**ar**d**an**t** on ne sai**t** où leurs globes **t**énébreux. »

Le rythme syncopé des vers 3 et 4, fait d'éléments juxtaposés, suggère par ailleurs le caractère heurté de la démarche.

Pourtant, l'essentiel n'est pas encore exprimé. La référence au regard de ces aveugles vient assez tardivement : à la fin du vers 4, « *leurs globes ténébreux* ») et dans le vers 5 (« *Leurs yeux, d'où la divine étincelle est partie* ») qui met particulièrement en évidence « *Leurs yeux* » en début de vers. En fait, celui qui ne connaîtrait pas le titre du poème devrait attendre le milieu de la description pour comprendre qu'il s'agit d'aveugles.

L'élément important, prenant peut-être d'autant plus d'importance que son arrivée a été retardée, est bien là, dans la façon de regarder commune à tous les aveugles. « *Dardant on ne sait où* » disait déjà le vers 4. « *Comme s'ils regardaient au loin...* » renchérit le vers 6. L'élément le plus fort vient ensuite, exactement au milieu du poème, très nettement mis en évidence par le rejet : « *restent levés/Au ciel* ». La description a contrario qui suit ne fait que renforcer l'impression produite et le caractère « *singulier* » des aveugles.

Mais nous quittons aussi la description pour la méditation, la rue de la cité (le mot « *pavés* » vient de l'évoquer) pour l'au-delà, une sorte d'espace-temps radicalement différent du monde d'ici-bas. L'idée d'un au-delà, simplement suggérée par « *divine étincelle* », est cette fois nettement affirmée.

Brusquement, cette amorce de méditation est interrompue par une nouvelle apostrophe (« *Ô cité [...]* ») suivie d'un retour à la description. Le champ s'est alors élargi puisque la ville entière est concernée. Pourtant cet élargissement du champ exclut à la fois les aveugles et le « je » réunis dans un « *nous* » (« *tandis qu'autour de nous tu chantes [...]* »). Cet élargissement a donc surtout pour effet de faire ressortir la solidarité des exclus et de nous ramener au couple initial (je + ils). Mais à peine le champ s'est-il rétréci, à peine la ressemblance entre «*je*» et «*ils*» a-t-elle été affirmée (ressemblance qui peut faire imaginer une solidarité dans la lassitude et l'exclusion) que le champ se réduit encore pour se limiter au seul «je»; car, dans le dernier vers, qui correspond à un retour à la méditation, le poète constate la radicale différence qui l'oppose aux aveugles.

Partant d'une simple description, le poème passe donc assez rapidement à une méditation culminant au derniers vers dans une interrogation fondamentale qui nous contraint pratiquement à relire le texte.

Ce passage avait d'ailleurs été préparé dès le premier hémistiche («*Contemple-les, mon âme*»). Nous avons souligné que l'attente d'une certaine grandeur suscitée par l'emploi du verbe «*contempler*» était immédiatement déçue. Cependant, elle ne l'est que momentanément. Car progressivement ces aveugles, plus remémorés que vus («*Contemple-les, mon âme*») acquièrent une grandeur tragique.

DU CIEL AU CIEL (du «*ciel*» au «*Ciel*»)

Baudelaire, dans sa description des aveugles, ne s'est pas attaché au pittoresque. Il ne les décrit pas dans leur variété mais s'efforce de mettre en évidence ce qu'ils ont de commun. Rien n'indique d'ailleurs qu'il s'agit d'un groupe d'aveugles, comme, influencé par la gravure de Breughel, on le dit souvent. L'article défini du titre («*Les*») renvoie beaucoup plus sûrement aux aveugles envisagés dans leur généralité.

Le fait dominant et commun à tous les aveugles est qu'ils ont l'air de chercher («*dardant*» correspond à une attitude active) quelque chose au ciel. La réalité terrestre leur étant interdite, ils semblent concentrer tous leurs efforts pour voir ailleurs — au-delà — ce à quoi ne s'intéresse pas le commun des mortels.

La description s'interrompt ensuite, nous l'avons vu. Nous sommes restés sur cette vision forte d'un regard tourné vers le ciel et inquisiteur. Puis cette image est comme abandonnée. La ville qui inclut et exclut ces aveugles et le poète est évoquée dans sa vulgarité. L'auteur, s'adressant à elle, souligne ce qu'il a de commun avec les aveugles puis, brusquement, rendue solennelle par le «*Je dis*» qui précède, arrive une question qui donne une nouvelle dimension au poème :

«Que cherchent-ils au Ciel, tous ces aveugles ? »

Cette nouvelle dimension est soulignée par la majuscule au mot «*Ciel*». L'attitude des aveugles (désignés explicitement seulement dans le dernier mot du texte) n'avait été jusque-là observée. Elle est maintenant interprétée. Mais cette interprétation a été préparée dès le début du poème. Nous avons souligné l'effet retardé du verbe «*contempler*» et celui de l'expression «*mon âme*». Il faudrait ajouter le recours à l'apostrophe qui introduit immédiatement une certaine solennité. Les vers 5, 8 et 9 contribuent aussi à préparer l'effet final.

Il n'empêche que le dernier vers introduit un effet de surprise et surtout qu'il transforme notre façon de lire la description. Le regard vers le ciel des aveugles n'est plus un simple détail descriptif comme leur démarche saccadée. Ces «*somnambules*» poursuivant un rêve intérieur «*cherchent*».

Voient-ils ? Ces aveugles, paradoxalement, sont-ils des «voyants» ? Rien d'explicite dans le texte ne permet de l'affirmer ; rien ne permet de dire qu'ils ont accès à cet au-delà qui échappe aux gens normaux. Mais tout concourt à nous faire sentir qu'ils cherchent, animés par un espoir qui les fait vivre (et dont le poète ressentira en lui le manque). Ils avancent en effet «*comme s'ils regardaient au loin*» et ce lointain se trouve vers le haut : le rejet qui met en évidence « *Au ciel* » suggère le mouvement d'une tête se haussant pour mieux voir. Pour le poète des « Correspondances », cette attitude *physique* doit receler une quête *spirituelle*. Ainsi, les aveugles, rétroactivement, prennent une dimension symbolique. Ils incarnent tous ceux qui tâtonnent dans la nuit guidés par l'espoir de découvrir, derrière la façade des apparences, ce qui pourrait donner un sens à leur errance.

JE, ILS, NOUS ET LES AUTRES

De ce point de vue, il est possible d'affirmer que bien avant de se mettre en scène explicitement (en disant « je »), Baudelaire opère déjà des rapprochements entre les aveugles et lui. Arrêtons-nous, en effet, sur les vers 7 et 8 :

> « [...] on ne les voit jamais vers les pavés
> Pencher rêveusement leur tête appesantie. »

Rien de précis dans le texte ne permet d'affirmer avec certitude qu'il s'agit du poète. L'adverbe « *rêveusement* » évoque une attitude que l'on prête souvent aux poètes, mais l'indice reste mince. Pourtant, on a de la peine à se défendre contre l'impression que Baudelaire s'est déjà mis en scène à cet endroit du poème. Et la lecture de la fin du texte tend à confirmer cette impression.

Le paradoxe sur lequel nous venons d'attirer l'attention disparaît alors. Ces deux vers (ou presque) ne viennent pas nuire à l'image dominante des têtes tournées vers le ciel. Ils préparent la grande opposition sur laquelle se termine le texte. Le contraste des attitudes physiques mis en œuvre dans les quatrains préfigure la radicale opposition qui, sur le plan métaphysique, distingue le poète des aveugles.

Dans ces vers évoquant le rêveur, on notera comment le jeu des allitérations en « p » et celui des accents suggèrent avec force un mouvement vers le bas :

Les Aveugles / 207

« [...] vers les **p**avés

Pencher rêveusement leur tête a**pp**esantie. »

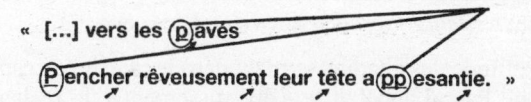

« Les Aveugles » est donc un texte qui illustre l'une des attitudes de l'homme en face du mystère de sa situation dans le monde ; ou qui, plus exactement, présente un éventail de trois attitudes observées.

Une partie de l'humanité est comme du bétail. Il s'agit de cette populace évoquée dans les vers 11 et 12. L'étude de la gradation « *tu chantes, ris et beugles* » montre le sentiment de Baudelaire à son égard et justifie notre recours au mot « populace ».

La première activité (« *chantes* ») est connotée positivement. Elle évoque la fête, mais aussi l'art. La seconde se rapporte déjà plus à la ripaille et cela d'autant plus quand on sait qu'aux yeux de Baudelaire, le rire a un côté satanique : « *Le rire humain est intimement lié à l'accident d'une chute ancienne, d'une dégradation physique et morale.* »

Cependant, « *chantes* » et « *ris* » pourraient évoquer simplement la fête sans la moindre connotation négative. Il en va autrement avec la présence du verbe qui suit : « *beugler* ». Il s'agit d'un verbe utilisé pour les bovins. La populace qui se rue dans le plaisir est donc assimilée à du bétail.

En poésie, les mots fonctionnent en réseaux. Nous en avons un bon exemple ici : « *beugles* » colore rétroactivement « *chantes* » et « *ris* » dans le sens de la vulgarité et de la fête paillarde.

La force de la gradation est encore augmentée par les accents qui la martèlent : « *chantes, ris et beugles* ». De plus, les assonances soulignent le caractère bruyant de la cité (« *autour de nous/éprise du plaisir* ») à quoi il faudrait ajouter le bonheur de la rime riche (*ô cité* ; atr *ocité*) qui donne le sentiment poétique d'une similitude entre les choses (cité/atrocité) à partir d'une similitude entre les mots. Cette agitation bruyante qui prendra fin un jour s'oppose évidemment au «*silence éternel*» qui vient d'être évoqué.

Cette attitude des citadins se ruant dans le plaisir correspond à ce que Pascal appelait le «divertissement», la recherche systématique d'activités agréables ou non («*Éprises du plaisir jusqu'à l'atrocité*»), mais dont la finalité réelle et unique est de nous détourner de l'idée que tout va finir par quelques pelletées de terre. Ni Pascal ni Baudelaire n'approuvent cette sorte de politique de l'autruche à la fois lâche et sotte.

L'évocation des aveugles illustre une autre attitude face au problème de la condition humaine. Exprimant sa répulsion pour ceux qui s'adonnent complètement au divertissement, Pascal disait «*Je ne puis approuver que ceux qui cherchent en gémissant*». Les aveugles paraissent correspondre exactement à cette catégorie. Le verbe «*chercher*» se retrouve d'ailleurs dans l'interrogation qui ferme et ouvre le sonnet.

La situation du poète correspond à une troisième attitude. Il est exclu de la cité tonitruante, mais, à la différence des aveugles, il s'en est exclu par un choix délibéré. Vis-à-vis de ces aveugles, il garde tout d'abord une certaine distance. Rien dans sa façon de s'exprimer ne traduit une sympathie particulière ou même une empathie. Brièvement, le fait d'être exclu («*Pendant qu'autour de nous [...]*») et une lassitude commune («*Vois! je me traîne aussi! [...]*») créent une fugitive solidarité. Mais celle-ci est immédiatement rompue par l'affirmation d'une différence («*mais, plus qu'eux hébété*») et surtout par la radicale opposition qu'exprime le dernier vers.

Terme ultime du désespoir et de la solitude, le poète ne comprend même pas qu'on puisse espérer. Il ne dit pas «Dieu est mort», ni «Le Ciel est vide», mais seulement «Le Ciel est vide *pour moi.*», ou encore, en d'autres termes, «Je ne comprends pas que l'on puisse chercher la réponse au Ciel». Ce refus d'une «métaphysique de consolation», pour parler comme Camus, évoque l'homme révolté tel que le décrit cet auteur ; avec pourtant cette différence que chez Baudelaire, il s'agit plus d'une incapacité à entrer dans le jeu que d'un refus.

Ainsi perçu, le sonnet ne brosse plus seulement un tableau de la condition humaine. Il est le poème de l'absolue solitude. Comme le ferait Pascal, et en dépit de la distance qu'il garde, Baudelaire éprouve plus de sympathie pour ces aveugles quêtant une réponse que pour la foule s'adonnant au divertissement. Mais il ne peut les rejoindre. Il se sent donc séparé. Seul. Devant ce Ciel où d'autres trouvent ou cherchent l'espoir, il est tout simplement, et sans doute à regret, *aveugle*.

On a souvent rapproché cette conclusion d'une lettre de Baudelaire à sa mère (mai 1861). Après avoir évoqué le suicide et avant d'y revenir, il écrivait :

> « *Et Dieu* ! diras-tu. Je désire de tout mon cœur (avec quelle sincérité, personne ne peut le savoir que moi !) croire qu'un être extérieur et invisible s'intéresse à ma destinée ; mais comment faire pour le croire. »

Dans « Le Rêve d'un curieux », il s'imagine en train de mourir, curieux comme l'enfant attendant que le rideau du théâtre se lève.

Dans ce poème, comme dans « Les Aveugles », Baudelaire constate avec amertume que le Ciel est vide pour lui. Dieu existe peut-être, mais rien ne le révèle. Tableau de la condition humaine, « Les Aveugles » est le poème de la complète et définitive déréliction.

Et pourtant. N'est-ce pas dans cette façon de conclure un peu trop sacrifier à la rhétorique ? Une littérature désespérée est une contradiction dans les termes disait Albert Camus. Il n'y a pas de nihilisme absolu parce que le seul fait de dire que le monde n'a pas de sens suppose que l'on croit déjà à l'existence d'un minimum de sens. L'insistance du « Je dis » est déjà un recentrement de l'être. La question qui termine le poème est déjà le début d'un désenlisement, sans compter que le fait d'écrire un sonnet sur le vide du Ciel est déjà une manière de le combler. Comme le Roquentin de *La Nausée*, en proie à l'angoisse existentielle, Baudelaire conserve le vague espoir d'une rédemption par l'art.

ON NE PEUT PAS TOUT DIRE

« Le secret d'ennuyer est celui de tout dire » ; « Qui ne sut se borner ne sut jamais écrire » : ces formules souvent citées doivent être gardées en mémoire au cours de l'élaboration d'un commentaire. On ne peut pas tout dire et il faut, le plus souvent, abandonner une partie des matériaux disponibles.

Cet abandon peut d'ailleurs varier en fonction du plan choisi ; ce qui sera jugé important pour telle démonstration sera laissé de côté dans une analyse privilégiant un autre mode d'approche.

On trouvera ci-dessous des matériaux qui n'ont pas été retenus et qui pourraient donc être utilisés si un autre plan était adopté.

➡ **« Ils traversent ainsi le noir illimité,
Ce frère du silence éternel. »**

Un parallélisme :

noir	illimité
silence	éternel

souligné fortement par le mot « *frère* » (comportant une nuance d'ironie ?).

Il serait possible de noter une « correspondance » entre une couleur (« *noir* » qui peut être perçu comme une absence de couleur) et un son (« *silence* » : plus exactement une absence de sons), mais il semble plus intéressant de s'interroger sur le rôle de cet élément.

Nous ne revenons pas sur le fait qu'il correspond à un changement de registre nous faisant passer de la description à un début de méditation. Le « *noir illimité* » et le « *silence éternel* » évoquent tout d'abord l'au-delà et la mort qui s'y rattache. Ces hommes des ténèbres sont déjà en partie dans le royaume des morts.

Les Aveugles / 211

Ce passage a souvent été rapproché de la fameuse phrase de Pascal : « *Le silence éternel de ces espaces infinis m'effraie.* »

Les analogies entre Baudelaire et Pascal sont nombreuses. Baudelaire cite d'ailleurs ce philosophe du XVIIe siècle dans « Le Gouffre » :

« Pascal avait son gouffre avec lui se mouvant. »

Il y a beaucoup de l'*ennui* pascalien dans le *spleen* baudelairien. Ces deux auteurs ont la « tête métaphysique », cas relativement rare dans la littérature française : leur sujet de prédilection est en effet la condition humaine envisagée dans son sens le plus large.

Même si nous appliquons le principe de ne pas trop avoir recours à des éléments extérieurs au texte, ce rapprochement peut être utile. Le « *noir illimité* » et le « *silence éternel* » n'évoqueraient pas seulement, et d'une manière un peu courte, la mort. Ils se rattacheraient à la grande interrogation de l'homme sur sa destinée ce qui est tout à fait en accord avec l'idée dominante du texte.

➡ **« éprise du plaisir jusqu'à l'atrocité, »**

Étymologiquement, le mot « *atrocité* » est en relation avec l'idée de noirceur. Il vient, en effet, du mot latin *atrocitas* qui se rattache lui-même à *ater, atra* = « noir ».

Faut-il voir ici une intention ? Plusieurs raisons pourraient nous inciter à le faire :

— Cette tendance à se rapprocher du sens originel s'observe souvent en poésie ; elle ira s'amplifiant avec le symbolisme.

— Ce mot est venu remplacer « *férocité* » d'abord choisi dans la première version du poème.

— Le « noir » correspond à une dominante du texte.

Pourtant, nous pensons que cette référence à la couleur n'a pas été déterminante. On sait les liens établis par Baudelaire entre le plaisir de l'amour et la cruauté. L'idée est contenue aussi bien dans « *férocité* » que dans « *atrocité* », mais « *férocité* » concerne plus directement la souffrance infligée à l'autre. « *Atrocité* » peut englober la souffrance de celui qui s'exprime. En d'autres termes, la composante masochiste peut aller de pair avec la composante sadique.

L'important est cette agitation démoniaque de la ville évoquée aussi dans «Recueillement» :

> **« Pendant que des mortels la multitude vile,
> Sous le fouet du plaisir, ce bourreau sans merci,
> Va cueillir des remords dans la fête servile, »**

➡ **«Vois! je me traîne aussi! mais, plus qu'eux hébété,»**

Agitation frénétique qui contraste avec la lassitude du poète («*Je me traîne...*») et avec l'errance des aveugles.

Après un vers d'un seul tenant évoquant les joies sadomasochistes de la cité, voici tout d'un coup un vers haché, volontairement désarticulé, prosaïque, anti-harmonieux. Ce n'est pas par hasard. Il suggère le désarroi du poète tâtonnant encore plus que les aveugles et gauche comme l'albatros :

> **«Vois / je me traîne aussi! / mais, / plus qu'eux hé/bé/té.»**

➡ **« Je dis : [...] »**

Il serait possible de commenter plus longuement que nous ne l'avons fait. Il s'agit bien sûr de donner force et solennité à la déclaration mais il serait aussi possible de se demander : *à qui* le dit-il ? A son âme ? A la cité ? Les choses se passent plutôt comme si ce «*je*», distinct de l'une comme de l'autre, n'avait plus que le lieu de l'expression verbale pour exister.

➡ **« [...] ces aveugles ? »**

Le «*ces*» pourrait être l'expression du mépris (le mépris qui apparaît dans des expressions comme «Ce monsieur prétend...»), mais il donne plutôt le sentiment de traduire une sorte de dépit amoureux.

EXPLICATIONS DANS LES REVUES

Une «analyse textuelle» complétée par l'examen d'autres explications par Paul Delbouille dans *Cahiers d'analyse textuelle*, n° 4, 1962, diffusion «Les Belles lettres».

Une explication suivie par Peter H. Nurse dans *L'Information littéraire* n° 5, 1966.

Dans l'Information littéraire n° 2 de 1962, un article de Pierre Citron sur le mythe poétique de Paris jusqu'à Baudelaire.

2

A UNE PASSANTE

À UNE PASSANTE

La rue assourdissante autour de moi hurlait.
Longue, mince, en grand deuil, douleur majestueuse,
Une femme passa, d'une main fastueuse
4 Soulevant, balançant le feston et l'ourlet ;

Agile et noble, avec sa jambe de statue.
Moi, je buvais, crispé comme un extravagant,
Dans son œil, ciel livide où germe l'ouragan,
8 La douceur qui fascine et le plaisir qui tue.

Un éclair... puis la nuit ! — Fugitive beauté
Dont le regard m'a fait soudainement renaître,
11 Ne te verrai-je plus que dans l'éternité ?

Ailleurs, bien loin d'ici ! trop tard ! *jamais* peut-être !
Car j'ignore où tu fuis, tu ne sais où je vais,
14 Ô toi que j'eusse aimée, ô toi qui le savais !

A une passante / 215

CONDITIONS DE PUBLICATION

« A une passante » est paru dans *L'Artiste* du 15 novembre 1860. Ce poème ne figurait donc pas dans la première édition des *Fleurs du Mal* (1857). Il est intégré dans l'édition de 1861 et se retrouve évidemment dans l'édition posthume de 1868.

Ce texte prend place dans « Tableaux parisiens », à la suite de « Les Petites Vieilles » et de « Les Aveugles ». Il précède « Le Squelette laboureur ».

VARIANTES

Vers 6 : d'abord «*je buvais, tremblant [...]*» remplacé par «*je buvais, crispé [...]*»

Vers 9 : à l'origine, pas de tiret devant «*Fugitive*».

Vers 10 : primitivement «*m'a fait souvenir et renaître*» remplacé par «*m'a fait soudainement renaître*».

Vers 11 : à l'origine majuscule à «*éternité*».

Vers 12 : d'abord majuscule à «*trop*».

La variante du vers 10 est intéressante. La nouvelle version accentue le caractère rapide de ce «*coup de foudre*» déjà marqué par «*éclair*» au vers précédent. En revanche, «*souvenir*» rattachait ce poème à tout le réseau des connotations sur la vie antérieure.

UN THÈME DOUBLE

Un homme croise une femme dans la ville. Leurs regards se rencontrent furtivement. Il a l'intuition soudaine de tout ce qui pourrait se passer entre eux. Elle poursuit son chemin, emportée par sa course. Ils ne se rencontreront jamais plus.

L'épisode est banal, il a lieu des millions de fois chaque jour. L'émotion est commune : chacun éprouve un jour ou l'autre la nostalgie d'une rencontre possible qui, une fois manquée, ne se reproduira plus. Le thème est d'ailleurs largement partagé, par des contemporains de Baudelaire : à propos d'un épisode semblable, Petrus Borel (cité dans l'édition des *Fleurs du Mal* de J. Crépet) écrit dans « Dina la Juive », l'un des « contes immoraux » de *Champavert* (1832) :

> « Ah ! c'est une bien grande souffrance que la rencontre d'un être sympathique qui vous capte, qui vous incline à lui ! On l'a vu au promenoir, au bal, en voyage, à l'église, on lui a jeté un regard, on a reçu une œillade, on l'a touché de la main, on a causé à la dérobée, on est épris, ravi, enveloppé, on s'est déjà façonné un avenir, c'est déjà de l'amour, de l'amour enraciné ; le temps de pousser un soupir, ou de regarder le ciel, cet être s'est envolé comme un oiseau, l'apparition s'est éteinte, et l'on reste atterré, anéanti par la commotion. Pour moi, cette pensée qu'on ne reverra jamais cet éclair qui nous a éblouis, cette femme, amie spontanée, notre pierre de touche ; que deux existences, faites l'une pour l'autre, pour être adorées, pour être heureuses ensemble en cette vie et dans l'éternité, sont à jamais écartées, et se traîneront peut-être malheureuses sans plus retrouver jamais d'âme qui leur agrée, d'esprit et de cœur à leur taille ; pour moi, cette pensée est profondément douloureuse. »

L'originalité de Baudelaire sera donc dans le traitement de ce thème, de cette « pensée douloureuse ». Or, la place donnée à ce poème dans *Les Fleurs du Mal* nous invite à le lire à un autre niveau : il fait partie des « Tableaux parisiens » et ceux-ci, dans l'architecture générale du recueil, sont disposés comme une halte, un moment de répit où le poète tente d'échapper à la désespérance en s'ouvrant à la ville, en s'intéressant au sort des autres. Mais on n'échappe pas à soi-même. La ville renvoie le poète à ses fantasmes, à ses fantômes. Il ne peut y retrouver que l'hostilité du monde en même temps qu'il y recherche des figures idéales. La Passante ne peut donc être à ses yeux une simple passante : il faut qu'elle lui rappelle la beauté d'un autre monde. La manquer, ce ne peut être seulement perdre une femme : c'est frôler l'Idéal inaccessible. D'où la profondeur de son trouble, et le double niveau — réaliste et symbolique — auquel il faut tenter de lire ce poème.

A une passante / 217

MOUVEMENT DU TEXTE

Si l'on se réfère à l'effet produit sur le lecteur, le texte fait soigneusement ressortir le dernier vers par rapport (ou par contraste) aux treize premiers vers. Celui-ci introduit un élément de surprise, une sorte d'élargissement qui modifie la perspective. Il fait basculer la scène de rue dans le domaine de ce qui est irrévocablement révolu. L'effet provient d'ailleurs surtout du second hémistiche (« *ô toi qui le savais* ») qui ajoute une donnée nouvelle à ce qui est dit dans l'hémistiche précédent et même dans l'ensemble du poème.

Cette première remarque implique que ce poème se lise et se dise en un seul mouvement. Cela étant, le sonnet suit une progression aux étapes bien précises :

Vers 1 : le décor, la rue.
Vers 2-5 : l'apparition de la passante.
Vers 6-8 : les réactions immédiates du poète.
Vers 9 : le coup d'œil et la « fuite » de la passante.
Vers 9-14 : les réactions secondes du poète.

Les « réactions secondes » des derniers vers s'opposent aux « réactions immédiates » des vers 6-8.

Il s'agit d'abord, en effet d'un *récit*. L'approche progressive de la passante (sa silhouette, son air, sa main, sa robe, sa jambe, ses yeux) culmine au vers 9, tandis que son éloignement se devine, progressif lui aussi, puis irrémédiable, dans les cinq derniers vers. Faisant écho à l'événement, les réactions du poète, qui se met en scène, se font également en deux temps.

Cette composition peut donner lieu à une analyse comme celle que l'on ferait à propos d'un roman. Une situation de départ : un homme dans la ville. La réalité est perçue par le « héros » qui se confond avec le narrateur ; et cela dès le début (« *La rue [...] autour de moi* »).

218 / *Tableaux parisiens*

Un premier événement vient rompre l'équilibre initial : le passage d'une femme, rapporté au passé simple, temps de l'action. Que va-t-il se passer ?

Il se produit comme une suspension de l'intrigue, le temps de faire le portrait de l'héroïne et de décrire l'émotion du héros ; cependant, les vers 7-8 évoquent une suite possible, une action virtuelle qui maintient le lecteur (comme le héros) dans l'attente de ce qui va avoir lieu.

Puis vient le deuxième acte de l'épisode, bref mais essentiel, l'«*éclair*» d'un regard que la passante jette avant de disparaître.

L'évocation qui suit, lyrique, est comme un long épilogue, mais elle demeure partir intégrante de la narration, puisqu'elle l'achève en anéantissant l'espoir d'une nouvelle rencontre. Sans doute ce poème est-il bien autre chose que ce court « roman » : mais on ne négligera pas de souligner l'efficacité avec laquelle Baudelaire en mène le récit.

ÉTUDE SUIVIE

Le décor

Un seul vers suffit à planter le décor. Le vacarme de la ville est traduit par des mots choisis, à signification forte : «*assourdissante*», «*hurlait*». Ce dernier verbe, employé métaphoriquement, « bestialise » la foule vociférante. Des sonorités étudiées (r/u/ou), disposées symétriquement, renforcent de leur « bruit » le sens des mots :

> « La rue assourdissante autour de moi hurlait. »

Ce décor hostile cerne de toutes parts le poète, dans la réalité *comme dans son expression* : le «*moi*» est précisément encadré, dans le vers, par les mots et les sonorités qui désignent l'environnement de la rue. Le renvoi du verbe « hurlait » en fin de phrase prolonge en quelque sorte l'effet du hurlement. Le « moi » est bâillonné.

SUR LE MOT «*LIVIDE*»

Le mot «*livide*» est surprenant car il est généralement perçu comme exprimant la pâleur alors qu'il a commencé à désigner une couleur foncée.

En effet, ainsi que nous l'apprend Georges Gougenheim dans *Les Mots français dans l'histoire et dans la vie* (Tome 1, Picard), «*livide*» a d'abord désigné une couleur intermédiaire entre le bleu et le noir, la couleur de la chair meurtrie. Chateaubriand ou Hugo emploient le mot dans ce sens pour parler des nuages dans un ciel d'orage. C'est bien aussi dans ce sens que Baudelaire emploie ce terme dans «A une passante».

Comment expliquer qu'un mot désignant une couleur foncée en soit venu à désigner une couleur claire. Selon Gougenheim, cela provient du fait que, pour l'Antiquité et pour le Moyen Age, l'absence de couleurs est foncée et tire même vers le noir alors, qu'à nos yeux, c'est l'inverse.

Il va de soi que les poètes s'intéressent plus à ce mot pour ses connotations que pour sa dénotation précise. En effet, qu'il se rapporte, comme chez Descartes, à un teint «plombé» ou comme chez nos contemporains à un teint pâle, il s'y associe des idées de maladie, d'effroi et même de mort.

L'apparition

Le vacarme de la rue fait ressortir, par contraste, l'apparition de la passante. La vision s'oppose au bruit. L'hostilité de la ville, à laquelle le narrateur est étranger, le prépare à voir en cette femme la figure d'un autre monde peut-être, l'espoir d'une autre vie, l'Idéal contre le Réel. On peut se demander en effet s'il la *voit* ou s'il *projette* sur elle une image idéale, tant les caractères apparents de cette passante renvoient aux traits significatifs de la beauté dans l'univers de Baudelaire.

L'évocation est d'abord réaliste. La minceur de la personne, le mouvement et l'harmonie de sa démarche, le deuil qui la marque et le faste de sa toilette nous apparaissent comme des traits objectifs. Mieux : Baudelaire adopte une écriture quasi-cinématographique pour décrire l'approche de la passante :

> « **Longue, mince, en grand deuil, douleur majestueuse,
> Une femme passa, [...]** »

Elle n'est d'abord qu'une silhouette, puis une veuve, puis l'incarnation même de la douleur : l'accentuation du vers, les coupes donnant à la phrase une cadence progressive, traduisent rythmiquement l'approche visuelle de cette beauté. Le passé simple n'exprime pas seulement l'action centrale du récit : il traduit aussi, par sa valeur ponctuelle, sa brièveté.

Mais la démarche de la passante n'est pas seulement vive ; elle est harmonieuse :

> « **[...] d'une main fastueuse
> Soulevant, balançant le feston et l'ourlet ;** »

Visiblement, cette femme est soucieuse de la cadence de ses pas ; elle sait *passer*, sa main gouvernant adroitement le mouvement de sa robe ; le rythme est régulier, marqué par un accent toutes les trois syllabes ; la virgule étudiée qui oppose, ou plutôt qui *appose* les deux verbes au participe présent, produit un effet de va-et-vient qui s'associe à l'amplitude produite par l'enjambement d'un vers sur l'autre. Ainsi, le travail du rythme confirme la signification des mots : on ne devra pas l'oublier lors de la diction du poème.

Un point-virgule achève le premier quatrain : c'est l'indice d'une légère pause, mais le portrait de la passante n'est pas achevé : Baudelaire va résumer en un dernier vers les traits physiques *et moraux* de cette beauté : la rapidité, la plasticité, la majesté. C'est l'occasion pour lui d'allier deux caractères apparemment contradictoires (*agile et noble*, car la beauté idéale doit être complète). Et surtout, en déplaçant la césure du vers (à la quatrième syllabe : «Agile et nobl(e)»//), d'immobiliser ce bloc de mots : «*avec sa jambe de statue*». Huit syllabes ; une sorte d'arrêt-sur-image ; focalisation sur la jambe, pétrification de la femme. Elle joint l'intensité du mouvement à la densité du marbre.

En même temps, la métaphore de la statue confère à la passante l'aura d'un être venu de l'au-delà. Elle confirme la vision du deuxième vers : «*douleur majestueuse*». Cette femme n'est pas une femme quelconque arpentant la rue : elle est, à son insu, le reflet ou l'incarnation de la Douleur même — qualité essentielle de la Beauté, selon Baudelaire, et que le deuil seul donne suprêmement. Le poète est hanté par cette figure idéale, comme le confirme par exemple cet extrait des «Veuves», poème qui figure au début du *Spleen de Paris*.

> «Mais ce jour-là, à travers ce peuple vêtu de blouses et d'indiennes, j'aperçus un être dont la noblesse faisait un éclatant contraste avec toute la trivialité environnante.
>
> C'était une femme grande, majestueuse, et si noble dans tout son air, que je n'ai pas souvenir d'avoir vu sa pareille dans les collections des aristocratiques beautés du passé. Un parfum de hautaine vertu émanait de toute sa personne. Son visage, triste et amaigri, était en parfaite accordance avec le grand deuil dont elle était revêtue. Elle aussi, comme la plèbe à laquelle elle s'était mêlée et qu'elle ne voyait pas, elle regardait le monde lumineux avec un œil profond, et elle écoutait en hochant doucement la tête.»

On comprend dès lors l'émotion, le bouleversement de celui qui croit voir soudain, à l'extérieur de lui, jaillir ce modèle idéal de beauté qui le hantait secrètement.

Les réactions immédiates

Le «*moi*» du poète est à la fois central et passif : il se montre au-devant de la scène (au début du vers), mais il y est totalement captif, subjugué par ce qu'il lit dans l'œil de la passante : c'est dire la toute-puissance de cette femme.

> «Moi, je buvais, crispé comme un extravagant,»

L'égarement du moi se traduit d'abord dans la force brute des mots : «*je buvais*» : on ne sait pas encore quoi, ni où. Le rejet des compléments dans les vers qui suivent donne au verbe une valeur absolue, intransitive : le «buveur» est ivre, happé par ce qu'il absorbe, dépossédé de lui-même. «*Comme un extravagant*» : le terme est à prendre dans son sens le plus littéral ; l'extravagant est étymologiquement celui qui s'écarte du droit chemin, qui ne sait où il va, emporté par son délire. Le rythme haché du vers, sa cadence croissante soulignent l'état de suffocation de l'homme qui n'en peut plus (et peut-être ici Baudelaire ironise-t-il sur lui-même).

> «Dans son œil, ciel livide où germe l'ouragan,»

La crispation fait place, aussitôt, à la contemplation. L'œil devient ciel : l'apposition amène l'image comme en une sorte de fondu-enchaîné. La métaphore de l'œil-ciel est fréquente chez Baudelaire, on peut lire dans l'« Hymne à la Beauté » :

> «Tu contiens dans ton œil le couchant et l'aurore;»

Mais ici, la métaphore n'est pas simplement une belle image : ce que le poète lit dans l'œil de la passante, dans ce ciel bleuâtre et plombé (c'est le sens premier du mot «*livide*»), c'est l'annonce de ce que pourrait être leur rencontre, l'histoire d'une passion orageuse. C'est que la beauté est ambivalente, comme cette passante qui l'incarne : elle transporte, mais elle foudroie. L'emploi du présent intemporel, dans ce récit du passé, indique qu'il s'agit bien là d'effets toujours actuels de la beauté, du programme fatal de l'amour. La femme promet :

« La douceur qui fascine et le plaisir qui tue »

La symétrie du vers traduit cette ambivalence. La douceur émane d'elle ; le plaisir est prêt en lui ; l'une engendre l'autre, et c'est la mort. Les dix premières syllabes du vers expriment l'envoûtement, l'ivresse de l'amour, par le jeu des allitérations (c/sc) et des assonances (-i), et puis, brutalement, deux syllabes courtes (les autres étaient prolongées) mettent un terme à l'enchantement : « *qui tue* ». La beauté tue, même si cette mort peut avoir été désirée (dans « Le désir de peindre », poème en prose, Baudelaire écrit : « *Il y a des femmes qui inspirent l'envie de les vaincre et de jouir d'elles ; mais celle-ci donne le désir de mourir lentement sous son regard* »). Si l'on regarde bien les rimes qui ont précédé, et si l'on se souvient que la rime est toujours un jeu sur le sens et le son, on constatera que cette mort était présente dans les termes qui qualifient cette femme : « *fastueuse* », « *majes-tueuse* », « *sta-tue* »...

Le coup d'œil

« *Un éclair... puis la nuit !* » : ce début évoque bien sûr la rapide apparition/disparition de la passante, dont l'œil, en gros plan, n'a pu être saisi qu'un instant. Mais le sens est plus précis. Comme le confirmera le vers 10, cet « *éclair* » désigne (métaphoriquement) le regard furtif que l'héroïne jette sur celui qui la contemple avec fixité. On assiste là au second acte du « roman » : la passante n'est pas seulement regardée, elle répond au regard par un regard. Cet échange est suggéré avec une remarquable économie de moyens. Un verbe ne s'impose pas. La phrase est aussi brève que le coup d'œil. C'est au lecteur de deviner le sens de la métaphore (hyperbolique) et du contraste éclair/nuit. L'intonation est ici capitale : elle est ascendante pour « *Un éclair...* », descendante pour « *puis la nuit !* ». Les points de suspension suggèrent le temps de l'échange, le point d'exclamation exprime la douleur de sa fin. C'est terminé, la passante est passée. Dans « Le désir de peindre », Baudelaire exprime en des termes proches — mais moins concis — une impression similaire : « *Je brûle de peindre celle qui m'est apparue si rarement et qui a fui si vite [...] Son regard illumine comme l'éclair : c'est une explosion dans les ténèbres.* »

Les réactions secondes

Le tiret que place Baudelaire au milieu du vers 9 est à commenter. Ce n'est pas seulement l'indication d'une pause, c'est l'indice d'un décalage dans le temps. Le récit au passé est achevé. Nous nous trouvons plus tard, l'instant d'après ? le soir même ? Peut-être à l'heure où le poète se remémore l'aventure, s'adresse à son souvenir, écrit, et dédie son poème à cette passante qu'il tutoie, au présent, de façon quasi hallucinatoire. Alors commence la grande interrogation lyrique que son destin lance à celui de cette femme :

> « **— Fugitive beauté**
> **Dont le regard m'a fait soudainement renaître,**
> **Ne te verrai-je plus que dans l'éternité ?** »

Cette phrase, riche de signification et de valeur expressive, est d'abord un appel. Elle s'élance sur deux vers et demi, comme pour porter son cri le plus loin possible, jusqu'à cette inconnue désormais inaccessible. Elle est une question, mais une question qui n'attend pas de réponse : ce serait brusquer les choses, et c'est justement le propre de l'interrogation négative que de ne pas forcer l'autre à répondre. Le tutoiement mérite d'être souligné : alors que Baudelaire parlait de la passante à la troisième personne au moment où il évoquait leur échange visuel, voici qu'il se plaît à dire « *tu* » à l'heure où elle se trouve déjà, si loin de lui. La présence du pronom de la deuxième personne, ici, tend à compenser l'absence de la personne réelle. Nous sommes au cœur de la littérature : les mots ne servent pas seulement à retracer ce qui a eu lieu, ils servent tout autant à faire exister ce qui n'est pas — en l'occurrence, l'intimité du poète et de cette femme.

Ces vers confirment par ailleurs l'ambivalence de la beauté. Il n'est pas inutile de remarquer que le poète qualifie la passante de «*fugitive beauté*» : c'est bien la beauté qu'il a cherchée en elle, et cette beauté idéale, qui n'est pas de ce monde, ne peut être que fugitive (c'est ce qui la rend si attirante, d'ailleurs). Or, cette beauté porte en elle la vie et la mort. Elle fait «*renaître*», elle le fait par un simple regard (c'est là sa puissance magique) ; mais on ne peut vraiment la saisir que «*dans l'éternité*», c'est-à-dire dans l'au-delà qui suit la mort. Corrélativement, cette longue interrogation mêle une certaine espérance à la douleur : bien sûr, il n'y aura plus de rencontre en cette vie, sur cette terre ; mais un espoir demeure, l'espoir de «voir» la beauté, l'éternelle Beauté dans l'éternité future...

A noter enfin que, dans une première publication, le vers 10 présentait la variante suivante :

«Dont le regard m'a fait souvenir et renaître»

Cette indication est peut-être essentielle. Elle fait de la passante la réincarnation d'une femme déjà connue, ou du moins, le tableau vivant d'une beauté déjà rencontrée. C'est un modèle ancien, et sans doute intemporel, que le poète cherche et trouve en elle. Elle vient d'un autre monde, passe, mais y retourne, irrémédiablement.

Le dernier tercet chante précisément l'irrémédiable : l'espoir de revoir la passante s'amenuise tout au long du vers 12 :

«Ailleurs, bien loin d'ici! trop tard! *jamais* peut-être!»

Que des adverbes, des mots-outils ! Mais l'émotion naît de leur disposition : le premier hémistiche décrit l'éloignement dans l'espace ; le second, l'éloignement dans le temps. De plus, chaque groupe a une cadence croissante qui accentue l'effet de fuite dans l'espace (ailleurs/bien loin d'ici !) ou dans le temps (trop tard/jamais peut-être !). Enfin, le vers progresse vers l'impossible (*jamais* est souligné par le choix de l'italique), dont l'explication est immédiatement donnée :

«Car j'ignore où tu fuis, tu ne sais où je vais,»

Parallélisme des destins, parallélisme de la syntaxe — et l'on sait justement que les parallèles ne se rencontrent jamais. Dans cette symétrie étudiée (chiasme des pronoms je/tu//tu/je, similitude des verbes j'ignore/tu ne sais ; tu fuis/je vais), des nuances de sens sont à signaler. Elle fuit : elle sait où elle va ; elle ne le fuit pas (à moins que ce ne soit pour fuir la passion orageuse ?) ; c'est lui qui, dans sa douleur, interprète comme fuite ce rapide éloignement de la femme aimée. «*Je vais*» : le poète, l'extravagant, va au hasard, sans but dans la vie. «*J'ignore*» : ignorer, c'est souffrir d'un manque de savoir. «*Tu ne sais*» : elle ne sait pas, et ne sait même pas qu'elle ne sait pas ; cela ne lui importe pas. Ces nuances expriment la solitude douloureuse dans laquelle, contrairement à la passante, le poète se trouve (et se montre). Les destins se croisent mais ils ne s'équivalent pas : le sien est bien plus lourd — lourd de tout cet amour inemployé qui lui reste sur le cœur :

« Ô toi que j'eusse aimée, ô toi qui le savais ! »

Ce dernier vers, si bien préparé, fait culminer la douleur du bonheur manqué, de la communion à jamais perdue ; et cependant, il conserve quelque chose de secrètement consolateur, cette certitude proclamée qu'il s'est tout de même passé quelque chose entre elle et lui.

Notons d'abord que, par la puissance du vocatif, la présence de la personne aimée emplit toute cette fin. Le pronom personnel, employé d'abord comme complément («te»), puis répété comme sujet («tu»), est ici célébré, doublement invoqué, de telle sorte que, comme on l'a vu, l'intensité d'existence de la passante *dans le poème* est proportionnelle à son éloignement *dans la réalité*.

L'emploi du conditionnel passé deuxième forme («*Ô toi que j'eusse aimée*»), confère à l'expression de l'amour toute sa force d'irréel, et du même coup, lui garde un caractère de merveilleux que ne viendront jamais entacher les aléas d'une concrétisation. Ce qui est trop beau pour être vrai a intérêt à rester irréel pour demeurer idéal. Ainsi, la profonde nostalgie qu'exprime Baudelaire trouve un certain apaisement dans la contemplation même de ce qu'elle manque.

Mais c'est le dernier hémistiche qui donne sa saveur ambiguë à la chute du poème, et lui confère un accomplissement inattendu.

> « ô toi qui le savais ! »

Dans le regard qu'ils ont échangé, le poète a la certitude qu'elle aussi a mesuré l'ampleur de son sentiment et perçu tout ce que donnerait leur union. Emportée par sa course, effrayée peut-être par ce qu'elle avait confusément entrevu, désireuse de ne pas abîmer en la vivant une passion potentielle si parfaite, elle a poursuivi son chemin. D'où le dépit de l'homme (Tu le savais, et tu l'as refusé !). D'où aussi la consolation du poète (Nous avons été « sur la même longueur d'onde », et cela ne pourra jamais ne pas avoir été). Éprouver ensemble ce qu'aurait pu être leur communion, ce fut déjà une communion. Et cette communion s'inscrit... dans le vers lui-même, dans son élan, dans la réciprocité de sa structure (ô toi que/ô toi qui), dans cette irruption soudaine que le poète opère dans le for intérieur de la personne aimée.

ÉLÉMENTS POUR LE COMMENTAIRE COMPOSÉ ET LA LECTURE MÉTHODIQUE

L'étude suivie de ce poème a permis d'explorer la plupart de ses aspects. Le problème que pose le commentaire composé se situe dans l'organisation des éléments de l'explication : il ne faut rien manquer d'essentiel ; il faut disposer la matière dans un ordre progressif, en évitant les recoupements ; il faut enfin réserver pour la fin l'étude de ce qu'il y a de plus original, de plus « baudelairien », dans le poème en question. Le plan suivant nous semble convenir à ces impératifs.

1. Un épisode romanesque

Ce premier point permet de donner le mouvement du texte, tout en commentant l'efficacité avec laquelle le poète mène le récit, du début jusqu'à la fin.

2. L'évocation de la passante

Il s'agit d'étudier le portrait physique et moral de l'héroïne. Mais aussi, de montrer comment se dessine, à travers elle, le modèle idéal de la beauté selon Baudelaire, ses atouts, son ambivalence. Là encore, le poème doit être étudié jusqu'à la fin.

3. Les réactions du poète

Baudelaire est à la fois l'acteur du récit et le poète qui se le remémore en l'écrivant. L'approfondissement de son émotion, de sa vision et de sa technique poétique vont ici de pair. Cette partie doit débanaliser l'épisode, c'est-à-dire montrer comment, à l'occasion d'une simple rencontre, Baudelaire met en œuvre tous les thèmes de son univers personnel.

Ce poème peut faire aussi l'objet d'une explication — d'une lecture méthodique. Les centres d'intérêt à mettre en valeur sont les mêmes que dans le commentaire composé.

Cependant, «A une passante» ne figure pas seulement, sur les listes d'oral, dans la présentation des *Fleurs du Mal*. Le poème est souvent retenu dans un groupement de textes sur le thème de «La rencontre» (fréquent dans la littérature du XIXe siècle) ou encore de «L'idéalisation de la femme». Il s'agit alors d'étudier la variété des textes sur des thèmes analogues, ou de compléter leur étude par d'autres approches. L'approche psychanalytique, par exemple, peut éclairer l'idéalisation de la femme, qui est souvent liée à l'attachement à la mère : en ce qui concerne Baudelaire, dont la mère fut une très jeune veuve adorée par son enfant, on ne manquera pas de voir la relation avec son modèle de beauté féminine, et de s'interroger sur la variante du vers 10 que nous avons citée plus haut où le verbe «*renaître*» est précédé du verbe «*souvenir*»…

Voici, pour finir, l'ode de Gérard de Nerval intitulée «Une allée du Luxembourg» tirée des *Odelettes*, écrite bien avant «A une passante», dont les thèmes (et même les mots) sont très proches du poème de Baudelaire, dans une tonalité cependant très différente :

> « **Elle a passé, la jeune fille**
> **Vive et preste comme un oiseau :**
> **A la main une fleur qui brille,**
> **A la bouche un refrain nouveau.**
>
> **C'est peut-être la seule au monde**
> **Dont le cœur au mien répondrait,**
> **Qui, venant dans ma nuit profonde,**
> **D'un seul regard l'éclaircirait !**
>
> **Mais non, — ma jeunesse est finie…**
> **Adieu, doux rayon qui m'a lui, —**
> **Parfum, jeune fille, harmonie…**
> **Le bonheur passait, — il a fui !** »

CONCLUSION

Une erreur fréquente consiste, en se méprenant sur l'apparente intransitivité du verbe «je buvais», à s'imaginer Baudelaire attablé à la terrasse d'un café, sirotant quelque alcool, et palpant du regard une parisienne particulièrement désirable, tel un vulgaire «dragueur» de la fin du XXe siècle… On aura compris, après l'approfondissement de ce poème, l'énormité d'une telle lecture !

La Passante est d'abord, pour le poète comme pour nous, l'évocation lyrique d'une destinée potentielle, et qui ne sera jamais accomplie. La pensée douloureuse d'une communion possible est naturellement d'autant plus forte pour Baudelaire qu'il ne l'a jamais trouvée dans ses amours réelles.

Mais plus profondément, dans l'univers baudelairien, la

Passante, incarnation passagère de la Beauté, est la messagère du monde idéal, cet ailleurs invisible qu'on ne peut deviner qu'à travers les mystérieuses «correspondances», et qui ne pourra être atteint, s'il existe, «*que dans l'éternité.*»

Cet aspect propre à Baudelaire ne doit pas nous empêcher de le rejoindre : si sa poésie peut nous toucher dans l'expression de *ses* états d'âme, elle n'en doit pas moins, nous faire partager ses interrogations sur les mystères de *notre* monde.

UNE ESTHÉTIQUE DE L'ÉBAUCHE

Dans les notes de l'édition de la Pléiade, Claude Pichois parle, à propos d'«A une passante», d'une «esthétique de l'ébauche, de l'instantané». Il établit aussi un parallèle avec les aquarelles de Constantin Guys pour lesquelles Baudelaire a manifesté son admiration. Les dernières lignes de «Le peintre de la vie moderne», étude consacrée par Baudelaire à ce peintre, montrent que ce rapprochement n'est pas hasardeux : «*Il a cherché partout la beauté passagère, fugace, de la vie présente, le caractère de ce que le lecteur nous a permis d'appeler* **la modernité**. *Souvent bizarre, violent, excessif, mais toujours poétique, il a su concentrer dans ses dessins la saveur amère ou capiteuse du vin de la Vie.*»

Tout en adoptant le cadre relativement contraignant du sonnet, Baudelaire, dans «A une passante», a choisi la technique de l'esquisse qui, par le biais d'une œuvre ouverte, laisse une part de champ libre à l'imagination. Nous sommes déjà dans cette volonté de suggérer plus que de dire qui caractérisera le symbolisme.

LA FEMME HORS DU TEMPS

Baudelaire semble ne jamais vraiment rencontrer la femme dans le présent. Dans «Parfum exotique», rien n'est dit de la femme en dehors de son «*odeur*» qui déclenche immédiatement l'appel des lointains et conduit à évoquer «*le parfum des verts tamariniers*». Même chose pour «La Chevelure» où la femme est cependant évoquée un peu plus concrètement. La chevelure emporte le poète loin de la femme au moment où il se trouve près d'elle. «Harmonie du soir» ne la lui fait rejoindre que dans le souvenir. Dans «L'Invitation au Voyage», le poète lui donne rendez-vous dans un pays trop idéal pour exister. «A une passante» ne lui permet de la saisir... que dans l'irréel. Il y a bien eu une sorte de présent dans le passé (le fugace instant de l'échange des regards), mais qui vaut surtout pour tout le futur qui s'y est adjoint (un futur par rapport à cet instant mais aussi par rapport au temps de l'écriture).

AUTRES TEXTES SUR LE THÈME DE L'APPARITION

• Victor Hugo, *Les Contemplations* (1856), «Autrefois», XXI, *Elle était déchaussée, elle était décoiffée*», poème de 16 vers qui se termine par :

> « **Je vis venir à moi, dans les grands roseaux verts,
> La belle fille heureuse, effarée et sauvage,
> Ses cheveux dans ses yeux, et riant au travers.** »

• Victor Hugo, *Les Quatre Vents de l'esprit* (1881), XXII. Poème daté de 1846. La conclusion est bien plus prosaïque que dans le poème de Baudelaire, mais elle lui aurait sans doute plu car se rattachant au caractère satanique qu'il prête à la femme.

• Dans *L'Éducation sentimentale* (1869) de Flaubert, célèbre passage au début du roman qui relate l'«apparition» («*Ce fut comme une apparition*») de Madame Arnoux aux yeux du héros, Frédéric Moreau. La scène se passe sur un bateau voguant sur la Seine. Le point commun avec Baudelaire est le contraste avec le contexte (dont Flaubert accentue le caractère sordide) et la fulgurance de l'apparition.

• Dans *Le Paysan de Paris* (1926), Louis Aragon revisite la capitale d'un œil neuf, découvrant la poésie d'endroits jusque-là négligés. Le thème de la femme y joue un rôle important.

UN ANGE SAUVAGE LUI ÉTAIT APPARU

James Joyce (1881-1941) est un écrivain irlandais surtout connu pour *Ulysse*. En 1916, il publie *Portrait of the Artist as a Young Man*. Le thème de l'apparition est magnifiquement traité dans les dernières pages du chapitre IV, dont nous ne pouvons citer ici qu'un extrait. On y retrouve l'exaltation et l'idée d'un lien avec le Ciel, mais, à la différence de « A une passante », l'apparition évoquée dans ces pages est tout entière tournée vers le futur.

«Elles était là, seule et tranquille, contemplant la mer; puis lorsqu'elle eut senti la présence de Stephen et son regard d'adoration, ses yeux se tournèrent vers lui, subissant ce regard avec calme, sans honte ni impudeur. Longtemps, longtemps elle le subit ainsi, puis, calme, détourna ses yeux de ceux de Stephen et les abaissa vers le torrent, tout en remuant l'eau de-ci de-là, doucement, du bout de son pied. Le premier clapotis léger de l'eau remuée rompit le silence, doux et léger, et murmurant doux comme les clochettes de sommeil; de-ci de-là... et une rougeur légère palpitait sur sa joue.

— Dieu du ciel! cria l'âme de Stephen dans une explosion de joie sauvage.

Il se détourna brusquement et se mit à fuir à travers la plage. Ses joues brûlaient; son corps était un brasier, un tremblement agitait ses membres. Il courait plus loin, il courait toujours, par-delà les sables, chantant un hymne sauvage à la mer, criant pour saluer l'avènement de la vie dont l'appel venait de l'atteindre.

L'image de la jeune fille était entrée dans son âme à jamais, et cependant nulle parole n'avait rompu le silence sacré de son extase. Ses yeux à elle l'avaient appelé et son âme avait bondi à l'appel. Vivre, errer, tomber, triompher, recréer la vie avec la vie! Un ange sauvage lui était apparu, l'ange de jeunesse et de beauté ambassadeur des cours splendides de la vie, ouvrant devant lui, en un instant d'extase, les barrières de toutes les routes d'erreur et de gloire. En avant! En avant! En avant!

Il s'arrêta soudain et entendit battre son cœur dans le silence.»

La Révolte et la Mort

1. Le Reniement de saint Pierre.
2. Le Voyage.

1
LE RENIEMENT
DE SAINT PIERRE

Le Reniement de saint Pierre

Qu'est-ce que Dieu fait donc de ce flot d'anathèmes
Qui monte tous les jours vers ses chers Séraphins ?
Comme un tyran gorgé de viande et de vins,
4 Il s'endort au doux bruit de nos affreux blasphèmes.

Les sanglots des martyrs et des suppliciés
Sont une symphonie enivrante sans doute,
Puisque, malgré le sang que leur volupté coûte,
8 Les cieux ne s'en sont point encore rassasiés !

— Ah ! Jésus, souviens-toi du Jardin des Olives !
Dans ta simplicité tu priais à genoux
Celui qui dans son ciel riait au bruit des clous
12 Que d'ignobles bourreaux plantaient dans tes chairs vives,

Lorsque tu vis cracher sur ta divinité
La crapule du corps de garde et des cuisines,
Et lorsque tu sentis s'enfoncer les épines
16 Dans ton crâne où vivait l'immense Humanité ;

Quand de ton corps brisé la pesanteur horrible
Allongeait tes deux bras distendus, que ton sang
Et ta sueur coulaient de ton front pâlissant,
20 Quand tu fus devant tous posé comme une cible,

Rêvais-tu de ces jours si brillants et si beaux
Où tu vins pour remplir l'éternelle promesse,
Où tu foulais, monté sur une douce ânesse,
Des chemins tout jonchés de fleurs et de rameaux,

Où, le cœur tout gonflé d'espoir et de vaillance,
Tu fouettais tous ces vils marchands à tour de bras,
Où tu fus maître enfin ? Le remords n'a-t-il pas
Pénétré dans ton flanc plus avant que la lance ?

— Certes, je sortirai, quant à moi, satisfait
D'un monde où l'action n'est pas la sœur du rêve ;
Puissé-je user du glaive et périr par le glaive !
Saint Pierre a renié Jésus... il a bien fait !

CONDITIONS DE PUBLICATION

« Le Reniement de saint Pierre » est publié pour la première fois en octobre 1852 dans la *Revue de Paris*.

On retrouve ce texte dans les trois éditions des *Fleurs du Mal* ; en 1857, en 1861 et dans l'édition posthume de 1868.

Dans ces trois éditions, ce poème est le premier des trois textes qui constituent la partie intitulée « Révolte ». Les deux autres textes sont, dans l'ordre, « Abel et Caïn » et « Les Litanies de Satan ». Ces titres, à eux seuls, montrent la parenté qui existe entre les trois poèmes de « Révolte ».

La mère de Baudelaire va tenter de faire supprimer ce texte de l'édition posthume. Asselineau, ami de Baudelaire qui s'est chargé de cette édition, refuse catégoriquement et menace d'abandonner le projet. Madame Aupick, veuve Baudelaire, doit s'incliner. Elle n'est pas vraiment sensible à la menace de démission, mais à une phrase de la lettre d'Asselineau : « *Charles n'est pas là pour se défendre.* »

En 1852 (nous sommes au début du second Empire), la religion joue encore un rôle important sur le plan social et politique. De ce fait, la parution de ce texte dans la *Revue de Paris* faillit entraîner des poursuites. Dans l'édition de 1857, Baudelaire mettra au-dessous du titre du chapitre (« Révolte ») une note que Claude Pichois appelle une « note-paratonnerre ». Baudelaire se repentira par la suite d'avoir introduit cette note dont nous donnons le texte intégral page 238.

La présence de cette note n'empêcha pas l'accusation (le « Ministère public » qui a la charge de défendre la société), au cours du procès, de demander la condamnation de ce poème jugé blasphématoire. Mais le tribunal n'obtempéra pas et « Le Reniement de saint Pierre » ne fait donc pas partie des pièces condamnées.

LE RENIEMENT DE SAINT PIERRE

Le thème de la révolte contre Dieu fait partie de la tradition romantique. Nerval, Vigny, d'autres encore l'ont développé. Il s'agissait à la fois de protester contre l'existence d'un monde où règnent la souffrance et le mal, dont le Créateur est jugé responsable, et de s'insurger contre la morale chrétienne dominante en défiant sa foi fondamentale.

Cet aspect provocateur, mais risqué, ne manqua pas d'inspirer Baudelaire. Il en est si conscient que, dans l'édition de 1857, il fait précéder le chapitre « Révolte » d'un avertissement où il semble curieusement s'excuser d'avoir pris le parti de la « fureur » anti-chrétienne, par nécessité de traiter à fond la thématique des *Fleurs du Mal* :

> « **Fidèle à son douloureux programme, écrit-il, l'auteur des *Fleurs du Mal* a dû, en parfait comédien, façonner son esprit à tous les sophismes comme à toutes les corruptions. Cette déclaration candide n'empêchera pas sans doute les critiques honnêtes de le ranger parmi les théologiens de la populace et de l'accuser d'avoir regretté pour notre Sauveur Jésus-Christ, pour la Victime éternelle et volontaire, le rôle d'un conquérant, d'un Attila égalitaire et dévastateur. Plus d'un adressera sans doute au ciel les actions de grâces habituelles du Pharisien : "Merci, mon Dieu, qui n'avez pas permis que je fusse semblable à ce poète infâme." »**

Autocensure ? Ou nouvelle provocation ?

Cette note, destinée à s'abriter des censeurs religieux, mais aussi à éviter une interprétation trop « politique » du « Reniement de saint Pierre », montre que Baudelaire savait ce qu'il faisait : un poème de révolte, non de révolution ; un cri sans doute blasphématoire, mais qui allait au-delà du blasphème.

La place du poème dans l'architecture des *Fleurs du Mal* nous indique en effet son sens profond dans la démarche du poète : l'ultime tentative pour échapper à l'Ennui d'un monde déserté par l'Idéal est justement la Révolte — révolte sociale, révolte métaphysique, révolte contre soi-même —, révolte après laquelle il n'y aura plus que l'aspi-

Le Reniement de saint Pierre / 239

ration à la Mort (et non l'action révolutionnaire!). «Le Reniement de saint Pierre» va donc bien plus loin qu'une simple provocation où, pour choquer les bien-pensants, un jeune poète affecte de prendre le parti d'un renégat.

MOUVEMENT DU TEXTE

Le texte est articulé en deux temps :

— évocation de Dieu puis de son fils (7 premières strophes) ;

— leçon tirée par l'auteur de cette évocation (huitième et dernière strophe).

Dans l'évocation correspondant aux sept premières strophes, il faut distinguer :

— les quatrains 1 et 2 qui mettent en scène un Dieu-tyran ;

— les cinq quatrains qui suivent, lesquels décrivent, en opposition à l'indifférence du Père, les malheurs et l'échec final de Jésus : le ton passe insensiblement de la méditation apitoyée à l'interrogation, puis à l'accusation.

Le dernier quatrain, qui met brutalement fin à cette évocation et en tire la leçon, est en quelque sorte «le reniement de Baudelaire». Le caractère soudain et rapide de cette «leçon» lui donne toute sa force.

Mais la composition du texte ne se limite pas à l'ordre des thèmes qui sont successivement traités. Au fil du poème, Baudelaire enchaîne une série de tableaux, à la façon d'un peintre illustrant chaque sujet, chaque épisode évoqué, par une peinture religieuse.

Après la représentation du Dieu cruel, on assiste à un défilé d'épisodes de la vie du Christ, comme dans un chemin de Croix — même si les tableaux ne suivent pas l'ordre chronologique et ne se limitent pas à la Passion : on a ainsi la scène de la prière sur le mont des Oliviers, la crucifixion,

240 / *La Révolte et la Mort*

l'humiliation de la couronne d'épines, la souffrance sur la Croix, l'évocation du jour des Rameaux, l'épisode des marchands du Temple, le coup de lance dans le flanc (voir encadré page 242).

Dans cette série de tableaux, on note évidemment les contrastes que le poète organise intentionnellement entre le Dieu cruel et le Christ fraternel, entre les scènes heureuses de la vie de Jésus (vers 21 à 26) et le spectacle de ses longues souffrances.

Un troisième fil directeur ordonne ces évocations : c'est le vaste mouvement *oratoire* qui entraîne le tout, et nous montre la personne du poète retentissant sans cesse aux scènes qu'il peint. Il est d'abord présent par l'ironie, dans les deux premiers quatrains. Puis, par l'apostrophe adressée à Jésus (« *Ah ! Jésus* »), par la pitié indissociable des évocations réalistes qui suivent, par le long questionnement (aux anaphores marquées) qui précède l'accusation directe (« *Le remords n'a-t-il pas* »), le poète se montre méditant à voix haute, avec ferveur et impatience, sur l'histoire du Christ : dire « *tu* » avec cette force, c'est faire entendre implicitement l'intensité de présence du « je ».

Enfin, dans la dernière strophe, Baudelaire intervient délibérément sur un ton faussement tranquille, mais réellement désespéré, opposant à l'exemple du Christ le parti pris du « quant à moi ».

Ainsi, ce poème n'apparaît pas comme une simple suite de tableaux évocateurs, ni même comme une réflexion ordonnée, mais beaucoup plus comme une chaude protestation, le cri d'un idéaliste contre son propre idéal, une *parole* qui clame.

Ces trois aspects du « Reniement de saint Pierre » pourraient être développés sous la forme du commentaire composé. Il suffira, pour les étoffer, de puiser dans l'étude suivie du poème, à laquelle nous nous consacrons maintenant.

ÉTUDE SUIVIE

Révolte contre Dieu

Pour commencer, Dieu est sourd, tellement sourd que les «*affreux blasphèmes*» dérangent à peine sa sieste perpétuelle :

> « Qu'est-ce que Dieu fait donc de ce flot d'anathèmes
> Qui monte tous les jours vers ses chers Séraphins ?
> Comme un tyran gorgé de viande et de vins,
> Il s'endort au doux bruit de nos affreux blasphèmes. »

En principe, ce sont les impies qui blasphèment et les prêtres qui lancent des anathèmes contre les hérétiques : le Dieu décrit ici est tellement injuste, immoral, qu'il mérite les blasphèmes *et* les anathèmes que les hommes ont droit de jeter à la face de sa Divinité. Mais il s'en moque. Baudelaire souligne le contraste : d'un côté, un «*flot d'anathèmes qui monte*» (l'enjambement du vers 2 et le ton ascendant de la question traduisent cette clameur qui s'élève) ; de l'autre, un tyran solitaire, repu, qui s'adonne à des satisfactions uniquement charnelles («*viande et vins*» — on note l'allitération en -v et la diérèse sur vi-ande — contrastant à la rime avec «*affreux blasphèmes*»).

On se demande ce que viennent faire les «*Séraphins*», ces Anges de première catégorie, auprès d'un dieu aussi bestial. Mais cela s'explique par la cinglante ironie du texte. Il n'y a pas d'accent d'ironie, en français ; aussi l'auteur doit-il faire saisir, **par le contraste** (entre ce que devrait être Dieu et ce qu'il est) le ton acerbe de sa raillerie («*Qu'est-ce que Dieu fait **donc** ?*» / «*Il s'endort*» ; «*ses **chers** Séraphins ?*» / «*Un tyran gorgé*» ; «*Il s'endort au **doux** bruit / de nos **affreux** blasphèmes*»). Ce quatrième vers, au déroulement régulier, joue lui-même d'une subtile opposition entre la tranquillité du ton et l'ironie du sens.

Dieu n'est pas seulement indifférent à la révolte des hommes : il en savoure la musique, sans doute assourdie par la distance de la Terre aux Cieux.

ÉPISODES DE LA VIE DU CHRIST

Pour bien suivre «Le Reniement de saint Pierre», rappelons ici, *dans l'ordre chronologique*, quelques moments de la vie du Christ.

Le premier épisode auquel il est fait allusion est celui du jour des Rameaux (vers 22-24) : Jésus, monté sur un ânon ou une ânesse, entre à Jérusalem acclamé par la foule. Des branches d'arbres jonchent le chemin (**Évangile selon Matthieu**, XXI, 6-10). Il est reconnu comme «prophète», il vient remplir «l'éternelle promesse».

L'épisode des marchands du Temple suit immédiatement. Jésus les chasse en disant : «Il est écrit : *Ma maison sera une maison de prière*, et vous, vous en faites une caverne de voleurs!» (**Matthieu**, XXI, 12-13).

Viennent alors les divers épisodes de la Passion du Christ. Ce sont :

— La méditation au jardin des Oliviers (vers 9-10) : en songeant à son proche sacrifice, Jésus entre en agonie; il transpire des gouttes de sang (**Luc**, XXII, 44).

— L'arrestation de Jésus, au cours de cette méditation; Pierre sort son épée pour défendre le Christ; celui-ci se laisse arrêter et dit à Pierre de ranger cette épée : «Ceux qui prennent le glaive périront par le glaive» (**Matthieu**, XXVI, 51-52).

— Le reniement de Pierre : pendant que le Christ est prisonnier et interrogé, des domestiques accusent Pierre de faire partie des compagnons de Jésus de Nazareth. Par trois fois, Pierre déclare ne pas connaître Jésus. C'est le fameux «reniement de saint Pierre», que ce dernier regrettera aussitôt (**Matthieu**, XXVI, 69-75).

— Avant d'être mis en croix, Jésus est maltraité : on crache sur lui, on le couvre d'une couronne d'épines pour ironiser sur sa prétendue royauté (vers 13-16; **Matthieu**, XXVII, 28-30). Il y aura ensuite la crucifixion proprement dite (on ne parle vraiment des clous qu'une fois le Christ ressuscité, quand il montre ses mains et ses pieds à Thomas, **Jean**, XX, 26-28); puis la mort sur la croix (vers 17-20). Des soldats viennent enfin, après la mort du Christ, pour enlever les cadavres des crucifiés de leurs croix : l'un

> d'eux perce le côté du Christ d'un coup de lance (vers 27-28; **Jean**, XIX, 32-34). A noter que le texte de Baudelaire donne l'impression que Jésus est encore vivant quand est donné ce coup de lance.
>
> Ajoutons pour conclure que les disciples du Christ crurent d'abord qu'il venait sauver Israël *politiquement*; ils n'avaient pas bien compris que son «Royaume» n'était pas «de ce monde». D'où leur désarroi (**Luc**, XXIV, 21).

Mais Dieu fait mieux (adoptons, pour commenter, l'ironie du texte lui-même) : il se nourrit de la souffrance humaine, semblable aux antiques Baals. Le sang des hommes est la volupté des cieux :

> « **Les sanglots des martyrs et des suppliciés**
> **Sont une symphonie enivrante sans doute,**
> **Puisque, malgré le sang que leur volupté coûte,**
> **Les cieux ne s'en sont point encore rassasiés !** »

La cruauté de Dieu éclate dans le fait qu'il s'enivre surtout des sanglots de *ses propres fidèles* : les martyrs, les suppliciés, qui n'ont pas voulu renier leur foi.

Peut-être Baudelaire ironise-t-il indirectement sur la candeur de croyants qui se sacrifient à un tel monstre. En tout cas, le ton, toujours oratoire (sans doute / puisque / malgré), frise maintenant l'indignation, tant l'écart est grand entre la douleur humaine et la volupté divine :

sanglots		symphonie
martyrs		enivrante
suppliciés	s'opposent à	volupté
sang		rassasiés

Cet écart fait l'objet d'une série de contrastes qui continuent de nourrir le registre de l'ironie (entre les vers 1 et 2 ; à l'intérieur du vers 3 ; entre le vers 4 et les trois qui précèdent).

On note en particulier l'opposition des mots à la rime : «*suppliciés*» (avec diérèse expressive) et «*rassasiés*» (suivi d'un point d'exclamation, d'indignation). Les cieux sont d'insatiables buveurs de sang, et sans doute l'allitération du dernier vers souligne-t-elle cette soif sans fin d'un embonpoint sans limites :

> « Les cieux ne s'en sont point encore rassasiés ! »

Pitié pour Jésus

L'ironie indignée à l'encontre de Dieu se mue en pitié à l'égard de Jésus, que Baudelaire décrit comme la Victime par excellence du Dieu sanguinaire, le martyr parmi les martyrs. Du même coup, on passe de la troisième personne (Dieu / Il / Les cieux) à la proximité de la seconde ; le poète tutoie le Christ comme un frère, il le rejoint dans ses souffrances :

> « — Ah! Jésus, souviens-toi du Jardin des Olives !
> Dans ta simplicité tu priais à genoux
> Celui qui dans son ciel riait au bruit des clous
> Que d'ignobles bourreaux plantaient dans tes chairs vives, »

Première scène de la vie du Christ : l'agonie au mont des Oliviers ; Jésus prie, croit en son Père, accepte de s'offrir à Dieu en sacrifice pour sauver le monde. Baudelaire s'exclame fraternellement, souligne les vertus du Christ (« simplicité », prière), nomme Jésus par son nom (abondance du tutoiement : toi / ta / tu).

Mais c'est pour mieux condamner Dieu que le poète rejoint le Christ : on saute en effet sans transition à un épisode ultérieur, au clouage réaliste de la crucifixion, cependant qu'en arrière-plan, dans les hauteurs, se fait entendre :

> « Celui qui dans son ciel riait au bruit des clous »

La logique de l'imaginaire de Baudelaire ne suit pas la chronologie des épisodes (on va revenir en arrière dans la strophe suivante) : il part de la scène du Christ à l'agonie, scène *capitale* ; et, de là, en *surimpression*, les tableaux de la souffrance s'enchaînent, comme s'ils étaient les nécessaires connotations du simple nom « *Jésus* ».

Cette dynamique de l'image permet d'accentuer le réalisme des évocations, non seulement par leur surimpression, mais

Le Reniement de saint Pierre / 245

par l'effet du rythme et des sonorités : ainsi, les hiatus (et la prédominance du son -i) soulignent sans doute le rire aigu et incessant de Dieu (vers 10 et 11), tandis que l'enjambement (vers 11 et 12) insiste sur le long travail d'enfoncement des clous dans les chairs :

> « Dans ta simplicité tu priais à genoux
> Celui qui dans son ciel riait au bruit des clous
> Que d'ignobles bourreaux plantaient dans tes chairs vives, »

Ce dernier vers, aux termes expressifs (plantaient / chairs vives), n'est-il pas le plus long du poème ?

Au tableau des douleurs physiques succède celui des souffrances morales. Le Christ est malmené, humilié, en tant que Divinité certes, mais aussi comme héros de l'Humanité :

> « Lorsque tu vis cracher sur ta divinité
> La crapule du corps de garde et des cuisines,
> Et lorsque tu sentis s'enfoncer les épines
> Dans ton crâne où vivait l'immense Humanité ; »

Pour bien faire sentir l'horreur, l'incongruité d'un tel traitement, Baudelaire continue d'opposer les mots et les images. On « *crache* » sur une « *divinité* », avec laquelle contraste à nouveau « *la crapule* » : grandeur du Seigneur, bassesse de l'homme. De même, au crâne humilié par la couronne d'épines (dérision de puissance) s'oppose la noblesse de l'esprit humain contenu par ce crâne, où vit « *l'immense Humanité"* ».

Il est notable que le poète mette une majuscule à « *Humanité* », alors que le mot « *divinité* » n'en a pas : pour Baudelaire, Jésus est beaucoup moins l'envoyé de Dieu (dont on a vu la cruauté) que le sauveur du genre humain. Il est lui-même la parfaite illustration de ce que peut être l'Homme pleinement humain. Or, les hommes tels qu'ils sont se montrent totalement indignes de l'idéal humain, du rêve humaniste, que propose et incarne Jésus. Quelle dérision !

Baudelaire cette fois, en rejoignant Jésus, se révolte contre la bassesse des hommes et prépare l'accusation de la fin du poème (comment donc Jésus a-t-il pu avoir la naïveté de croire un instant à l'Humanité?!).

Cette scène d'outrages au Christ est traitée avec réalisme. Aux contrastes soulignés plus haut s'ajoute le travail du rythme et des sonorités. Ainsi, pour souligner le désagrément et la vulgarité des insultes de la populace, Baudelaire désarticule le deuxième vers, brisant le rythme habituel avec césure à l'hémistiche :

> « La crapule du corps de garde et des cuisines, »

On ne peut même pas prononcer ce vers comme un trimètre; seule ressort la lourde allitération produite par les gutturales (cra / cor / gar / cui). De même, la pénétration des épines dans la chair est suggérée par l'allitération en -s du troisième vers, tandis que l'enjambement qui suit immédiatement ouvre la perspective sur l'image de la véritable nature du cerveau du Christ, sa grandeur d'esprit totalisant l'Humanité :

> « Et lorsque tu sentis s'enfoncer les épines
> Dans ton crâne où vivait l'immense Humanité ; »

Le point-virgule qui clôt ce quatrain achève la première phase de la méditation de Baudelaire sur un Christ fraternel. Sa pitié ne se tait pas à cet endroit : le quatrain qui suit poursuit l'évocation apitoyée des souffrances de Jésus. Mais ici s'ouvre une seconde phrase — une seconde phase — où le poète va peu à peu prendre ses distances et interroger le Christ sur le sens de son action.

Questions et accusation

Une double période oratoire anime en effet les strophes 5, 6 et 7. D'abord, une triple subordonnée temporelle (marquée par les anaphores « *Quand* [...] *Que* [...] *Quand* ») décrit la situation du Christ sur la Croix : le poète demeure dans la compassion; puis la principale (« *Rêvais-tu* ») introduit la question majeure : le Christ n'a-t-il pas constaté et regretté son erreur? Suivent alors, toujours de façon anaphorique,

LE RENIEMENT DE SAINT PIERRE EN V.O.

Nous citons ci-dessous le texte relatif au reniement de saint Pierre tel qu'on peut le lire dans l'Évangile selon saint Matthieu (XXVI, 69-75). Il en existe d'autres versions dues à d'autres apôtres (Marc, Luc, Jean).

En XXVI, 30-35, le Christ a annoncé à Pierre qu'il le trahirait. Jésus est ensuite arrêté pour être conduit devant le Grand Prêtre et le Sanhédrin (tribunal religieux dans l'ancienne Palestine). Pierre le suit pour savoir comment tout cela finira. Continuant à se proclamer le fils de Dieu, Jésus est accusé de blasphème, giflé; on lui crache au visage. Vient ensuite l'épisode du reniement de Pierre (pas encore saint à l'époque, mais seulement l'un des apôtres du Christ).

> **« Or Pierre était assis dehors dans la cour. Une servante s'approcha de lui en disant: "Toi aussi, tu étais avec Jésus le Galiléen!" Mais il nia devant tout le monde, en disant: "Je ne sais pas ce que tu veux dire."**
>
> **Comme il s'en allait vers le portail, un autre le vit et dit à ceux qui étaient là: "Celui-ci était avec Jésus le Nazaréen." De nouveau, il nia avec serment: "Je ne connais pas cet homme!"**
>
> **Peu après, ceux qui étaient là s'approchèrent et dirent à Pierre: "À coup sûr, toi aussi tu es des leurs! Et puis ton accent te trahit."**
>
> **Alors il se mit à jurer avec des imprécations: "Je ne connais pas cet homme!" Et aussitôt un coq chanta. Et Pierre se rappela la parole que Jésus avait dite: "Avant que le coq chante, tu m'auras renié trois fois." Il sortit et pleura amèrement. »**

Jésus est ensuite conduit devant le gouverneur romain, Ponce Pilate, qui, sous la pression de la foule, mais en s'en lavant les mains, accepte de le laisser crucifier.

les scènes rétrospectives de ses succès passés : c'est la seconde période oratoire (où tu vins / où tu foulais / où tu fouettais / où tu fus maître), dont le ton ascendant est d'autant plus cruel qu'elle est supposée méditée par un homme vaincu. Cette première grande question fait alors place à l'accusation définitive (« *Le remords n'a-t-il pas ?* ») : Jésus ne doit pas seulement regretter son échec, il doit s'en sentir *coupable*.

D'abord, le tableau réaliste du Christ en Croix :

> **« Quand de ton corps brisé la pesanteur horrible**
> **Allongeait tes deux bras distendus, que ton sang**
> **Et ta sueur coulaient de ton front pâlissant,**
> **Quand tu fus devant tous posé comme une cible, »**

Baudelaire reste proche de la victime. Il se souvient peut-être d'avoir comparé la souffrance du Christ à celle du poète (dans « Bénédiction », le poète parle de sa « *couronne mystique* »), et la risée des hommes devant la « *cible* » christique rappelle sans doute l'attitude symbolique des marins en face de l'Albatros. D'où le réalisme de l'évocation, qu'on retrouve dans le choix de termes expressifs (corps brisé / pesanteur / bras distendus / sang et sueur), mais surtout dans le rythme et les sonorités.

On remarque l'enjambement des deux premiers vers, dont l'effet prolonge l'élongation sans fin du corps tiré vers le bas par son propre poids — effet d'autant plus volontaire que le second vers lui-même organise un enjambement interne du premier hémistiche sur le second :

> **« Quand de ton corps brisé la pesanteur horrible**
> **Allongeait tes deux bras distendus, »**

Aussitôt, nouvel enjambement du second vers sur le troisième : il s'agit cette fois d'évoquer l'écoulement lent du sang et de la sueur sur le visage du Christ en gros plan, le tout relevé d'une allitération en -s.

> **« [...], que ton sang**
> **Et ta sueur coulaient de ton front pâlissant, »**

La dernière image, culminante, pose le Christ *devant tous*. Il est seul, donc il est «*cible*» : mise en relief de la fatale méchanceté de la foule.

Mais ce n'est pas sur elle que s'interroge Baudelaire, c'est sur la leçon qu'aurait pu ou dû tirer Jésus de son histoire. «*Rêvais-tu?*» Le verbe a son double sens de nostalgie et de réflexion : le Christ a pu se remémorer ses triomphes avec regret ; mais il doit surtout méditer sur ce qui lui est arrivé, avec réalisme. En attendant, le poète se plaît à peindre les épisodes heureux de ses débuts :

> « **Rêvais-tu de ces jours si brillants et si beaux**
> **Où tu vins pour remplir l'éternelle promesse,**
> **Où tu foulais, monté sur une douce ânesse,**
> **Des chemins tout jonchés de fleurs et de rameaux,** »

Temps d'espérance, rythme tranquille : les deux premiers vers sont accentués toutes les trois syllabes ; le troisième met en relief l'image traditionnelle du Christ pénétrant le jour des rameaux dans Jérusalem (déplacement calculé de la césure) ; le quatrième exprime l'abondance printanière de cette entrée (petite allitération <u>ch</u>emins / jon<u>ch</u>és : le lecteur en a la bouche emplie).

L'ensemble de cette strophe contraste évidemment avec les terribles peintures qui précèdent : les mots n'expriment que douceur, lumière, espoir, printemps éternel, mission proche d'être accomplie.

Le ton se durcit pourtant dès le début du septième quatrain, non seulement parce que l'anaphore implique une gradation sonore, mais surtout parce que l'image du Christ lui-même s'anime : l'homme paisible s'emporte, devient homme d'action en chassant les marchands, dispose enfin du pouvoir :

> « **Où, le cœur tout gonflé d'espoir et de vaillance,**
> **Tu fouettais tous ces vils marchands à tour de bras,**
> **Où tu fus maître enfin?** »

L'interrogation fait brutalement contraster la position de l'homme vaincu et celle de l'homme d'action. Fidèle à son réalisme, Baudelaire accorde le rythme du vers à l'image évoquée. Onze syllabes d'un seul tenant suffisent à rendre l'enthousiasme et la vigueur du Christ empli de sa mission («*le cœur tout gonflé d'espoir et de vaillance*»). Un vers composé de trois tronçons inégaux tente de reproduire le mouvement du fouet :

> «Tu fouettais / tous ces vils marchands / à tour de bras,»

Un seul hémistiche alors, culminant, fait éclater l'interrogation du poète : «*Où tu fus maître enfin ?*». Comment, disposant de ce pouvoir, le Christ a-t-il pu se laisser sacrifier ? Alors, l'interrogation se mue en accusation. Une accusation qui s'étend sur un vers et demi, régulièrement accentué, mais d'une progression imperturbable que marquent l'allitération et l'assonance (-p et -an) :

> « [...] Le remords n'a-t-il pas
> Pénétré dans ton flanc plus avant que la lance ? »

A l'image de la lance, le remords eût dû être *lancinant*... Remords d'avoir cru aux hommes, remords de leur avoir fait confiance, remords de n'avoir pas estimé l'être humain à sa juste valeur : celle d'un animal qui ne comprend que la force. C'est l'idéalisme même du christianisme que Baudelaire met en question ici : ainsi s'explique-t-on la logique de son reniement.

Le reniement de Baudelaire

Un long tiret interrompt le défilé des épisodes et les émotions qu'ils inspirent. Ce temps de silence permet au poète de choisir et de composer l'attitude qui lui semble s'imposer. A son tour d'entrer en scène :

> « — Certes, je sortirai, quant à moi, satisfait
> D'un monde où l'action n'est pas la sœur du rêve ;
> Puissè-je user du glaive et périr par le glaive !
> Saint Pierre a renié Jésus... il a bien fait ! »

Le mouvement continue d'être oratoire (Certes / quant à moi / Puissè-je) ; c'est toujours une *parole* qu'on entend à travers ce texte écrit ; mais le ton est volontairement (faussement ?) détaché. Après les anaphores et questions pressantes directement adressées au Christ, le poète reprend souffle, accumule les pauses respiratoires :

> « — / Certes /, je sortirai /, quant à moi /, satisfait /
> D'un monde / où l'acti-on / n'est pas la sœur du rêve ; »

Le détachement du ton correspond évidemment au détachement qu'affecte Baudelaire à l'égard de Jésus (il va en parler à la troisième personne, mais il le nomme encore *«Jésus»*) ; comment ne pas se détacher d'un «Sauveur» dont l'échec prouve qu'il ne mérite pas d'être suivi ? Comment adhérer à son rêve, comment croire à son action, comment a-t-on pu imaginer qu'il réussirait à les fondre l'un dans l'autre ? Jésus est tout simplement un grand Rêveur qui s'est fourvoyé dans l'action.

Mais en disant cela, bien sûr, Baudelaire parle de lui-même. Jésus paye de sa mort son erreur d'appréciation sur les hommes. Le poète, quant à lui, préfère choisir délibérément de sortir de ce monde : *l'action n'est pas la sœur du rêve !* Voilà le scandale ! Voilà la terrible réalité dont le poète ne se consolera jamais. Sous le cynisme apparent, tranquille, par lequel il se détache de Jésus, c'est son propre idéalisme qu'il condamne, suicidairement. Le vers qui suit ne laisse pas de doute :

> «Puissè-je user du glaive et périr par le glaive!»

«*Puissè-je ?*» ; certes, mais je ne peux pas ! Cette hypothèse n'est qu'une autre voie pour mourir (conforme au proverbe énoncé par le Christ) : Baudelaire n'envisage l'action que «*pour y périr*», alors qu'un authentique homme d'action n'userait de l'épée que pour abattre ses adversaires.

Ainsi, qu'il prenne le parti du rêve ou celui de l'action, le poète n'a pas prise sur le monde ; simplement, il le sait, alors que le Christ se faisait encore quelques dangereuses illusions à ce sujet — dangereuses pour les naïfs qui voulaient croire en lui. D'où la saine attitude de saint Pierre :

> «Saint Pierre a renié Jésus... il a bien fait!»

Ce dernier vers, longuement préparé, apporte une sorte de

conclusion théâtrale au poème. Baudelaire veut choquer en prenant le parti, honni par la tradition, du renégat — celui qui abandonne son chef par poltronnerie personnelle. La lecture lente des huit premières syllabes (il ne faut pas manquer la diérèse sur «*reni-é*»), l'attente produite par les points de suspension, font ressortir le cri impertinent du poète («*il a bien fait!*») comme un petit coup de théâtre.

Blasphème! s'écrient ceux qui prennent cette fin au premier degré; mais la tonalité du poème, les précautions prises par l'auteur dans sa présentation (voir le début de notre explication), l'analogie faite par Baudelaire dans d'autres poèmes entre la figure du Poète et celle du Christ ne nous laissent pas de doute.

Pour l'auteur, certes, saint Pierre «*a bien fait*» dans la logique matérialiste du monde tel qu'il est; mais justement, Baudelaire ne se sent pas de ce monde; il a voulu s'inscrire du côté de l'Idéal; hélas, celui-ci, irréalisable, hors d'atteinte, mérite-t-il d'être encore rêvé? Ne vaut-il pas mieux fuir dans la mort?

CONCLUSION

Ainsi, c'est surtout lui-même que Baudelaire renie dans ce poème. Sa révolte est en effet totale:

• Dans un premier temps, il se révolte contre l'idée de Dieu; il prend provisoirement le parti des hommes contre le Créateur et le monde que celui-ci a commis.

• Dans un deuxième temps, il se révolte contre la bassesse et la cruauté des hommes: il prend le parti du Christ, grand humaniste venu annoncer un idéal de fraternité, mais payé en retour par l'ingratitude des foules et le sadisme des peuples.

• Dans un troisième temps, il se révolte contre le Christ en personne, contre son idéalisme trompeur et voué à l'échec, en semblant adopter le parti du réalisme politique pour lequel la trahison n'est qu'un moyen d'action parmi d'autres; mais en vérité, derrière l'apparence du cynisme blasphématoire, c'est contre lui-même, contre ce qu'il y a de meilleur en lui-même, le « Rêve », que Baudelaire se révolte alors. Le cynisme n'est ici que de l'idéalisme dépité.

Ainsi, sous l'éclat oratoire, c'est le désespoir qui triomphe dans ce poème. La Révolte totale (contre Dieu, contre l'Homme, contre le Moi idéal) ne peut aboutir qu'au souhait de la Mort. Et c'est précisément le titre de la dernière partie des *Fleurs du Mal*.

Pour bien apprécier cette évolution, il n'est pas inutile de citer ici la dernière strophe des « Phares », où le poète présentait la souffrance comme marque de dignité des hommes, et offrande adressée à Dieu :

> « Car c'est vraiment, Seigneur, le meilleur témoignage
> Que nous puissions donner de notre dignité
> Que cet ardent sanglot qui roule d'âge en âge
> Et vient mourir au bord de votre éternité ! »

PLAN DE COMMENTAIRE COMPOSÉ (ou de lecture méthodique)

Nous ne donnons ici que les grandes lignes puisqu'il suffit de puiser les matériaux dans l'étude suivie.

L'exposé de caractère synthétique pourra s'articuler en trois parties :

1. LE FONCTIONNEMENT DU TEXTE.
2. LA RÉVOLTE.
3. LE RENIEMENT DE SOI.

1. Le fonctionnement du texte

Il paraît indispensable, dans un premier temps, de montrer et d'expliciter l'articulation du texte comme nous l'avons fait plus haut dans la rubrique « Le mouvement du texte ».

Ce poème est en effet trop complexe pour que cela puisse être fait dans l'introduction.

2. La révolte

Cette révolte sera étudiée dans les trois unités de sens que nous avons dégagées (le Dieu-tyran / Jésus / « *Quant à moi* »).

— Le Dieu-tyran : étude en particulier de l'ironie et de tout ce qui sert à renforcer le sentiment d'une situation scandaleuse.

— Jésus : contraste entre la souffrance évoquée d'une manière très réaliste et les moments de bonheur remémorés par le Christ afin de mieux amener la question finale.

Ne pas oublier bien sûr la mise en relation entre ces deux analyses.

Cette seconde partie, qui comprend la révolte contre Jésus, permet déjà de faire ressortir l'originalité de Baudelaire sur un thème traditionnel à son époque (voir page suivante).

3. Le reniement de soi

C'est surtout dans cette dernière partie, cependant, que Baudelaire manifeste l'attitude la plus personnelle. Préparée durant tout le poème, celle-ci éclate vraiment dans la dernière strophe. Les éléments que nous avons rassemblés sous le titre « Le reniement de Baudelaire » trouveront ici leur place. Il est vrai que la dernière partie du commentaire composé coïncide ici avec l'étude suivie de la fin du texte ; mais cela est inévitable puisqu'un commentaire doit progresser vers la mise en valeur de la part la plus profonde, la plus originale d'un texte, et que celle-ci se manifeste justement à la fin d'un poème. Un tel cas n'est pas rare.

LA RÉVOLTE CONTRE DIEU

La révolte contre Dieu n'est pas un thème neuf et l'originalité de Baudelaire n'est pas dans le choix du thème, mais dans la façon de le traiter. Dans la recherche des sources, on pourrait remonter jusqu'à la Bible où l'on voit Job, un juste accablé par Dieu de tous les malheurs, se plaindre et interroger le Créateur sur un ton proche de la révolte.

Le thème du Dieu méchant apparaît au XVIIIe siècle chez un poète anglais (Young) et chez un poète allemand (Jean-Claude Richter) dont un poème, paru sous le titre « Le Songe » dans *De l'Allemagne*, avait inspiré Vigny et Nerval. Lamartine traite aussi de ce thème dans « Le Désespoir », un poème des *Méditations* (1820). On notera la parenté de la strophe qui suit avec le poème de Baudelaire :

> « **Montez donc vers le ciel, montez, encens qu'il aime,**
> **Soupirs, gémissements, larmes, sanglots, blasphèmes,**
> **Plaisirs, concerts divins !**
> **Cris du sang, voix des morts, plaintes inextinguibles,**
> **Montez, allez frapper les voûtes insensibles**
> **Du palais des destins !** »

« *Quel crime avons-nous fait pour mériter de naître ?* » interroge Lamartine.

Ce thème de la souffrance inutile joue aussi un rôle important chez un romancier russe contemporain de Baudelaire : Dostoïevski. Un personnage de son roman *Les Frères Karamazov* refuse de s'incliner devant le Créateur d'un monde où l'on torture des enfants. Le même problème est évoqué dans *La Peste* de Camus.

Pourquoi une souffrance que rien ne justifie et qu'il est risible de présenter comme la punition d'une faute ? Problème insoluble qu'Épicure avait parfaitement posé il y a vingt-cinq siècles : ou bien Dieu est parfait, mais il n'est pas bon ; ou bien il est bon, mais il n'est pas parfait puisqu'il n'a pas la puissance d'empêcher le mal.

Stendhal, lui, tirait la conclusion dans une formule lapidaire que lui enviait Nietzsche : « *La seule excuse de Dieu, c'est qu'il n'existe pas.* »

2

LE VOYAGE

Le Voyage

I

Pour l'enfant, amoureux de cartes et d'estampes,
L'univers est égal à son vaste appétit.
Ah! que le monde est grand à la clarté des lampes!
4 Aux yeux du souvenir que le monde est petit!

Un matin nous partons, le cerveau plein de flamme,
Le cœur gros de rancune et de désirs amers,
Et nous allons, suivant le rythme de la lame,
8 Berçant notre infini sur le fini des mers :

Les uns, joyeux de fuir une patrie infâme;
D'autres, l'horreur de leurs berceaux, et quelques-uns,
Astrologues noyés dans les yeux d'une femme,
12 La Circé tyrannique aux dangereux parfums.

Pour n'être pas changés en bêtes, ils s'enivrent
D'espace et de lumière et de cieux embrasés;
La glace qui les mord, les soleils qui les cuivrent,
16 Effacent lentement la marque des baisers.

Mais les vrais voyageurs sont ceux-là seuls qui partent
Pour partir; cœurs légers, semblables aux ballons,
De leur fatalité jamais ils ne s'écartent,
20 Et, sans savoir pourquoi, disent toujours : Allons!

Ceux-là dont les désirs ont la forme des nues,
Et qui rêvent, ainsi qu'un conscrit le canon,
De vastes voluptés, changeantes, inconnues,
Et dont l'esprit humain n'a jamais su le nom!

II

Nous imitons, horreur! la toupie et la boule
Dans leur valse et leurs bonds; même dans nos sommeils
La Curiosité nous tourmente et nous roule,
Comme un Ange cruel qui fouette des soleils.

Singulière fortune où le but se déplace,
Et, n'étant nulle part, peut être n'importe où!
Où l'Homme, dont jamais l'espérance n'est lasse,
Pour trouver le repos court toujours comme un fou!

Notre âme est un trois-mâts cherchant son Icarie;
Une voix retentit sur le pont: «Ouvre l'œil!»
Une voix de la hune, ardente et folle, crie:
«Amour… gloire… bonheur!» Enfer! c'est un écueil!

Chaque îlot signalé par l'homme de vigie
Est un Eldorado promis par le Destin;
L'Imagination qui dresse son orgie
Ne trouve qu'un récif aux clartés du matin.

Ô le pauvre amoureux des pays chimériques!
Faut-il le mettre aux fers, le jeter à la mer,
Ce matelot ivrogne, inventeur d'Amériques
Dont le mirage rend le gouffre plus amer?

Tel le vieux vagabond, piétinant dans la boue,
Rêve, le nez en l'air, de brillants paradis;
Son œil ensorcelé découvre une Capoue
Partout où la chandelle illumine un taudis.

III

Étonnants voyageurs! quelles nobles histoires
Nous lisons dans vos yeux profonds comme les mers!
Montrez-nous les écrins de vos riches mémoires,
Ces bijoux merveilleux, faits d'astres et d'éthers.

Nous voulons voyager sans vapeur et sans voile !
Faites, pour égayer l'ennui de nos prisons,
Passer sur nos esprits, tendus comme une toile,
56 Vos souvenirs avec leurs cadres d'horizons.

Dites, qu'avez-vous vu ?

IV

« Nous avons vu des astres
Et des flots ; nous avons vu des sables aussi ;
Et, malgré bien des chocs et d'imprévus désastres,
60 Nous nous sommes souvent ennuyés, comme ici.

« La gloire du soleil sur la mer violette,
La gloire des cités dans le soleil couchant,
Allumaient dans nos cœurs une ardeur inquiète
64 De plonger dans un ciel au reflet alléchant.

« Les plus riches cités, les plus grands paysages,
Jamais ne contenaient l'attrait mystérieux
De ceux que le hasard fait avec les nuages.
68 Et toujours le désir nous rendait soucieux !

« — La jouissance ajoute au désir de la force.
Désir, vieil arbre à qui le plaisir sert d'engrais,
Cependant que grossit et durcit ton écorce,
72 Tes branches veulent voir le soleil de plus près !

« Grandiras-tu toujours, grand arbre plus vivace
Que le cyprès ? — Pourtant nous avons, avec soin,
Cueilli quelques croquis pour votre album vorace,
76 Frères qui trouvez beau tout ce qui vient de loin !

« Nous avons salué des idoles à trompe ;
Des trônes constellés de joyaux lumineux ;
Des palais ouvragés dont la féerique pompe
80 Serait pour vos banquiers un rêve ruineux ;

« Des costumes qui sont pour les yeux une ivresse ;
Des femmes dont les dents et les ongles sont teints,
Et des jongleurs savants que le serpent caresse. »

V

Et puis, et puis encore ?

VI

« Ô cerveaux enfantins !

« Pour ne pas oublier la chose capitale,
Nous avons vu partout, et sans l'avoir cherché,
Du haut jusques en bas de l'échelle fatale,
Le spectacle ennuyeux de l'immortel péché :

« La femme, esclave vile, orgueilleuse et stupide,
Sans rire s'adorant et s'aimant sans dégoût ;
L'homme, tyran goulu, paillard, dur et cupide,
Esclave de l'esclave et ruisseau dans l'égout ;

« Le bourreau qui jouit, le martyr qui sanglote ;
La fête qu'assaisonne et parfume le sang ;
Le poison du pouvoir énervant le despote,
Et le peuple amoureux du fouet abrutissant ;

« Plusieurs religions semblables à la nôtre,
Toutes escaladant le ciel ; la Sainteté,
Comme en un lit de plume un délicat se vautre,
Dans les clous et le crin cherchant la volupté ;

« L'Humanité bavarde, ivre de son génie,
Et, folle maintenant comme elle était jadis,
Criant à Dieu, dans sa furibonde agonie :
"Ô mon semblable, ô mon maître, je te maudis !"

« Et les moins sots, hardis amants de la Démence,
Fuyant le grand troupeau parqué par le Destin,
Et se réfugiant dans l'opium immense !
— Tel est du globe entier l'éternel bulletin. »

VII

Amer savoir, celui qu'on tire du voyage !
Le monde, monotone et petit, aujourd'hui,
Hier, demain, toujours, nous fait voir notre image :
Une oasis d'horreur dans un désert d'ennui !

Faut-il partir ? rester ? Si tu peux rester, reste ;
Pars, s'il le faut. L'un court, et l'autre se tapit
Pour tromper l'ennemi vigilant et funeste,
Le Temps ! Il est, hélas ! des coureurs sans répit,

Comme le Juif errant et comme les apôtres,
À qui rien ne suffit, ni wagon ni vaisseau,
Pour fuir ce rétiaire infâme ; il en est d'autres
Qui savent le tuer sans quitter leur berceau.

Lorsque enfin il mettra le pied sur notre échine,
Nous pourrons espérer et crier : En avant !
De même qu'autrefois nous partions pour la Chine,
Les yeux fixés au large et les cheveux au vent,

Nous nous embarquerons sur la mer des Ténèbres
Avec le cœur joyeux d'un jeune passager.
Entendez-vous ces voix, charmantes et funèbres,
Qui chantent : « Par ici ! vous qui voulez manger

« Le Lotus parfumé ! c'est ici qu'on vendange
Les fruits miraculeux dont votre cœur a faim ;
Venez vous enivrer de la douceur étrange
De cette après-midi qui n'a jamais de fin ? »

À l'accent familier nous devinons le spectre ;
Nos Pylades là-bas tendent leurs bras vers nous.
« Pour rafraîchir ton cœur nage vers ton Électre ! »
Dit celle dont jadis nous baisions les genoux.

VIII

Ô Mort, vieux capitaine, il est temps ! levons l'ancre !
Ce pays nous ennuie, ô Mort ! Appareillons !
Si le ciel et la mer sont noirs comme de l'encre,
Nos cœurs que tu connais sont remplis de rayons !

Verse-nous ton poison pour qu'il nous réconforte !
Nous voulons, tant ce feu nous brûle le cerveau,
Plonger au fond du gouffre, Enfer ou Ciel, qu'importe ?
Au fond de l'Inconnu pour trouver du *nouveau* !

CONDITIONS DE PUBLICATION

Paru en 1859 dans la *Revue française*, « Le Voyage » est donc absent de la première édition des *Fleurs du Mal* (1857). Il est le dernier poème dans la seconde édition (1861), c'est-à-dire la dernière faite sous la responsabilité de Baudelaire.

Le poème comporte une dédicace à Maxime du Camp, écrivain qui fut aussi un ami de Flaubert. Du Camp venait de publier un livre dans lequel il exprimait l'idée que ses nombreux voyages n'avaient jamais réussi à mettre un terme à sa mélancolie.

Le poème est écrit à Honfleur où la mère de Baudelaire possédait une maison. La mort du général Aupick en 1857, juste avant la parution des *Fleurs du Mal*, avait rendu possibles les visites de Charles à sa mère. En 1859, il s'y rend, ce qui lui permet de travailler tout en fuyant les créanciers parisiens. Baudelaire, à en croire une lettre à son éditeur, avait d'abord intitulé son poème « Les Voyageurs ».

VARIANTES

Le nombre des parties a augmenté entre la première et la dernière version. De nombreuses variantes, mais qui ne modifient pas l'économie de l'ensemble. Pour plus de détails, se reporter à l'édition de la Pléiade.

VOCABULAIRE

Il n'existe pas vraiment de problèmes de vocabulaire. Mais les références culturelles, claires pour les contemporains de Baudelaire, demandent aujourd'hui quelques explications.

Vers 12-16 (**Circé**) : Circé est un personnage de l'*Odyssée* d'Homère. Celle-ci changea les compagnons d'Ulysse en porcs. Ulysse, se faisant aimer d'elle, l'amena à briser le sortilège et ses compagnons purent reprendre forme humaine.

Vers 33 (**Icarie**) : le mot fait sans doute allusion au livre de

Cabet, *Voyage en Icarie* (1840), qui évoque un pays imaginaire, un pays heureux grâce à une organisation socialiste.

Vers 38 (**Eldorado**) : autre pays imaginaire où, comme le nom du pays le fait pressentir, les richesses abondent.

Vers 47 (**Capoue**) : ville d'Italie, dans la région de Naples, connue dans l'Antiquité pour son luxe et sa douceur de vivre.

Vers 129 (**Le Lotus parfumé**) : autre allusion à l'*Odyssée*. Chez les Lotophages (mangeurs de lotus), les compagnons d'Ulysse sont drogués. Baudelaire semble se référer à un poème de Tennysson sur la question.

Vers 134 (**Pylade**) et 135 (**Électre**) : il s'agit encore de personnages de l'antiquité grecque : Pylade est un héros grec, ami d'Oreste, qui va aider Oreste à venger son père et qui épousera sa sœur Électre. Électre contribuera elle aussi à la vengeance du père. Quelques allusions à ce couple dans *Les Paradis artificiels* montrent qu'il se rattache, d'une façon pas complètement élucidée, à la mythologie personnelle de l'auteur. Électre y apparaît comme une consolatrice. On imagine combien Baudelaire devait être sensible à ce thème de la vengeance du père.

PRÉSENTATION ET RÉSUMÉ

« Le Voyage » est un poème cher aux yeux de Baudelaire. Il était particulièrement heureux de l'avoir écrit. Il l'a placé à la fin des *Fleurs du Mal*, comme une sorte de récapitulatif de son message : les grands thèmes de son œuvre défilent devant nous. Il nous livre son dernier mot, le sens final de la philosophie : la seule vraie évasion, le seul voyage qui en vaille la peine est la Mort. Non pas la mort comme simple remède au mal de vivre, mais comme issue permettant — qui sait ? — de déboucher enfin sur du « *nouveau* », sur l'Inconnu, sur l'Infini auquel ne cesse d'aspirer le poète.

De ce long poème, nous n'expliquerons que la sixième partie, où Baudelaire dresse un tableau révolté du monde, véritable règlement de comptes envers l'homme, la femme, la

Le Voyage / 263

société, l'humanité, qui explique l'intense désir final de s'évader dans la Mort. Pour bien saisir cette diatribe dans son contexte, nous commencerons par retracer le mouvement d'ensemble du poème, vaste méditation critique sur ce faux voyage qu'est la vie.

Vers 1-24

L'homme ne cesse d'aspirer au voyage, en quête d'infini. Les uns cherchent surtout à fuir leur réalité immédiate (le pays, la femme tyrannique) pour s'enivrer d'autres espaces dans d'autres climats. Les autres partent pour partir, à la recherche d'ils ne savent quoi, portés par le rêve et le désir de l'inconnu.

Vers 25-48

Où qu'il aille, l'homme a le sentiment que ce qu'il recherchait est ailleurs : le but poursuivi se déplace parallèlement au voyageur. Son imagination lui fait des mirages de ce qui est lointain ; il espère l'amour, la gloire, le bonheur ; il ne rencontre que des écueils. Il piétine dans la boue en rêvant de paradis.

Vers 49-57

Pour en avoir le cœur net, et nous distraire du quotidien, interrogeons tout de même l'expérience des voyageurs. Ce qu'ils ont vu nous fera voyager par la pensée.

Vers 57-84

Les voyageurs répondent. Ils évoquent les glorieux spectacles qu'ils ont contemplés, les riches cités, les pays féeriques, les hommes d'outre-mer. Mais cela n'a pu contenter leurs désirs, car le cœur humain demeure insatiable.

Vers 84-108

Or, derrière les splendeurs apparentes des autres pays, c'est le mal et le malheur humain qui règnent, «*le spectacle ennuyeux de l'immortel péché*». Les voyageurs se font un plaisir de brosser, pour les «*cerveaux enfantins*» qui osent encore rêver de voyage, un tableau implacable de la condition humaine et de l'empire du Mal en ce monde.

Vers 109-136

Que faire alors, si la terre n'est qu'«*une oasis d'horreur dans un désert d'ennui*»? C'est sans importance. Qu'on voyage, qu'on reste sur place, on est toujours poursuivi, et rattrapé, par notre ennemi héréditaire : le Temps. Il nous embarquera, quoi qu'il arrive, sur «*la mer des Ténèbres*». Mais est-ce vraiment un mal? Les voix de l'au-delà, les défunts que nous avons aimés, ne nous appellent-ils pas?

Vers 137-144

N'hésitons donc plus. La Mort seule nous fera quitter ce monde d'ennui. Il est temps, il nous faut

> « **Plonger au fond du gouffre, Enfer ou Ciel, qu'importe?**
> **Au fond de l'Inconnu pour trouver du *nouveau*!** »

Ainsi s'achève, non seulement le mouvement du poème, mais le grand parcours spirituel qu'ont représenté *Les Fleurs du Mal*.

Notre étude détaillée porte sur la sixième partie de ce poème. Cette partie comporte un hémistiche qui complète le seul hémistiche de la partie V et six quatrains. Nous en reproduisons le texte pour faciliter l'étude.

VI

                    « Ô cerveaux enfantins !

« Pour ne pas oublier la chose capitale,
  Nous avons vu partout, et sans l'avoir cherché,
  De haut jusques en bas de l'échelle fatale,
88 Le spectacle ennuyeux de l'immortel péché :

« La femme, esclave vile, orgueilleuse et stupide,
  Sans rire s'adorant et s'aimant sans dégoût ;
  L'homme, tyran goulu, paillard, dur et cupide,
92 Esclave de l'esclave et ruisseau dans l'égout ;

« Le bourreau qui jouit, le martyr qui sanglote ;
  La fête qu'assaisonne et parfume le sang ;
  Le poison du pouvoir énervant le despote,
96 Et le peuple amoureux du fouet abrutissant ;

« Plusieurs religions semblables à la nôtre,
  Toutes escaladant le ciel ; la Sainteté,
  Comme en un lit de plume un délicat se vautre,
100 Dans les clous et le crin cherchant la volupté ;

« L'Humanité bavarde, ivre de son génie,
  Et, folle maintenant comme elle était jadis,
  Criant à Dieu, dans sa furibonde agonie :
104 "Ô mon semblable, ô mon maître, je te maudis !"

« Et les moins sots, hardis amants de la Démence,
  Fuyant le grand troupeau parqué par le Destin,
  Et se réfugiant dans l'opium immense !
108 — Tel est du globe entier l'éternel bulletin. »

LE CHIASME

Le chiasme (du grec *Khiasma* = «croisement») est une figure de rhétorique consistant à entrecroiser des termes semblables pour obtenir un effet de symétrie, de forme ABBA :

Il faut manger pour vivre, et non vivre pour manger
    A   B   B   A

Le chiasme, au niveau du sens, met en forme une antithèse ; mais les antithèses, en général, se contentent de mettre en parallèle les termes qui s'opposent. Dans le chiasme, il y a un effet de symétrie volontaire, ajoutant un contraste formel (pour l'œil) à l'opposition sémantique (pour l'idée). On a par exemple une simple antithèse dans le vers suivant du «Voyage» :

«Le bourreau qui jouit, le martyr qui sanglote ;»

Les termes qui s'opposent restent en effet en parallèle, deux à deux (bourreau/martyr ; jouit/sanglote). En revanche, Victor Hugo, décrivant la puissance de la Mort qui change tout en son contraire, réalise un chiasme parfait en écrivant :

« [la Mort] changeait en désert Babylone,
Le trône en échafaud et l'échafaud en trône. »

Les deux mutations, inverses l'une de l'autre, sont ici remarquablement traduites par la symétrie des mots.

A partir de ce modèle original, où ce sont les *mêmes* mots qui sont repris en miroir, le chiasme pourra entrecroiser simplement des termes de même nature *grammaticale* :

Substantif Adjectif   Adjectif Substantif
«Valse mélancolique et langoureux vertige!»

Ou encore : Substantif   Verbe   Verbe Substantif
«La fête qu'assaisonne et parfume le sang ;»

De même, l'effet de symétrie visuelle ne sera pas toujours au service d'une antithèse caractérisée ; il pourra simplement renforcer l'idée dominante par l'impression de plénitude que donne sa structure, et produire une sorte d'*effet de totalité* cumulant des thèmes divers ou regroupant les aspects ambivalents d'une même réalité :

«Le spectacle ennuyeux de l'immortel péché ;»
(absolu du péché et de sa désolation)
«Sans rire s'adorant et s'aimant sans dégoût ;»
(la femme narcissique, pleinement subjuguée par sa propre image)

C'est toujours l'effet de symétrie qui permet de reconnaître le chiasme. Un texte *architecturé* donne une impression de discours incontestable, la beauté de la structure faisant croire à la vérité de son contenu.

LE RÉQUISITOIRE :
UNE ARGUMENTATION SERRÉE

Dans ces six quatrains, après l'apostrophe du vers 84, Baudelaire récapitule, avec une rare intensité, les critiques qu'il adresse au genre humain. Ces critiques sont à suivre, argument par argument, si l'on veut bien saisir la précision de la pensée.

La première strophe annonce le thème essentiel, «*la chose capitale*» : c'est le *péché*. Un péché sans Dieu (les vers 97-104 confirment), car l'homme vit le Mal en soi. Un péché universel : aucune classe sociale n'y échappe. Un péché ennuyeux : l'homme en tire plus de peine que de plaisir ; aucun plaisir ne vaut sans doute ce que l'homme renie pour l'obtenir ; le péché, c'est l'Ennui.

Le second quatrain tente d'aller au fond des choses, c'est-à-dire d'explorer la nature humaine dans ses deux versions : la féminine et la masculine. En même temps, il traite des rapports de l'une avec l'autre. La femme est avant tout narcissique : elle ose s'aimer «*sans dégoût*» ; or, elle se caractérise par le double désir de soumettre («*orgueilleuse*») et d'être soumise («*esclave*»). L'homme, symétriquement, est avant tout égoïste («*dur et cupide*») ; il pousse à l'extrême l'ambivalence humaine, puisque son désir de pouvoir va jusqu'à la tyrannie, tandis qu'en réalité il est encore plus docile que la femme («*esclave de l'esclave*»). L'une est un «*égout*», l'autre est son «*ruisseau*», le beau couple que voilà !

La troisième strophe élargit la critique aux rapports sociaux. Ce n'est pas seulement l'injustice, c'est la cruauté qui règne : l'ordre social n'est fait que de victimes et de bourreaux. Pire : les puissants adorent humer le sang des victimes, tandis que les opprimés se complaisent dans leur oppression. Les peuples aiment le fouet ! (Ces vers visent peut-être le règne de Napoléon III : le peuple, en ratifiant le coup d'État, a semblé renier les aspirations de la Révolution de 1848. Baudelaire avait écrit : «*Le 2 décembre m'a physiquement dépolitiqué*»).

Le quatrième quatrain s'attaque aux religions. Loin d'exprimer de pures aspirations spirituelles, elle ne sont que l'expression de l'orgueil humain prétendant «*escalader le ciel*» (le mot «*ciel*» n'a pas de majuscule). Leur nombre même ruine la prétention de chacune à détenir la vérité. Quant à la Sainteté, elle n'est que l'expression d'un désir pervers de souffrance, d'une secrète recherche de volupté dans la douleur : cela se nomme le *masochisme*. Freud n'est pas loin...

Généralisant sa critique à l'Humanité même, Baudelaire ironise dans la cinquième strophe sur le mythe du progrès. L'homme n'est pas fier, mais «*ivre de son génie*»; or, cela ne l'empêche pas de se comporter aussi follement qu'autrefois. Il tente de se faire Dieu, à la place du Dieu qu'il avait inventé à son image. Dans sa prétention à se diviniser elle-même, l'Humanité est à la fois follement orgueilleuse, follement révoltée et follement suicidaire. Sa croyance en un Progrès dû à son génie est délirante et mortifère ; ce n'est qu'un sursaut furibond contre le règne de la Mort.

A cette folie rationnelle, Baudelaire oppose alors le choix de la Démence recherchée pour elle-même : il est finalement moins déraisonnable, «*moins sot*», de recourir au Rêve, de fuir un «réel» fait de violence et de douleur dans un «irréel» délirant provoqué par l'opium. Cette dernière strophe ne dit pas que l'attitude de drogué soit bonne en soi : elle n'est qu'un délire *parmi d'autres*, un mal moins nocif que celui que répandent les fanatiques du progrès.

LE RÉQUISITOIRE : L'IMPLACABILITÉ DU DISCOURS

Une thématique aussi radicale, aussi pessimiste, pourrait faire sourire ou rendre sceptique le lecteur modéré. Aussi Baudelaire ne se contente-t-il pas d'énoncer ces idées telles quelles : il les ramasse, il les fait sonner de façon très oratoire, il leur donne une facture *implacable*. L'homme de la tonalité tendre, intimiste (« *Sois sage, ô ma Douleur* », « *Mon enfant, ma sœur, Songe à la douceur* », « *Contemple-les, mon âme* »), sait aussi, à l'occasion, accuser, se montrer intraitable, user de la terreur verbale.

Pour produire ces effets et entraîner l'auditeur, le poète use d'un certain nombre de moyens d'expression :

• Il s'agit d'abord de l'abondance et du caractère péremptoire des qualificatifs. Le quatrain sur l'homme et sur la femme est éloquent à ce sujet : sept adjectifs, tous accentués, portent un jugement sans appel sur la nature humaine : « *vile* », « *orgueilleuse* », « *stupide* », « *goulu* », « *paillard* », « *dur* », « *cupide* ». Même accablement pour l'Humanité : « *bavarde* », « *ivre* », « *folle* », « *furibonde* ».

• La force des métaphores ajoute à ces qualifications l'effet d'incontestabilité du discours. Réduction du rapport homme/femme à l'image d'un « *ruisseau dans l'égout* ». Sang humain assimilé à un « *assaisonnement* » des plaisirs de l'homme. Religions ridiculisées en étant dépeintes comme « *escaladant* » le ciel. Analogie entre le jouisseur dans son « *lit de plume* » et le saint « *dans les clous et le crin cherchant la volupté* ». Personnification de l'Humanité vociférant contre Dieu. Puis, animalisation des hommes assimilés à « *un grand troupeau parqué par le Destin* ».

• Ces images, ces qualifications sont amplifiées, dans le tableau d'ensemble, par l'expression de l'absolu : Baudelaire entend décrire l'homme de tous les temps et de tous les lieux. Il s'agit de la « *chose **capitale*** », et c'est « ***l'immortel** péché* » ; ce qu'il rapporte du monde est un « ***éternel** bulletin* » ; l'Humanité est folle « ***maintenant** comme elle l'était **jadis*** ». Ceci est valable « ***partout*** », pour le « ***globe** entier* », et précisément « ***du haut jusques en bas** de l'échelle* ». L'emploi fréquent du participe présent confirme le caractère définitif d'actions humaines se répétant sans cesse, dans une sorte d'éternel présent.

• Pour donner à son tableau toute sa dimension, le poète use abondamment de la symétrie. Plus le tableau semble en effet *structuré*, plus il *paraît* « vrai », ou du moins convaincant. D'où les effets antithétiques : la femme / l'homme (symétrie des vers 89-90 et 91-92, qui traduit l'éternelle guerre des sexes); le bourreau / le martyr (vers 93); le despote sadique / le peuple masochiste (vers 95-96). A quoi il faut ajouter les fréquents chiasmes, qui donnent aux vers un caractère d'alliage parfait, de densité achevée, qu'on ne peut mettre en question. C'est la formule du vers 88 :

« Le spectacle ennuyeux de l'immortel péché : »

C'est l'image de la femme narcissique (les deux hémistiches sont comme les reflets l'un de l'autre, dans un miroir) :

« Sans rire s'adorant et s'aimant sans dégoût ; »

C'est l'association du plaisir et de la souffrance, qui se mêlent dans le sadomasochisme humain :

« La fête qu'assaisonne et parfume le sang ; »

• Bien entendu, toute cette éloquence est servie par le rythme et les sonorités des vers. La prosodie des alexandrins marque de ses accents le caractère implacable, irrépressible et donc irréfutable, du discours. Les reprises des mêmes sons, si légères soient-elles, tissent une architecture sonore qui fait bloc. Voici quelques extraits dont nous soulignons les accents et les sons qui se répètent. Les chiffres correspondent aux groupements syllabiques.

Accents :

$$2 \quad 4 \quad 3 \quad 3$$

« La femme, esclave vile, orgueilleuse et stupide, »

Pour le second groupe du vers ci-dessus, il faut évidemment compter : es / cla / ve / vil' /

Le Voyage / 271

Assonances (an) et allitérations (r) :

« Sans rire s'adorant et s'aimant sans dégoût ; »
(2, 4, 3, 3)

Assonances en « o » et « i » :

« Le bourreau qui jouit, le martyr qui sanglote ; »
(3, 3, 3, 3)

Allitérations (« p » et « v ») et assonances (o) :

« Le poison du pouvoir énervant le despote, »
(3, 3, 3, 3)

A ces effets s'ajoute le déplacement de la césure :

Trimètres :

« Ô mon semblable, // ô mon maître, // je te maudis ! »
(4, 4, 4)

Allitérations (d) et assonances (an) :

« Et les moins sots, // hardis amants / de la Démence, »
(4, 4, 4)

Assonances (an) et rime intérieure (par) :

« Fuyant le grand troupeau parqué par le Destin, »
(2, 4, 2, 4)

A ces effets s'ajoute un effet d'extension produit par les deux diérèses :

Diérèse sur réfugi-ant et opi-um :

« Et se réfugi-ant dans l'opi-um immense ! »
(6, 4, 2)

Rien n'est laissé au hasard, dans une telle prosodie. Les coupes mettent en relief les mots, soulignant les effets de symétrie ou d'opposition de leurs sens; les rappels de sonorités ne cessent d'entremêler le fil des sons avec le fil des sens, de manière à imprégner de leur tissage indistinct l'auditeur ou le lecteur de ces vers. Nous ne les avons distingués ici, par l'analyse, que pour mieux montrer la complexité savante de leur fusion. On ne sera pas étonné que, même dans l'absolu du désespoir, Baudelaire recherche une sorte de plénitude formelle : c'est l'effort même de sa tentative esthétique, se consoler ou se guérir du Mal par sa transmutation en Beauté.

Quand l'un des deux auteurs écrit à son collègue

Cet extrait de courrier concerne le vers « *Sans rire s'adorant et s'aimant sans dégoût* ». L'un des auteurs ayant proposé le découpage :

$$\underbrace{\text{Sans / ri}}_{2} \,/\, \underbrace{\text{re / s'a / do / rant}}_{4} \,//\, \underbrace{\text{et / s'ai / mant}}_{3} \,/\, \underbrace{\text{sans / dé / goût}}_{3}$$

son collègue lui fait remarquer qu'il trouve bizarre le découpage des premières syllabes. D'où cette réponse qui vous montrera qu'il peut exister une marge de choix en ce domaine.

« Mon découpage "bizarre" que vous signalez "*sans ri* / $\overset{2}{\frown}$

$\overset{4}{\frown}$
re s'adorant" s'explique par le fait que *je découpe d'après le son plutôt que d'après le sens*. Les accents toniques étant sur le *ri* et le *rant*, ce sont eux qui servent à scander le vers.

sans ri / re s'adorant /

Il est vrai que c'est un peu artificiel et qu'on peut tout aussi bien couper

$\overset{3}{\frown}$ $\overset{3}{\frown}$

sans rire / s'adorant

(en ne marquant qu'à peine la prononciation du *e* muet). Dans ce cas, on aurait un vers de type 3/3/3/3.

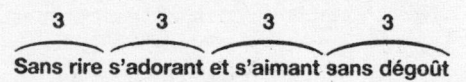

```
    3         3          3            3
┌───────┐ ┌────────┐ ┌────────┐ ┌──────────┐
Sans rire s'adorant et s'aimant sans dégoût
```

Je vous laisse le choix. »

Le même problème s'est posé à propos du vers « *Tu marches sur des morts, Beauté, dont tu te moques,* ». Ce vers est découpé ainsi :

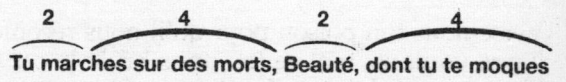

```
   2              4            2             4
┌──────┐ ┌──────────────┐ ┌─────────┐ ┌──────────────┐
Tu marches sur des morts, Beauté, dont tu te moques
```

A l'objection selon laquelle, il serait possible de couper 3/3/2/4, la réponse est la suivante.

« C'est toujours le même problème que celui évoqué dans la lettre précédente : *je découpe d'après le rythme et non d'après le sens*, et, de ce point de vue, ce sont les accents toniques qui me paraissent décisifs. Ce que l'on entend, c'est :

/ pa DAM / padapa DAM / pa DAM / padapa DAM /

Tu mar / ches sur des morts / Beauté / dont tu te moques /

L'allitération (mar / mor / moqu) fait ressortir encore ces trois syllabes accentuées. Pour qu'il y ait un découpage 3/3, au début du vers, il faudrait que le "e" muet de « *marches* » soit accentué : "Tu marches / sur des morts / ..." ce qui donne une prononciation artificielle. »

A noter que l'auteur qui coupe en fonction de l'accentuation joue du piano et que celui qui coupe le vers d'une manière plus intellectuelle n'a jamais été capable d'apprendre les premiers rudiments du solfège.

L'ULTIME ESPÉRANCE

VIII

Ô Mort, vieux capitaine, il est temps ! levons l'ancre !
Ce pays nous ennuie, ô Mort ! Appareillons !
Si le ciel et la mer sont noirs comme de l'encre,
140 Nos cœurs que tu connais sont remplis de rayons !

Verse-nous ton poison pour qu'il nous réconforte !
Nous voulons, tant ce feu nous brûle le cerveau,
Plonger au fond du gouffre, Enfer ou Ciel, qu'importe ?
144 Au fond de l'Inconnu pour trouver du *nouveau* !

Les deux dernières strophes du poème sont évidemment la suite logique de ce terrible réquisitoire contre le monde des hommes et contre la vie ici-bas, dont le Destin semble responsable plus que l'Humanité elle-même. Aucun voyage terrestre ne permettant de trouver l'autre monde dont rêve le poète, celui-ci ne peut plus qu'appeler la Mort.

Cet appel à la Mort est traditionnel, lorsque l'Homme n'en peut plus de souffrir. L'originalité de Baudelaire est d'aspirer à un nouveau voyage spirituel, et non au seul soulagement de cesser de vivre. La Mort est un capitaine, non une consolatrice.

Ce voyage intérieur semble au départ lumineux : si la mer et le ciel réels sont «*noirs comme de l'encre*», les cœurs du poète et de ses semblables (Baudelaire dit «*nous*») sont «*remplis de rayons*». L'aspiration aux lumières d'un autre monde est déjà une lumière en elle-même, un «*feu*» qui «*brûle le cerveau*» (vers 139-142).

Mais la fin du voyage demeure très ambiguë : c'est une plongée plus qu'une élévation (quel contraste avec l'élan spirituel qui anime l'un des premiers poèmes des *Fleurs du Mal*, qui a précisément pour titre « Élévation »).

Le poète qui a toujours été hanté par l'horreur du gouffre accepte de plonger au fond d'un gouffre, tant la vie terrestre lui est devenue insupportable. Il ne sait pas même ce qu'il y trouvera ; et puisqu'il s'agit d'une plongée au fond d'un gouffre, on peut supposer que l'Enfer y règne avec plus de probabilités que le Ciel...

Bref, cette espérance ultime, ce voyage final, ressemblent plus à une fuite définitive, à un suicide spirituel, qu'à une aspiration positive à un ciel inconnu, où le poète puisse contempler les beautés d'un art toujours « *nouveau* ».

CONCLUSION

Au terme de ce dernier poème, dont la fin rappelle l'aspiration finale de l'« Hymne à la Beauté », le « douloureux programme » des *Fleurs du Mal*, ce grand mouvement de désespoir, est achevé. Baudelaire a tout dit.

Le salut pour le poète ne peut se situer en ce monde. Il est dans l'aspiration à un monde idéal, irréalisable ici-bas, même si l'on en décèle des signes épars et ambigus.

Ce monde spirituel en lequel le poète désire s'évader a paru se trouver dans l'Amour et dans l'Art. Mais la femme est décevante, et la Beauté ambivalente. Le monde spirituel ne peut être qu'un autre monde, dans un au-delà hypothétique.

La tâche du poète, en attendant, est de tenter de percevoir les indices de ce monde mystérieux, d'en saisir le Rêve par la magie des mots. Il y parvient parfois ; il réussit dans ses meilleurs vers à capter et transmettre quelques reflets, quelques « correspondances » passagères de ce monde surnaturel.

Mais le plus souvent, il échoue. Quelques merveilleux poèmes d'amour idéal n'empêchent pas l'échec des amours réelles. L'Art lui-même a ses limites, et c'est encore avec l'énergie du désespoir que le poète prie Dieu de lui accorder la grâce d'être un peu inspiré : « *Seigneur mon Dieu ! accordez-moi la grâce de produire quelques beaux vers qui me prouvent à moi-même que je ne suis pas le dernier des hommes* » (Poème en prose « A une heure du matin »).

Aussi le poète ne rassemble-t-il ses dernières énergies que pour aspirer à la Mort libératrice, sans certitude aucune qu'elle lui ouvre la porte du paradis perdu — à jamais perdu par tout être en ce monde, car Baudelaire entend bien décrire dans son recueil la condition fatale de tout homme.

QUATRIÈME PARTIE

PROBLÈMES de MÉTHODE

1
COMMENTAIRE COMPOSÉ ET LECTURE MÉTHODIQUE

Le principe du *commentaire composé* est d'étudier le texte selon ses aspects dominants.

Nous disons bien « aspects dominants » ou « centres d'intérêt » et non pas « thèmes ». L'emploi du mot « thème » laisse trop souvent croire aux étudiants qu'il ne s'agit que d'étudier un contenu, un « fond » au détriment de la forme. Or, souvent, les divers aspects du texte ne sont pas des thèmes différents : il peut s'agir de mouvements, d'atmosphères, de modulations différentes d'un même thème global, dont divers aspects sont privilégiés tour à tour.

Chacun de ces aspects dominants (ou « centres d'intérêt ») fait l'objet d'une partie du commentaire. Le commentaire comporte deux ou trois, parfois quatre parties. Il est dit « composé » :

— d'une part, parce qu'il évite de procéder à une explication linéaire (chaque étude d'un aspect dominant regroupe et ordonne les remarques qui la constituent) ;

— d'autre part, parce que les deux ou trois parties du commentaire suivent une progression cohérente (elles progressent vers l'essentiel, elles mettent en valeur de plus en plus précisément l'originalité du texte — sa qualité expressive, sa portée, etc.).

La **lecture méthodique**, elle, répond aux objectifs de l'explication orale des textes. Elle vise deux nécessités :

1. On ne peut pas *tout* dire sur un texte en dix minutes à l'oral.

2. Expliquer n'est pas accumuler des remarques en vrac au fil des mots ou des lignes du texte.

On invite donc le candidat :

1. A n'étudier qu'un ou deux centres d'intérêt du texte (rarement trois) qui constitueront un ou deux *axes* de lecture.

2. A relier ses commentaires à l'un ou l'autre de ces centres d'intérêt en le disant clairement.

Pour ce faire, il peut procéder de deux manières :

— ou bien il étudie le texte dans sa continuité en indiquant méthodiquement, au fur et à mesure, en quoi ses remarques illustrent bien l'un ou l'autre axe de lecture qu'il a décidé d'explorer : en ce cas, la lecture méthodique se rapproche de l'étude linéaire traditionnelle, mais en demeurant une explication *sélective*, qui explicite sa démarche et son objectif ;

— ou bien il explore l'un après l'autre chacun des axes de lecture annoncés, en reprenant à chaque fois le texte du début à la fin, ces balayages successifs lui permettant de regrouper ses commentaires selon chacun des centres d'intérêt : dans ce cas, la lecture méthodique s'apparente vraiment, sur le mode oral, au commentaire composé, mais c'est un commentaire composé *partiel* qui ne peut épuiser tous les aspects du texte, bien qu'il doive rendre compte malgré tout des significations dominantes du passage.

Il résulte de cette comparaison des deux exercices que le travail de préparation est quasi le même dans l'un et l'autre cas. En particulier, le commentaire composé *englobe* en quelque sorte l'étude plus partielle de la lecture méthodique. Ainsi, les centres d'intérêt ou aspects dominants que nous

Commentaire composé et lecture méthodique / 281

ordonnons, dans nos plans de commentaires composés, pourront être parfaitement repris comme *axes de lecture* méthodique au cours de l'explication orale, même s'il faudra alors sélectionner les commentaires pour aller à l'essentiel.

2
L'ANALYSE TEXTUELLE

L'*analyse textuelle* est une forme d'étude de texte pratiquée par des universitaires belges issus de l'Université de Liège.

Les travaux de ces universitaires ont été présentés dans les vingt numéros des *Cahiers d'analyse textuelle* (C.A.T.). Ils sont particulièrement intéressants parce qu'émanant de praticiens et d'enseignants qui refusent de se payer de mots.

L'analyse textuelle est une *étude linéaire rédigée*. Elle mime la découverte progressive du texte par un lecteur à qui rien n'échappe mais qui évite de faire intervenir des éléments extérieurs.

Elle se veut «une lecture fidèle, uniquement ambitieuse d'établir et de maintenir le contact du lecteur avec l'expression de l'auteur, sans se laisser distraire de cette expression, seul objet directement accessible et que le poète a choisi pour communiquer avec nous.»

Il s'agit, on l'a compris, de réagir contre les excès de l'histoire littéraire, le snobisme des jongleries techniques ou le délire interprétatif. Le but est d'analyser, dans une langue claire, les pouvoirs du texte, en partant du principe que les mots ont un sens, ou plusieurs, répertoriés dans les dictionnaires, et dont on ne peut faire fi.

Les principes sur lesquels repose cette méthode sont exposés dans le numéro 2 des C.A.T. La méthode diffère de la lecture méthodique par le mode de présentation des matériaux puisqu'on suit le texte au lieu de regrouper les éléments de l'analyse. Mais elle s'en rapproche dans la mesure où elle repose sur un corps à corps avec le texte et sur la conviction que les mots ayant un sens, on ne peut pas faire dire à un texte, même poétique, n'importe quoi.

L'autre point commun est le refus d'étudier successivement le fond et la forme. Les auteurs étayent leur conviction sur un passage de Paul Valéry auquel nous adhérons et dont nous avons mis le principe en œuvre tout au long de cet ouvrage :

> «[...] distinguer dans les vers le fond et la forme; un sujet et un développement; le son et le sens; considérer la rythmique, la métrique et la prosodie comme naturellement et facilement séparables de l'expression *verbale* même, des *mots* eux-mêmes et de la *syntaxe*; voilà autant de symptômes de non-compréhension ou d'insensibilité en matière poétique.»

Pour des informations sur les C.A.T., s'adresser au département de l'Université de Liège (Place Cockerill, 3 - B-4000 Liège, Belgique). Pour la France, s'adresser aux éditions «Les Belles Lettres», 95, boulevard Raspail, 75006 Paris.

3
L'ACCENTUATION

La langue française est une langue accentuée, même si ceux qui l'emploient couramment ne s'en rendent pas toujours compte.

LE MOT
Chaque mot porte un accent *tonique* sur sa dernière syllabe (sauf s'il s'agit, évidemment, d'un -e muet). Comme son nom l'indique, l'accent tonique consiste à donner à la dernière syllabe prononcée une intensité et une durée sonore supérieures à celles qui précèdent. On dira ainsi :

> parfum éphémère héros héroïne liberté merveilleuse

Bien entendu, l'accent tonique est plus ou moins intense selon l'insistance et la volonté d'expressivité du locuteur.

LA PHRASE
Lorsque les mots sont regroupés en unités syntaxiques (groupe nominal, groupe verbal, courte proposition), le dernier accent tonique prend une importance déterminante. On parle alors d'*accent de groupe* :

> un espoir fou   un admirable exploit   ainsi qu'un encensoir
> ne te verrai-je plus   où tu fus maître enfin

Cet accent de groupe ne supprime pas les accents toniques

des mots pris isolément : il sert à moduler la pononciation de la phrase, en mettant en relief les segments dont elle se constitue. Selon son débit propre, le locuteur pourra accélérer le mouvement de la phrase en ne retenant que les accents de groupe, ou au contraire ralentir sa diction en accentuant davantage les mots. Voici un début de phrase dont les deux segments sont nettement marqués par les accents de groupe :

« Sur l'onde calme et noire où dorment les étoiles »

A cette prononciation, le lecteur peut préférer une diction qui souligne *tous* les accents toniques, faisant mieux ressortir le mouvement lent de l'eau :

« Sur l'onde calme et noire où dorment les étoiles »

Il s'agit en effet d'un vers de Rimbaud (« Ophélie »). Cette seconde accentuation lui donne, semble-t-il, un rythme beaucoup plus conforme aux intentions de l'auteur. C'est que la diction poétique, on le voit, est un langage dans le langage.

LE VERS

En ce qui concerne la versification, et plus particulièrement l'alexandrin chez Baudelaire, les accents toniques sont essentiels : c'est leur répartition, plus ou moins régulière, qui détermine le rythme. Entre deux accents, en effet, il existe un certain nombre de syllabes qui forme une sorte de mesure, et l'agencement de ces mesures, comme dans une partition musicale, est à la base de la mélodie des vers.

Il faut donc, avant tout, savoir comment repérer les accents. Prenons le cas d'un alexandrin régulier :

• **Un premier accent**, facile à trouver, est forcément placé sur la rime, dernière syllabe du vers (le -e muet ne compte pas dans les rimes féminines).

• **La césure à l'hémistiche**, c'est-à-dire la coupe opérée en milieu de vers (qui oblige le lecteur à faire une pause plus ou moins importante), nous indique d'autre part qu'il y a un accent sur la sixième syllabe de l'alexandrin. Ainsi, dans ce vers régulier de «La cloche fêlée», nous n'avons aucune difficulté à reconnaître les accents toniques de la sixième et de la douzième syllabe :

« **Bienheureuse la cloche // au gosier vigoureux** »

Il reste à trouver les deux autres accents du vers : ils sont tout simplement à la fin des deux autres mots, «bienheureuse» et «gosier». Cela donne un alexandrin parfaitement régulier, accentué toutes les trois syllabes, composé de quatre mesures (3-3-3-3) :

« **Bienheureuse la cloche au gosier vigoureux** »

Cette régularité du rythme se retrouve chaque fois que le poète évoque un tableau harmonieux, comme dans ces vers du «Reniement de saint Pierre» :

« **Rêvais-tu de ces jours si brillants et si beaux**
Où tu vins pour remplir l'éternelle promesse »

A partir de ce schéma régulier (quatre accents ; quatre groupes de même importance syllabique, qui peuvent légèrement varier, car on peut trouver couramment 3-3-2-4 ou 2-4-4-2 ou 4-2-3-3, etc.), toute modification sensible produira un effet expressif. En voici plusieurs exemples :

➡ Mise en valeur d'un mot accentué au début d'un vers, ou au début du second hémistiche :

« **Valse mélancolique et langoureux vertige !** »

(«Harmonie du soir»)

« **Sur mon crâne incliné plante son drapeau noir** »

(«Spleen» n° 78)

➡ Symétrie intentionnelle des groupes syllabiques (2-4-2-4) :

« **Ô toi que j'eusse aimée, ô toi qui le savais !** »

(«A une passante»)

288 / *Problèmes de méthode*

➡ Accumulation de mots accentués, avec rythme croissant :

« **Haine, frissons, horreur, labeur dur et forcé** »

(« Chant d'automne »)

➡ Déplacement de la césure (placée après la quatrième syllabe) :

« **Et les moins sots, // hardis amants de la démence** »

(« Le Voyage »)

➡ Réduction du vers à trois mesures, avec seulement trois accents :

« **Chacun plantant, comme un outil, son bec impur** »

(« Un voyage à Cythère »)

Il s'agit là du trimètre, vers mis à l'honneur par les poètes romantiques, et qui comporte deux césures, à la quatrième et à la huitième syllabe.

On trouvera d'autres exemples nombreux dans nos explications. Notons que l'accentuation n'est pas la seule à déterminer le rythme de l'alexandrin. Nous verrons, dans nos textes, que la ponctuation à l'intérieur des vers (virgules, tirets, points de suspension, etc.), ou encore les enjambements, qui les prolongent, jouent également un rôle décisif.

Enfin, il ne faut pas oublier que le lecteur garde une certaine liberté dans la diction du vers. Il peut détacher certains mots, rétablir certains accents secondaires, en fonction de son expressivité propre, et sans trahir la pensée de l'auteur. Ainsi, le vers de « A une passante », cité plus haut, peut être accentué autrement ; le lecteur peut privilégier l'accent d'intonation propre à l'apostrophe (le « ô » vocatif), insister sur l'effet d'irréalité du conditionnel (en soulignant « j'eusse »), et ainsi, parvenir à accentuer presque tous les mots du vers :

« **Ô - toi - que j'eusse aimée, ô - toi - qui le savais!** »

Bien entendu, il faut éviter les exagérations caricaturales. Cependant, en règle générale, il ne faut pas hésiter à ralentir le débit naturel de la phrase, pour donner à chaque mot toute sa force expressive.

4
LES GROUPEMENTS DE TEXTES

Aux épreuves orales de français, les candidats peuvent être interrogés sur des extraits d'œuvres intégrales ou des groupements de textes. Ceux-ci doivent être centrés sur des thèmes ou des problèmes précis : « L'intérêt des groupements de textes selon une cohérence thématique ou problématique est qu'ils permettent de rassembler et de mettre en relation des textes, et d'éviter l'étude de fragments isolés. » Ainsi, en faisant résonner entre elles des pages réunies autour d'une problématique commune, on peut leur trouver une dimension nouvelle, un éclairage stimulant, que n'aurait pu donner l'approche du texte pris isolément.

Or, si en général les textes regroupés appartiennent à des auteurs différents, il est tout à fait possible d'opérer des rassemblements de pages d'un même auteur, ou encore d'une même œuvre, autour d'une question à la fois précise et complexe (par exemple, « Le sentiment de la nature chez Rousseau », ou « Le procès de la connaissance dans les *Pensées* de Pascal »). Ceci est particulièrement vrai des recueils ou des œuvres poétiques aux thèmes multiples, qui s'entrecroisent et se complexifient de texte en texte, comme c'est le cas chez Baudelaire. Pour cette raison, nous avons résolu de présenter la petite anthologie qui achève cet ouvrage sous la forme ordonnée de groupements thématiques, dans le sillage de nos explications. En voici un descriptif rapide.

L'artiste et la Beauté

La tâche du poète épris du beau est douloureuse, c'est ce que confirme le poème en prose « Le Confiteor de l'artiste ». En revanche, « Élévation » chante la joie du poète dont l'esprit atteint les sphères supérieures (il est alors l'Albatros qui plane), et affirme son aptitude à déchiffrer les « correspondances » du monde (« *Le langage des fleurs et des choses muettes* »). Le sonnet « La Beauté » fait d'une statue de femme l'image idéale du beau (mais c'est une beauté froide et insensible, qui épuise ses amants fascinés, annonçant l'allégorie altière de l'« Hymne à la Beauté »). On rapprochera ce sonnet du poème 27, « *Avec ses vêtements ondoyants* [...] » qui, par un mouvement symétrique, part de la femme aimée pour en faire peu à peu le portrait d'une beauté idéale, froide et minérale.

Le cycle du parfum

Premier prolongement de l'Idéal féminin de Baudelaire, ce groupement rassemble surtout des pièces inspirées par Jeanne Duval. Notre explication du « Parfum exotique » a déjà commenté le lien entre ce sonnet et les deux autres poèmes « La Chevelure » et « Un Hémisphère dans une chevelure » (texte en prose), dont nous donnons l'intégralité. On peut ajouter « Le Chat », dont l'allure féline évoquée symbolise l'attirance physique et dangereuse qu'exerce la femme aimée. « Le Balcon », poème du souvenir, thématiquement très riche, fait du parfum le cœur même des plaisirs et des soirées vécues avec l'ancienne maîtresse. « Le Flacon », écrit pour Mme Sabatier, reprend le thème du parfum, liant à nouveau la force de sa pénétration à la persistance du souvenir ; mais cette fois, l'imaginaire glisse vers la putréfaction de la tombe, donnant peut-être un exemple de ces parfums « corrompus » dont parle « Correspondances »...

Le cycle de l'amour spirituel

Second prolongement de l'Idéal féminin, il rassemble les poèmes consacrés pour la plupart au pôle céleste de l'amour (c'est-à-dire Madame Sabatier), comme «Harmonie du Soir». Célébration mystique de la femme aimée («*l'Ange gardien, la Muse et la Madone*»), qui conduit au Beau, dans «*Que diras-tu ce soir*». Litanies nostalgiques de «Réversibilité», où le poète en proie aux maux attend la rédemption de l'Amour idéal. Dans «L'Aube spirituelle», il espère encore (mais y croit-il ?) être sauvé par la Déesse du gouffre des «*stupides orgies*». L'épître «A celle qui est trop gaie» (n° 3 des pièces condamnées) offre des sentiments plus ambigus : jaloux de l'insolente gaieté de celle qu'il aime, le poète rêve de lui infuser son mal. A cet ensemble, nous joignons «La Mort des amants», où l'on voit la tendresse charnelle des deux cœurs sublimée par la magie de la Mort qui les accueille...

Le cycle de la femme-paysage

Troisième prolongement de l'Idéal féminin, essentiellement centré sur Marie Daubrun, qui a inspiré les pièces 49 à 56 des *Fleurs du Mal*. Avec «Ciel brouillé» commence l'association du visage de la femme avec un paysage automnal. «L'Invitation au Voyage», poème en prose cette fois, poursuit et complète les évocations du poème en vers que nous avons expliqué. «Causerie» exprime la déception, la tristesse que ne peut guérir le «*beau ciel d'automne*» qui demeure pour lui l'image de l'aimée. «Chant d'automne» est un dernier appel à la tendresse, au visage de celle-ci, identifié une fois encore à un «*glorieux automne*» : l'angoisse de la mort relie déjà ce poème à la série du Spleen. Enfin, pour clore ce cycle, et plus généralement le thème de l'Idéal d'amour, nous donnons le texte de la pièce 116, «Un Voyage à Cythère», qui offre le spectacle d'un paysage totalement déserté par l'amour qui devait y régner :

paysage *à l'image* du cœur du poète, illustration de l'absolue désillusion.

Le Mal du Moi

Il s'agit de donner ici plusieurs poèmes illustrant les formes variées et persistantes du « Spleen ». « A une heure du matin » (poème en prose n° 10) est à juste titre extrait du *Spleen de Paris* : on y saisit Baudelaire en proie au poids du jour, ne parvenant pas à se supporter lui-même. Viennent ensuite les poèmes marquants de la série du « Spleen » : « La Cloche fêlée » (nostalgie, fêlure de l'âme), « *J'ai plus de souvenirs* [...] » (chaos du moi, ennui, pétrification du cœur), « L'Horloge » (le Temps ennemi, vampire du « moi »). Nous pouvons y joindre « Le Gouffre », l'un des poèmes ajoutés dans l'édition de 1868, et qui est peut-être l'expression la plus métaphysique du spleen baudelairien, puisque le poète y regrette le fait même de l'existence, l'enfermement dans l'Être et la multiplicité du réel.

La Ville et les mortels

Dans le prolongement des « Tableaux parisiens », il est intéressant d'illustrer l'attitude ambivalente du poète en face de ses semblables, au sein de la ville : désir de se fondre et de se séparer, tantôt pitié fascinée, tantôt intolérance à l'égard de l'autre trop semblable à soi. « Les Foules », poème en prose, illustre assez bien la première attitude. « Recueillement » oppose au contraire le poète douloureux à la multitude vile des mortels (rappelant en cela « Les Aveugles »). Avec « Le Désir de peindre », nous retrouvons l'éternel artiste devant la Beauté qui passe (poème en prose que nous avons rapproché de « A une passante »). « Le Crépuscule du Matin » et « Le Crépuscule du Soir » (c'est le poème *en prose* que nous choisissons) sont davantage que des tableaux parisiens : ils tentent d'exprimer le drame humain, la multitude des conditions auxquelles le poète est sensible, au-delà de l'aspect proprement pictural des scènes.

L'Appel de l'Ailleurs

En prolongement du «Voyage», qui lui-même est une méditation sur le désir d'évasion de l'homme, nous regroupons quelques textes qui attestent de la permanence de ce thème chez Baudelaire. «L'Étranger», d'abord, premier des poèmes en prose, qu'on peut lire comme un autoportrait. «Moesta et Errabunda» exprime directement la nostalgie de l'Ailleurs, un «ailleurs» inaccessible puisqu'il réside finalement dans «*le vert paradis des amours enfantines*». «La Mort des Pauvres» est un poème d'espérance, qui laisse croire à l'homme qu'un Au-delà consolateur l'attend dans des «*Cieux inconnus*». «Le Rêve d'un curieux», avant-dernier poème des *Fleurs du Mal*, fait craindre que la Mort elle-même ne comble en rien le désir du poète. Et c'est à l'un des derniers poèmes en prose, «Any where out of the world», que nous laissons conclure ce groupement : le désir de l'ailleurs ne semble pouvoir être satisfait que par «l'explosion de l'âme».

Ces groupements thématiques sont autant de parcours de lecture. Ils ne sont évidemment pas les seuls. De même, chacun pourrait être encore étoffé de poèmes connus ou moins connus. On remarquera aussi que tel texte, situé dans tel groupement, pourrait également figurer dans un autre. Nous touchons là à l'idée même d'univers poétique : chaque thème se relie aux autres, la partie ne cesse de renvoyer au tout (et réciproquement), les réseaux d'images et d'aspirations s'interpénètrent. Un grand poète ne nous invite pas à nous saisir de son territoire parcelle après parcelle, mais à nous laisser embarquer avec lui dans la planète de son imaginaire.

CINQUIÈME PARTIE

CHOIX de POÈMES

Les poèmes figurant dans cette anthologie sont tirés des *Fleurs du Mal* et du recueil de poèmes en prose intitulé *Le Spleen de Paris*. Il s'agit, comme nous l'indiquons dans les pages précédentes, de prolonger nos analyses par une sorte de panorama thématique. Ce panorama, outre qu'il nous permet de faire partager ce que nous aimons, devrait servir de prélude à la lecture ou à la relecture des œuvres complètes.

L'ARTISTE ET LA BEAUTÉ

Le *Confiteor* de l'artiste

Que les fins de journées d'automne sont pénétrantes ! Ah ! pénétrantes jusqu'à la douleur ! car il est de certaines sensations délicieuses dont le vague n'exclut pas l'intensité ; et il n'est pas de pointe plus acérée que celle de l'Infini.

Grand délice que celui de noyer son regard dans l'immensité du ciel et de la mer ! Solitude, silence, incomparable chasteté de l'azur ! une petite voile frissonnante à l'horizon, et qui par sa petitesse et son isolement imite mon irrémédiable existence, mélodie monotone de la houle, toutes ces choses pensent par moi, ou je pense par elles (car dans la grandeur de la rêverie, le *moi* se perd vite !) ; elles pensent, dis-je, mais musicalement et pittoresquement, sans arguties, sans syllogismes, sans déductions.

Toutefois, ces pensées, qu'elles sortent de moi ou s'élancent des choses, deviennent bientôt trop intenses. L'énergie dans la volupté crée un malaise et une souffrance positive. Mes nerfs trop tendus ne donnent plus que des vibrations criardes et douloureuses.

Et maintenant la profondeur du ciel me consterne ; sa limpidité m'exaspère. L'insensibilité de la mer, l'immuabilité du spectacle, me révoltent… Ah ! faut-il éternellement souffrir, ou fuir éternellement le beau ? Nature, enchanteresse sans pitié, rivale toujours victorieuse, laisse-moi ! Cesse de tenter mes désirs et mon orgueil ! L'étude du beau est un duel où l'artiste crie de frayeur avant d'être vaincu.

ÉLÉVATION

Au-dessus des étangs, au-dessus des vallées,
Des montagnes, des bois, des nuages, des mers,
Par-delà le soleil, par-delà les éthers,
Par-delà les confins des sphères étoilées,

Mon esprit, tu te meus avec agilité,
Et, comme un bon nageur qui se pâme dans l'onde,
Tu sillonnes gaiement l'immensité profonde
Avec une indicible et mâle volupté.

Envole-toi bien loin de ces miasmes morbides;
Va te purifier dans l'air supérieur,
Et bois, comme une pure et divine liqueur,
Le feu clair qui remplit les espaces limpides.

Derrière les ennuis et les vastes chagrins
Qui chargent de leur poids l'existence brumeuse,
Heureux celui qui peut d'une aile vigoureuse
S'élancer vers les champs lumineux et sereins;

Celui dont les pensers, comme des alouettes,
Vers les cieux le matin prennent un libre essor,
— Qui plane sur la vie, et comprend sans effort
Le langage des fleurs et des choses muettes!

La Beauté

Je suis belle, ô mortels ! comme un rêve de pierre,
Et mon sein, où chacun s'est meurtri tour à tour,
Est fait pour inspirer au poète un amour
Éternel et muet ainsi que la matière.

Je trône dans l'azur comme un sphinx incompris ;
J'unis un cœur de neige à la blancheur des cygnes ;
Je hais le mouvement qui déplace les lignes,
Et jamais je ne pleure et jamais je ne ris.

Les poètes, devant mes grandes attitudes,
Que j'ai l'air d'emprunter aux plus fiers monuments,
Consumeront leurs jours en d'austères études ;

Car j'ai, pour fasciner ces dociles amants,
De purs miroirs qui font toutes choses plus belles :
Mes yeux, mes larges yeux aux clartés éternelles !

XXVII

Avec ses vêtements ondoyants et nacrés,
Même quand elle marche on croirait qu'elle danse,
Comme ces longs serpents que les jongleurs sacrés
Au bout de leurs bâtons agitent en cadence.

Comme le sable morne et l'azur des déserts,
Insensibles tous deux à l'humaine souffrance,
Comme les longs réseaux de la houle des mers,
Elle se développe avec indifférence.

Ses yeux polis sont faits de minéraux charmants,
Et dans cette nature étrange et symbolique
Où l'ange inviolé se mêle au sphinx antique,

Où tout n'est qu'or, acier, lumière et diamants,
Resplendit à jamais, comme un astre inutile,
La froide majesté de la femme stérile.

LE CYCLE DU PARFUM

La Chevelure

Ô toison, moutonnant jusque sur l'encolure !
Ô boucles ! Ô parfum chargé de nonchaloir !
Extase ! Pour peupler ce soir l'alcôve obscure
Des souvenirs dormant dans cette chevelure,
Je la veux agiter dans l'air comme un mouchoir !

La langoureuse Asie et la brûlante Afrique,
Tout un monde lointain, absent, presque défunt,
Vit dans tes profondeurs, forêt aromatique !
Comme d'autres esprits voguent sur la musique,
Le mien, ô mon amour ! nage sur ton parfum.

J'irai là-bas où l'arbre et l'homme, pleins de sève,
Se pâment longuement sous l'ardeur des climats ;
Fortes tresses, soyez la houle qui m'enlève !
Tu contiens, mer d'ébène, un éblouissant rêve
De voiles, de rameurs, de flammes et de mâts :

Un port retentissant où mon âme peut boire
À grands flots le parfum, le son et la couleur ;
Où les vaisseaux, glissant dans l'or et dans la moire,
Ouvrent leurs vastes bras pour embrasser la gloire
D'un ciel pur où frémit l'éternelle chaleur.

Je plongerai ma tête amoureuse d'ivresse
Dans ce noir océan où l'autre est enfermé ;
Et mon esprit subtil que le roulis caresse
Saura vous retrouver, ô féconde paresse,
Infinis bercements du loisir embaumé !

Cheveux bleus, pavillon de ténèbres tendues,
Vous me rendez l'azur du ciel immense et rond ;
Sur les bords duvetés de vos mèches tordues
Je m'enivre ardemment des senteurs confondues
De l'huile de coco, du musc et du goudron.

Longtemps! toujours! ma main dans ta crinière lourde
Sèmera le rubis, la perle et le saphir,
Afin qu'à mon désir tu ne sois jamais sourde!
N'es-tu pas l'oasis où je rêve, et la gourde
Où je hume à longs traits le vin du souvenir ?

Un Hémisphère
dans une chevelure

Laisse-moi respirer longtemps, longtemps, l'odeur de tes cheveux, y plonger tout mon visage, comme un homme altéré dans l'eau d'une source, et les agiter avec ma main comme un mouchoir odorant, pour secouer des souvenirs dans l'air.

Si tu pouvais savoir tout ce que je vois! tout ce que je sens! tout ce que j'entends dans tes cheveux! Mon âme voyage sur le parfum comme l'âme des autres hommes sur la musique.

Tes cheveux contiennent tout un rêve, plein de voilures et de mâtures; ils contiennent de grandes mers dont les moussons me portent vers de charmants climats, où l'espace est plus bleu et plus profond, où l'atmosphère est parfumée par les fruits, par les feuilles et par la peau humaine.

Dans l'océan de ta chevelure, j'entrevois un port fourmillant de chants mélancoliques, d'hommes vigoureux de toutes nations et de navires de toutes formes découpant leurs architectures fines et compliquées sur un ciel immense où se prélasse l'éternelle chaleur.

Dans les caresses de ta chevelure, je retrouve les langueurs des longues heures passées sur un divan, dans la chambre d'un beau navire, bercées par le roulis imperceptible du port, entre les pots de fleurs et les gargoulettes rafraîchissantes.

Dans l'ardent foyer de ta chevelure, je respire l'odeur du tabac mêlé à l'opium et au sucre; dans la nuit de ta chevelure, je vois resplendir l'infini de l'azur tropical; sur les rivages duvetés de ta chevelure je m'enivre des odeurs combinées du goudron, du musc et de l'huile de coco.

Laisse-moi mordre longtemps tes tresses lourdes et noires. Quand je mordille tes cheveux élastiques et rebelles, il me semble que je mange des souvenirs.

LE CHAT

Viens, mon beau chat, sur mon cœur amoureux ;
        Retiens les griffes de ta patte,
Et laisse-moi plonger dans tes beaux yeux,
        Mêlés de métal et d'agate.

Lorsque mes doigts caressent à loisir
        Ta tête et ton dos élastique,
Et que ma main s'enivre du plaisir
        De palper ton corps électrique,

Je vois ma femme en esprit. Son regard
        Comme le tien, aimable bête,
Profond et froid, coupe et fend comme un dard,

        Et, des pieds jusques à la tête,
Un air subtil, un dangereux parfum
        Nagent autour de son corps brun.

Le Balcon

Mère des souvenirs, maîtresse des maîtresses,
Ô toi, tous mes plaisirs! ô toi, tous mes devoirs!
Tu te rappelleras la beauté des caresses,
La douceur du foyer et le charme des soirs,
Mère des souvenirs, maîtresse des maîtresses!

Les soirs illuminés par l'ardeur du charbon,
Et les soirs au balcon, voilés de vapeurs roses.
Que ton sein m'était doux! que ton cœur m'était bon!
Nous avons dit souvent d'impérissables choses
Les soirs illuminés par l'ardeur du charbon.

Que les soleils sont beaux dans les chaudes soirées!
Que l'espace est profond! que le cœur est puissant!
En me penchant vers toi, reine des adorées,
Je croyais respirer le parfum de ton sang.
Que les soleils sont beaux dans les chaudes soirées!

La nuit s'épaississait ainsi qu'une cloison,
Et mes yeux dans le noir devinaient tes prunelles,
Et je buvais ton souffle, ô douceur! ô poison!
Et tes pieds s'endormaient dans mes mains fraternelles.
La nuit s'épaississait ainsi qu'une cloison.

Je sais l'art d'évoquer les minutes heureuses,
Et revis mon passé blotti dans tes genoux.
Car à quoi bon chercher tes beautés langoureuses
Ailleurs qu'en ton cher corps et qu'en ton cœur si doux?
Je sais l'art d'évoquer les minutes heureuses!

Ces serments, ces parfums, ces baisers infinis,
Renaîtront-ils d'un gouffre interdit à nos sondes,
Comme montent au ciel les soleils rajeunis
Après s'être lavés au fond des mers profondes?
— Ô serments! ô parfums! ô baisers infinis!

Le Flacon

Il est de forts parfums pour qui toute matière
Est poreuse. On dirait qu'ils pénètrent le verre.
En ouvrant un coffret venu de l'Orient
Dont la serrure grince et rechigne en criant,

Ou dans une maison déserte quelque armoire
Pleine de l'âcre odeur des temps, poudreuse et noire,
Parfois on trouve un vieux flacon qui se souvient,
D'où jaillit toute vive une âme qui revient.

Mille pensers dormaient, chrysalides funèbres,
Frémissant doucement dans les lourdes ténèbres,
Qui dégagent leur aile et prennent leur essor,
Teintés d'azur, glacés de rose, lamés d'or.

Voilà le souvenir enivrant qui voltige
Dans l'air troublé; les yeux se ferment; le Vertige
Saisit l'âme vaincue et la pousse à deux mains
Vers un gouffre obscurci de miasmes humains;

Il la terrasse au bord d'un gouffre séculaire,
Où, Lazare odorant déchirant son suaire,
Se meut dans son réveil le cadavre spectral
D'un vieil amour ranci, charmant et sépulcral.

Ainsi, quand je serai perdu dans la mémoire
Des hommes, dans le coin d'une sinistre armoire
Quand on m'aura jeté, vieux flacon désolé,
Décrépit, poudreux, sale, abject, visqueux, fêlé,

Je serai ton cercueil, aimable pestilence!
Le témoin de ta force et de ta virulence,
Cher poison préparé par les anges! liqueur
Qui me ronge, ô la vie et la mort de mon cœur!

LE CYCLE DE L'AMOUR SPIRITUEL

XLII

Que diras-tu ce soir, pauvre âme solitaire,
Que diras-tu, mon cœur, cœur autrefois flétri,
À la très belle, à la très bonne, à la très chère,
Dont le regard divin t'a soudain refleuri ?

— Nous mettrons notre orgueil à chanter ses louanges :
Rien ne vaut la douceur de son autorité ;
Sa chair spirituelle a le parfum des Anges,
Et son œil nous revêt d'un habit de clarté.

Que ce soit dans la nuit et dans la solitude,
Que ce soit dans la rue et dans la multitude,
Son fantôme dans l'air danse comme un flambeau.

Parfois il parle et dit : « Je suis belle, et j'ordonne
Que pour l'amour de moi vous n'aimiez que le Beau ;
Je suis l'Ange gardien, la Muse et la Madone. »

Réversibilité

Ange plein de gaieté, connaissez-vous l'angoisse,
La honte, les remords, les sanglots, les ennuis,
Et les vagues terreurs de ces affreuses nuits
Qui compriment le cœur comme un papier qu'on froisse ?
Ange plein de gaieté, connaissez-vous l'angoisse ?

Ange plein de bonté, connaissez-vous la haine,
Les poings crispés dans l'ombre et les larmes de fiel,
Quand la Vengeance bat son infernal rappel,
Et de nos facultés se fait le capitaine ?
Ange plein de bonté, connaissez-vous la haine ?

Ange plein de santé, connaissez-vous les Fièvres,
Qui, le long des grands murs de l'hospice blafard,
Comme des exilés, s'en vont d'un pied traînard,
Cherchant le soleil rare et remuant les lèvres ?
Ange plein de santé, connaissez-vous les Fièvres ?

Ange plein de beauté, connaissez-vous les rides,
Et la peur de vieillir, et ce hideux tourment
De lire la secrète horreur du dévouement
Dans des yeux où longtemps burent nos yeux avides ?
Ange plein de beauté, connaissez-vous les rides ?

Ange plein de bonheur, de joie et de lumières,
David mourant aurait demandé la santé
Aux émanations de ton corps enchanté ;
Mais de toi je n'implore, ange, que tes prières,
Ange plein de bonheur, de joie et de lumières !

L'Aube spirituelle

Quand chez les débauchés l'aube blanche et vermeille
Entre en société de l'Idéal rongeur,
Par l'opération d'un mystère vengeur
Dans la brute assoupie un ange se réveille.

Des Cieux Spirituels l'inaccessible azur,
Pour l'homme terrassé qui rêve encore et souffre,
S'ouvre et s'enfonce avec l'attirance du gouffre.
Ainsi, chère Déesse, Être lucide et pur,

Sur les débris fumeux des stupides orgies
Ton souvenir plus clair, plus rose, plus charmant,
À mes yeux agrandis voltige incessamment.

Le soleil a noirci la flamme des bougies ;
Ainsi, toujours vainqueur, ton fantôme est pareil,
Âme resplendissante, à l'immortel soleil !

À CELLE QUI EST TROP GAIE

Ta tête, ton geste, ton air
Sont beaux comme un beau paysage ;
Le rire joue en ton visage
Comme un vent frais dans un ciel clair.

Le passant chagrin que tu frôles
Est ébloui par la santé
Qui jaillit comme une clarté
De tes bras et de tes épaules.

Les retentissantes couleurs
Dont tu parsèmes tes toilettes
Jettent dans l'esprit des poètes
L'image d'un ballet de fleurs.

Ces robes folles sont l'emblème
De ton esprit bariolé ;
Folle dont je suis affolé,
 Je te hais autant que je t'aime !

Quelquefois dans un beau jardin
Où je traînais mon atonie,
J'ai senti, comme une ironie,
Le soleil déchirer mon sein ;

Et le printemps et la verdure
Ont tant humilié mon cœur,
Que j'ai puni sur une fleur
L'insolence de la Nature.

Ainsi je voudrais, une nuit,
Quand l'heure des voluptés sonne,
Vers les trésors de ta personne,
Comme un lâche, ramper sans bruit,

Pour châtier ta chair joyeuse,
Pour meurtrir ton sein pardonné,
Et faire à ton flanc étonné
Une blessure large et creuse,

Et, vertigineuse douceur !
À travers ces lèvres nouvelles,
Plus éclatantes et plus belles,
T'infuser mon venin, ma sœur !

La Mort des Amants

Nous aurons des lits pleins d'odeurs légères,
Des divans profonds comme des tombeaux,
Et d'étranges fleurs sur des étagères,
Écloses pour nous sous des cieux plus beaux.

Usant à l'envi leurs chaleurs dernières,
Nos deux cœurs seront deux vastes flambeaux,
Qui réfléchiront leurs doubles lumières
Dans nos deux esprits, ces miroirs jumeaux.

Un soir fait de rose et de bleu mystique,
Nous échangerons un éclair unique,
Comme un long sanglot, tout chargé d'adieux ;

Et plus tard un Ange, entrouvrant les portes,
Viendra ranimer, fidèle et joyeux,
Les miroirs ternis et les flammes mortes.

LE CYCLE
DE LA FEMME-PAYSAGE

Ciel brouillé

On dirait ton regard d'une vapeur couvert ;
Ton œil mystérieux (est-il bleu, gris ou vert ?)
Alternativement tendre, rêveur, cruel,
Réfléchit l'indolence et la pâleur du ciel.

Tu rappelles ces jours blancs, tièdes et voilés,
Qui font se fondre en pleurs les cœurs ensorcelés,
Quand, agités d'un mal inconnu qui les tord,
Les nerfs trop éveillés raillent l'esprit qui dort.

Tu ressembles parfois à ces beaux horizons
Qu'allument les soleils des brumeuses saisons...
Comme tu resplendis, paysage mouillé
Qu'enflamment les rayons tombant d'un ciel brouillé !

Ô femme dangereuse, ô séduisants climats !
Adorerai-je aussi ta neige et vos frimas,
Et saurai-je tirer de l'implacable hiver
Des plaisirs plus aigus que la glace et le fer ?

L'Invitation au Voyage

Il est un pays superbe, un pays de Cocagne, dit-on, que je rêve de visiter avec une vieille amie. Pays singulier, noyé dans les brumes de notre Nord, et qu'on pourrait appeler l'Orient de l'Occident, la Chine de l'Europe, tant la chaude et capricieuse fantaisie s'y est donné carrière, tant elle l'a patiemment et opiniâtrement illustré de ses savantes et délicates végétations.

Un vrai pays de Cocagne, où tout est beau, riche, tranquille, honnête ; où le luxe a plaisir à se mirer dans l'ordre ; où la vie est grasse et douce à respirer ; d'où le désordre, la turbulence et l'imprévu sont exclus ; où le bonheur est marié au silence ; où la cuisine elle-même est poétique, grasse et excitante à la fois ; où tout vous ressemble, mon cher ange.

Tu connais cette maladie fiévreuse qui s'empare de nous dans les froides misères, cette nostalgie du pays qu'on ignore, cette angoisse de la curiosité ? Il est une contrée qui te ressemble, où tout est beau, riche, tranquille et honnête, où la fantaisie a bâti et décoré une Chine occidentale, où la vie est douce à respirer, où le bonheur est marié au silence. C'est là qu'il faut aller vivre, c'est là qu'il faut aller mourir !

Oui, c'est là qu'il faut aller respirer, rêver et allonger les heures par l'infini des sensations. Un musicien a écrit l'*Invitation à la valse* ; quel est celui qui composera l'*Invitation au voyage*, qu'on puisse offrir à la femme aimée, à la sœur d'élection ?

Oui, c'est dans cette atmosphère qu'il ferait bon vivre, — là-bas, où les heures plus lentes contiennent plus de pensées, où les horloges sonnent le bonheur avec une plus profonde et plus significative solennité.

Sur des panneaux luisants, ou sur des cuirs dorés et d'une richesse sombre, vivent discrètement des peintures béates, calmes et profondes, comme les âmes des artistes qui les créèrent. Les soleils couchants, qui colorent si richement la salle à manger ou le salon, sont tamisés par de belles étoffes ou par ces hautes fenêtres ouvragées que le plomb divise en nombreux compartiments. Les meubles sont vastes, curieux, bizarres, armés de serrures et de secrets comme des âmes raffinées. Les miroirs, les métaux, les étoffes, l'orfèvrerie et la faïence y jouent pour les yeux une symphonie muette et mystérieuse ; et de toutes choses, de tous les coins, des fissures des tiroirs et des plis des étoffes s'échappe un parfum singulier, un *revenez-y* de Sumatra, qui est comme l'âme de l'appartement.

Un vrai pays de Cocagne, te dis-je, où tout est riche, propre et luisant, comme une belle conscience, comme une magnifique batterie de cuisine, comme une splendide orfèvrerie, comme une bijouterie bariolée ! Les trésors du monde y affluent, comme dans la maison d'un homme laborieux et qui a bien mérité du monde entier. Pays singulier, supérieur aux autres, comme l'Art l'est à la Nature, où celle-ci est réformée par le rêve, où elle est corrigée, embellie, refondue.

Qu'ils cherchent, qu'ils cherchent encore, qu'ils reculent sans cesse les limites de leur bonheur, ces alchimistes de l'horticulture ! Qu'ils proposent des prix de soixante et de cent mille florins pour qui résoudra leurs ambitieux problèmes ! Moi, j'ai trouvé ma *tulipe noire* et mon *dahlia bleu* !

Fleur incomparable, tulipe retrouvée, allégorique dahlia, c'est là, n'est-ce pas, dans ce beau pays si calme et si rêveur, qu'il faudrait aller vivre et fleurir ? Ne serais-tu pas encadrée dans ton analogie, et ne pourrais-tu pas te mirer, pour parler comme les mystiques, dans ta propre *correspondance* ?

Des rêves ! toujours des rêves ! et plus l'âme est ambitieuse et délicate, plus les rêves l'éloignent du possible. Chaque homme porte en lui sa dose d'opium naturel, incessamment sécrétée et renouvelée, et, de la naissance à la mort, combien comptons-nous d'heures remplies par la jouissance positive, par l'action réussie et décidée ? Vivrons-nous jamais, passerons-nous jamais dans ce tableau qu'a peint mon esprit, ce tableau qui te ressemble ?

Ces trésors, ces meubles, ce luxe, cet ordre, ces parfums, ces fleurs miraculeuses, c'est toi. C'est encore toi, ces grands fleuves et ces canaux tranquilles. Ces énormes navires qu'ils charrient, tout chargés de richesses, et d'où montent les chants monotones de la manœuvre, ce sont mes pensées qui dorment ou qui roulent sur ton sein. Tu les conduis doucement vers la mer qui est l'Infini, tout en réfléchissant les profondeurs du ciel dans la limpidité de ta belle âme; — et quand, fatigués par la houle et gorgés des produits de l'Orient, ils rentrent au port natal, ce sont encore mes pensées enrichies qui reviennent de l'Infini vers toi.

CAUSERIE

Vous êtes un beau ciel d'automne, clair et rose !
Mais la tristesse en moi monte comme la mer,
Et laisse, en refluant, sur ma lèvre morose
Le souvenir cuisant de son limon amer.

— Ta main se glisse en vain sur mon sein qui se pâme ;
Ce qu'elle cherche, amie, est un lieu saccagé
Par la griffe et la dent féroce de la femme.
Ne cherchez plus mon cœur ; les bêtes l'ont mangé.

Mon cœur est un palais flétri par la cohue ;
On s'y soûle, on s'y tue, on s'y prend aux cheveux !
— Un parfum nage autour de votre gorge nue !...

Ô Beauté, dur fléau des âmes, tu le veux !
Avec tes yeux de feu, brillants comme des fêtes,
Calcine ces lambeaux qu'ont épargnés les bêtes !

CHANT D'AUTOMNE

I

Bientôt nous plongerons dans les froides ténèbres ;
Adieu, vive clarté de nos étés trop courts !
J'entends déjà tomber avec des chocs funèbres
Le bois retentissant sur le pavé des cours.

Tout l'hiver va rentrer dans mon être : colère,
Haine, frissons, horreur, labeur dur et forcé,
Et, comme le soleil dans son enfer polaire,
Mon cœur ne sera plus qu'un bloc rouge et glacé.

J'écoute en frémissant chaque bûche qui tombe ;
L'échafaud qu'on bâtit n'a pas d'écho plus sourd.
Mon esprit est pareil à la tour qui succombe
Sous les coups du bélier infatigable et lourd.

Il me semble, bercé par ce choc monotone,
Qu'on cloue en grande hâte un cercueil quelque part.
Pour qui ? — C'était hier l'été ; voici l'automne !
Ce bruit mystérieux sonne comme un départ.

II

J'aime de vos longs yeux la lumière verdâtre,
Douce beauté, mais tout aujourd'hui m'est amer,
Et rien, ni votre amour, ni le boudoir, ni l'âtre,
Ne me vaut le soleil rayonnant sur la mer.

Et pourtant aimez-moi, tendre cœur ! soyez mère,
Même pour un ingrat, même pour un méchant ;
Amante ou sœur, soyez la douceur éphémère
D'un glorieux automne ou d'un soleil couchant.

Courte tâche ! La tombe attend ; elle est avide !
Ah ! laissez-moi, mon front posé sur vos genoux,
Goûter, en regrettant l'été blanc et torride,
De l'arrière-saison le rayon jaune et doux !

Un Voyage à Cythère

Mon cœur, comme un oiseau, voltigeait tout joyeux
Et planait librement à l'entour des cordages ;
Le navire roulait sous un ciel sans nuages,
Comme un ange enivré d'un soleil radieux.

Quelle est cette île triste et noire ? — C'est Cythère,
Nous dit-on, un pays fameux dans les chansons,
Eldorado banal de tous les vieux garçons.
Regardez, après tout, c'est une pauvre terre.

— Île des doux secrets et des fêtes du cœur !
De l'antique Vénus le superbe fantôme
Au-dessus de tes mers plane comme un arôme,
Et charge les esprits d'amour et de langueur.

Belle île aux myrtes verts, pleine de fleurs écloses,
Vénérée à jamais par toute nation,
Où les soupirs des cœurs en adoration
Roulent comme l'encens sur un jardin de roses

Ou le roucoulement éternel d'un ramier !
— Cythère n'était plus qu'un terrain des plus maigres,
Un désert rocailleux troublé par des cris aigres.
J'entrevoyais pourtant un objet singulier !

Ce n'était pas un temple aux ombres bocagères,
Où la jeune prêtresse, amoureuse des fleurs,
Allait, le corps brûlé de secrètes chaleurs,
Entrebâillant sa robe aux brises passagères ;

Mais voilà qu'en rasant la côte d'assez près
Pour troubler les oiseaux avec nos voiles blanches,
Nous vîmes que c'était un gibet à trois branches,
Du ciel se détachant en noir, comme un cyprès.

De féroces oiseaux perchés sur leur pâture
Détruisaient avec rage un pendu déjà mûr,
Chacun plantant, comme un outil, son bec impur
Dans tous les coins saignants de cette pourriture ;

Les yeux étaient deux trous, et du ventre effondré
Les intestins pesants lui coulaient sur les cuisses,
Et ses bourreaux, gorgés de hideuses délices,
L'avaient à coups de bec absolument châtré.

Sous les pieds, un troupeau de jaloux quadrupèdes,
Le museau relevé, tournoyait et rôdait;
Une plus grande bête au milieu s'agitait
Comme un exécuteur entouré de ses aides.

Habitant de Cythère, enfant d'un ciel si beau,
Silencieusement tu souffrais ces insultes
En expiation de tes infâmes cultes
Et des péchés qui t'ont interdit le tombeau.

Ridicule pendu, tes douleurs sont les miennes!
Je sentis, à l'aspect de tes membres flottants,
Comme un vomissement, remonter vers mes dents
Le long fleuve de fiel des douleurs anciennes;

Devant toi, pauvre diable au souvenir si cher,
J'ai senti tous les becs et toutes les mâchoires
Des corbeaux lancinants et des panthères noires
Qui jadis aimaient tant à triturer ma chair.

— Le ciel était charmant, la mer était unie;
Pour moi tout était noir et sanglant désormais,
Hélas! et j'avais, comme en un suaire épais,
Le cœur enseveli dans cette allégorie.

Dans ton île, ô Vénus! je n'ai trouvé debout
Qu'un gibet symbolique où pendait mon image...
— Ah! Seigneur! donnez-moi la force et le courage
De contempler mon cœur et mon corps sans dégoût!

LE MAL DU MOI

À UNE HEURE DU MATIN

Enfin! seul! On n'entend plus que le roulement de quelques fiacres attardés et éreintés. Pendant quelques heures, nous posséderons le silence, sinon le repos. Enfin! la tyrannie de la face humaine a disparu, et je ne souffrirai plus que par moi-même.

Enfin! il m'est donc permis de me délasser dans un bain de ténèbres! D'abord, un double tour à la serrure. Il me semble que ce tour de clef augmentera ma solitude et fortifiera les barricades qui me séparent actuellement du monde.

Horrible vie! Horrible ville! Récapitulons la journée : avoir vu plusieurs hommes de lettres, dont l'un m'a demandé si l'on pouvait aller en Russie par voie de terre (il prenait sans doute la Russie pour une île); avoir disputé généreusement contre le directeur d'une revue, qui à chaque objection répondait : «— C'est ici le parti des honnêtes gens », ce qui implique que tous les autres journaux sont rédigés par des coquins; avoir salué une vingtaine de personnes, dont quinze me sont inconnues; avoir distribué des poignées de main dans la même proportion, et cela sans avoir pris la précaution d'acheter des gants; être monté pour tuer le temps, pendant une averse, chez une sauteuse qui m'a prié de lui dessiner un costume de *Vénustre*; avoir fait ma cour à un directeur de théâtre, qui m'a dit en me congédiant : «— Vous feriez peut-être bien de vous adresser à Z...; c'est le plus lourd, le plus sot et le plus célèbre de tous mes auteurs, avec lui vous pourriez peut-être aboutir à quelque chose. Voyez-le, et puis nous verrons »; m'être vanté (pourquoi?) de plusieurs vilaines actions que je n'ai jamais commises, et avoir lâchement nié quelques autres méfaits que j'ai accomplis avec joie, délit de fanfaronnade, crime de respect humain ; avoir refusé à un ami un service facile, et donné une recommandation écrite à un parfait drôle ; ouf ! est-ce bien fini ?

Mécontent de tous et mécontent de moi, je voudrais bien me racheter et m'enorgueillir un peu dans le silence et la solitude de la nuit. Âmes de ceux que j'ai aimés, âmes de ceux que j'ai chantés, fortifiez-moi, soutenez-moi, éloignez de moi le mensonge et les vapeurs corruptrices du monde, et vous, Seigneur mon Dieu ! accordez-moi la grâce de produire quelques beaux vers qui me prouvent à moi-même que je ne suis pas le dernier des hommes, que je ne suis pas inférieur à ceux que je méprise !

La Cloche fêlée

Il est amer et doux, pendant les nuits d'hiver,
D'écouter, près du feu qui palpite et qui fume,
Les souvenirs lointains lentement s'élever
Au bruit des carillons qui chantent dans la brume.

Bienheureuse la cloche au gosier vigoureux
Qui, malgré sa vieillesse, alerte et bien portante,
Jette fidèlement son cri religieux,
Ainsi qu'un vieux soldat qui veille sous la tente!

Moi, mon âme est fêlée, et lorsqu'en ses ennuis
Elle veut de ses chants peupler l'air froid des nuits,
Il arrive souvent que sa voix affaiblie

Semble le râle épais d'un blessé qu'on oublie
Au bord d'un lac de sang, sous un grand tas de morts,
Et qui meurt, sans bouger, dans d'immenses efforts.

Spleen

J'ai plus de souvenirs que si j'avais mille ans.

Un gros meuble à tiroirs encombré de bilans,
De vers, de billets doux, de procès, de romances,
Avec de lourds cheveux roulés dans des quittances,
Cache moins de secrets que mon triste cerveau.
C'est une pyramide, un immense caveau,
Qui contient plus de morts que la fosse commune.
— Je suis un cimetière abhorré de la lune,
Où comme des remords se traînent de longs vers
Qui s'acharnent toujours sur mes morts les plus chers.
Je suis un vieux boudoir plein de roses fanées,
Où gît tout un fouillis de modes surannées,
Où les pastels plaintifs et les pâles Boucher,
Seuls, respirent l'odeur d'un flacon débouché.

Rien n'égale en longueur les boiteuses journées,
Quand sous les lourds flocons des neigeuses années
L'ennui, fruit de la morne incuriosité,
Prend les proportions de l'immortalité.
— Désormais tu n'es plus, ô matière vivante!
Qu'un granit entouré d'une vague épouvante,
Assoupi dans le fond d'un Sahara brumeux;
Un vieux sphinx ignoré du monde insoucieux,
Oublié sur la carte, et dont l'humeur farouche
Ne chante qu'aux rayons du soleil qui se couche.

L'Horloge

Horloge! dieu sinistre, effrayant, impassible,
Dont le doigt nous menace et nous dit : « *Souviens-toi !*
Les vibrantes Douleurs dans ton cœur plein d'effroi
Se planteront bientôt comme dans une cible;

« Le Plaisir vaporeux fuira vers l'horizon
Ainsi qu'une sylphide au fond de la coulisse;
Chaque instant te dévore un morceau du délice
À chaque homme accordé pour toute sa saison.

« Trois mille six cents fois par heure, la Seconde
Chuchote : *Souviens-toi !* — Rapide, avec sa voix
D'insecte, Maintenant dit : Je suis Autrefois,
Et j'ai pompé ta vie avec ma trompe immonde!

« *Remember! Souviens-toi*, prodigue! *Esto memor!*
(Mon gosier de métal parle toutes les langues.)
Les minutes, mortel folâtre, sont des gangues
Qu'il ne faut pas lâcher sans en extraire l'or!

« *Souviens-toi* que le Temps est un joueur avide
Qui gagne sans tricher, à tout coup! c'est la loi.
Le jour décroît; la nuit augmente; *souviens-toi !*
Le gouffre a toujours soif; la clepsydre se vide.

« Tantôt sonnera l'heure où le divin Hasard,
Où l'auguste Vertu, ton épouse encor vierge,
Où le Repentir même (oh! la dernière auberge!),
Où tout te dira : Meurs, vieux lâche! il est trop tard! »

Le Gouffre

Pascal avait son gouffre, avec lui se mouvant.
— Hélas! tout est abîme, — action, désir, rêve,
Parole! et sur mon poil qui tout droit se relève
Mainte fois de la Peur je sens passer le vent.

En haut, en bas, partout, la profondeur, la grève,
Le silence, l'espace affreux et captivant...
Sur le fond de mes nuits Dieu de son doigt savant
Dessine un cauchemar multiforme et sans trêve.

J'ai peur du sommeil comme on a peur d'un grand trou,
Tout plein de vague horreur, menant on ne sait où;
Je ne vois qu'infini par toutes les fenêtres,

Et mon esprit, toujours du vertige hanté,
Jalouse du néant l'insensibilité.
— Ah! ne jamais sortir des Nombres et des Êtres!

LA VILLE ET LES MORTELS

Les Foules

Il n'est pas donné à chacun de prendre un bain de multitude : jouir de la foule est un art ; et celui-là seul peut faire, aux dépens du genre humain, une ribote de vitalité, à qui une fée a insufflé dans son berceau le goût du travestissement et du masque, la haine du domicile et la passion du voyage.

Multitude, solitude : termes égaux et convertibles pour le poète actif et fécond. Qui ne sait pas peupler sa solitude, ne sait pas non plus être seul dans une foule affairée.

Le poète jouit de cet incomparable privilège, qu'il peut à sa guise être lui-même et autrui. Comme ces âmes errantes qui cherchent un corps, il entre, quand il veut, dans le personnage de chacun. Pour lui seul, tout est vacant ; et si de certaines places paraissent lui être fermées, c'est qu'à ses yeux elles ne valent pas la peine d'être visitées.

Le promeneur solitaire et pensif tire une singulière ivresse de cette universelle communion. Celui-là qui épouse facilement la foule connaît des jouissances fiévreuses, dont seront éternellement privés l'égoïste, fermé comme un coffre, et le paresseux, interné comme un mollusque. Il adopte comme siennes toutes les professions, toutes les joies et toutes les misères que la circonstance lui présente.

Ce que les hommes nomment amour est bien petit, bien restreint et bien faible, comparé à cette ineffable orgie, à cette sainte prostitution de l'âme qui se donne tout entière, poésie et charité, à l'imprévu qui se montre, à l'inconnu qui passe.

Il est bon d'apprendre quelquefois aux heureux de ce monde, ne fût-ce que pour humilier un instant leur sot orgueil, qu'il est des bonheurs supérieurs au leur, plus vastes et plus raffinés. Les fondateurs de colonies, les pasteurs de peuples, les prêtres missionnaires exilés au bout du monde, connaissent sans doute quelque chose de ces mystérieuses ivresses; et, au sein de la vaste famille que leur génie s'est faite, ils doivent rire quelquefois de ceux qui les plaignent pour leur fortune si agitée et pour leur vie si chaste.

Recueillement

Sois sage, ô ma Douleur, et tiens-toi plus tranquille.
Tu réclamais le Soir; il descend; le voici :
Une atmosphère obscure enveloppe la ville,
Aux uns portant la paix, aux autres le souci.

Pendant que des mortels la multitude vile,
Sous le fouet du Plaisir, ce bourreau sans merci,
Va cueillir des remords dans la fête servile,
Ma Douleur, donne-moi la main; viens par ici,

Loin d'eux. Vois se pencher les défuntes Années,
Sur les balcons du ciel, en robes surannées;
Surgir du fond des eaux le Regret souriant;

Le Soleil moribond s'endormir sous une arche,
Et, comme un long linceul traînant à l'Orient,
Entends, ma chère, entends la douce Nuit qui marche.

Le Désir de peindre

Malheureux peut-être l'homme, mais heureux l'artiste que le désir déchire!

Je brûle de peindre celle qui m'est apparue si rarement et qui a fui si vite, comme une belle chose regrettable derrière le voyageur emporté dans la nuit. Comme il y a longtemps déjà qu'elle a disparu!

Elle est belle, et plus que belle; elle est surprenante. En elle le noir abonde: et tout ce qu'elle inspire est nocturne et profond. Ses yeux sont deux antres où scintille vaguement le mystère, et son regard illumine comme l'éclair: c'est une explosion dans les ténèbres.

Je la comparerais à un soleil noir, si l'on pouvait concevoir un astre noir versant la lumière et le bonheur. Mais elle fait plus volontiers penser à la lune, qui sans doute l'a marquée de sa redoutable influence; non pas la lune blanche des idylles, qui ressemble à une froide mariée, mais la lune sinistre et enivrante, suspendue au fond d'une nuit orageuse et bousculée par les nuées qui courent; non pas la lune paisible et discrète visitant le sommeil des hommes purs, mais la lune arrachée du ciel, vaincue et révoltée, que les Sorcières thessaliennes contraignent durement à danser sur l'herbe terrifiée!

Dans son petit front habitent la volonté tenace et l'amour de la proie. Cependant, au bas de ce visage inquiétant, où des narines mobiles aspirent l'inconnu et l'impossible, éclate, avec une grâce inexprimable, le rire d'une grande bouche, rouge et blanche, et délicieuse, qui fait rêver au miracle d'une superbe fleur éclose dans un terrain volcanique.

Il y a des femmes qui inspirent l'envie de les vaincre et de jouir d'elles; mais celle-ci donne le désir de mourir lentement sous son regard.

Le Crépuscule du matin

La diane chantait dans les cours des casernes,
Et le vent du matin soufflait sur les lanternes.

C'était l'heure où l'essaim des rêves malfaisants
Tord sur leurs oreillers les bruns adolescents ;
Où, comme un œil sanglant qui palpite et qui bouge,
La lampe sur le jour fait une tache rouge ;
Où l'âme, sous le poids du corps revêche et lourd,
Imite les combats de la lampe et du jour.
Comme un visage en pleurs que les brises essuient,
L'air est plein du frisson des choses qui s'enfuient,
Et l'homme est las d'écrire et la femme d'aimer.

Les maisons çà et là commençaient à fumer.
Les femmes de plaisir, la paupière livide,
Bouche ouverte, dormaient de leur sommeil stupide ;
Les pauvresses, traînant leurs seins maigres et froids,
Soufflaient sur leurs tisons et soufflaient sur leurs doigts.
C'était l'heure où parmi le froid et la lésine
S'aggravent les douleurs des femmes en gésine ;
Comme un sanglot coupé par un sang écumeux
Le chant du coq au loin déchirait l'air brumeux ;
Une mer de brouillards baignait les édifices,
Et les agonisants dans le fond des hospices
Poussaient leur dernier râle en hoquets inégaux.
Les débauchés rentraient, brisés par leurs travaux.

L'aurore grelottante en robe rose et verte
S'avançait lentement sur la Seine déserte,
Et le sombre Paris, en se frottant les yeux
Empoignait ses outils, vieillard laborieux.

LE CRÉPUSCULE DU SOIR

Le jour tombe. Un grand apaisement se fait dans les pauvres esprits fatigués du labeur de la journée ; et leurs pensées prennent maintenant les couleurs tendres et indécises du crépuscule.

Cependant du haut de la montagne arrive à mon balcon, à travers les nues transparentes du soir, un grand hurlement, composé d'une foule de cris discordants, que l'espace transforme en une lugubre harmonie, comme celle de la marée qui monte ou d'une tempête qui s'éveille.

Quels sont les infortunés que le soir ne calme pas, et qui prennent, comme les hiboux, la venue de la nuit pour un signal de sabbat ? Cette sinistre ululation nous arrive du noir hospice perché sur la montagne ; et, le soir, en fumant et en contemplant le repos de l'immense vallée, hérissée de maisons dont chaque fenêtre dit : « C'est ici la paix maintenant ; c'est ici la joie de la famille ! » je puis, quand le vent souffle de là-haut, bercer ma pensée étonnée à cette imitation des harmonies de l'enfer.

Le crépuscule excite les fous. — Je me souviens que j'ai eu deux amis que le crépuscule rendait tout malades. L'un méconnaissait alors tous les rapports d'amitié et de politesse, et maltraitait, comme un sauvage, le premier venu. Je l'ai vu jeter à la tête d'un maître d'hôtel un excellent poulet, dans lequel il croyait voir je ne sais quel insultant hiéroglyphe. Le soir, précurseur des voluptés profondes, lui gâtait les choses les plus succulentes.

L'autre, un ambitieux blessé, devenait, à mesure que le jour baissait, plus aigre, plus sombre, plus taquin. Indulgent et sociable encore pendant la journée, il était impitoyable le soir ; et ce n'était pas seulement sur autrui, mais aussi sur lui-même, que s'exerçait rageusement sa manie crépusculeuse.

Le premier est mort fou, incapable de reconnaître sa femme et son enfant ; le second porte en lui l'inquiétude d'un malaise perpétuel, et fût-il gratifié de tous les honneurs que peuvent conférer les républiques et les princes, je crois que le crépuscule allumerait encore en lui la brûlante envie de distinctions imaginaires. La nuit, qui mettait ses ténèbres dans leur esprit, fait la lumière dans le mien ; et, bien qu'il ne soit pas rare de voir la même cause engendrer deux effets contraires, j'en suis toujours comme intrigué et alarmé.

Ô nuit ! ô rafraîchissantes ténèbres ! vous êtes pour moi le signal d'une fête intérieure, vous êtes la délivrance d'une angoisse ! Dans la solitude des plaines, dans les labyrinthes pierreux d'une capitale, scintillement des étoiles, explosion des lanternes, vous êtes le feu d'artifice de la déesse Liberté !

Crépuscule, comme vous êtes doux et tendre ! Les lueurs roses qui traînent encore à l'horizon comme l'agonie du jour sous l'oppression victorieuse de sa nuit, les feux des candélabres qui font des taches d'un rouge opaque sur les dernières gloires du couchant, les lourdes draperies qu'une main invisible attire des profondeurs de l'Orient, imitent tous les sentiments compliqués qui luttent dans le cœur de l'homme aux heures solennelles de la vie.

On dirait encore une de ces robes étranges de danseuses, où une gaze transparente et sombre laisse entrevoir les splendeurs amorties d'une jupe éclatante, comme sous le noir présent transperce le délicieux passé ; et les étoiles vacillantes d'or et d'argent, dont elle est semée, représentent ces feux de la fantaisie qui ne s'allument bien que sous le deuil profond de la Nuit.

L'APPEL DE L'AILLEURS

L'Étranger

« Qui aimes-tu le mieux, homme énigmatique, dis? ton père, ta mère, ta sœur ou ton frère?

— Je n'ai ni père, ni mère, ni sœur, ni frère.

— Tes amis?

— Vous vous servez là d'une parole dont le sens m'est resté jusqu'à ce jour inconnu.

— Ta patrie?

— J'ignore sous quelle latitude elle est située.

— La beauté?

— Je l'aimerais volontiers, déesse et immortelle.

— L'or?

— Je le hais comme vous haïssez Dieu.

— Eh! qu'aimes-tu donc, extraordinaire étranger?

— J'aime les nuages... les nuages qui passent... là-bas... là-bas... les merveilleux nuages! »

MŒSTA ET ERRABUNDA

Dis-moi, ton cœur parfois s'envole-t-il, Agathe,
Loin du noir océan de l'immonde cité,
Vers un autre océan où la splendeur éclate,
Bleu, clair, profond, ainsi que la virginité ?
Dis-moi, ton cœur parfois s'envole-t-il, Agathe ?

La mer, la vaste mer, console nos labeurs !
Quel démon a doté la mer, rauque chanteuse
Qu'accompagne l'immense orgue des vents grondeurs,
De cette fonction sublime de berceuse ?
La mer, la vaste mer, console nos labeurs !

Emporte-moi, wagon ! enlève-moi, frégate !
Loin ! Loin ! ici la boue est faite de nos pleurs !
— Est-il vrai que parfois le triste cœur d'Agathe
Dise : Loin des remords, des crimes, des douleurs,
Emporte-moi, wagon, enlève-moi, frégate ?

Comme vous êtes loin, paradis parfumé,
Où sous un clair azur tout n'est qu'amour et joie,
Où tout ce que l'on aime est digne d'être aimé,
Où dans la volupté pure le cœur se noie !
Comme vous êtes loin, paradis parfumé !

Mais le vert paradis des amours enfantines,
Les courses, les chansons, les baisers, les bouquets,
Les violons vibrant derrière les collines,
Avec les brocs de vin, le soir, dans les bosquets,
— Mais le vert paradis des amours enfantines,

L'innocent paradis, plein de plaisirs furtifs,
Est-il déjà plus loin que l'Inde et que la Chine ?
Peut-on le rappeler avec des cris plaintifs,
Et l'animer encor d'une voix argentine,
L'innocent paradis plein de plaisirs furtifs ?

La Mort des pauvres

C'est la Mort qui console, hélas! et qui fait vivre;
C'est le but de la vie, et c'est le seul espoir
Qui, comme un élixir, nous monte et nous enivre,
Et nous donne le cœur de marcher jusqu'au soir;

À travers la tempête, et la neige, et le givre,
C'est la clarté vibrante à notre horizon noir;
C'est l'auberge fameuse inscrite sur le livre,
Où l'on pourra manger, et dormir, et s'asseoir;

C'est un Ange qui tient dans ses doigts magnétiques
Le sommeil et le don des rêves extatiques,
Et qui refait le lit des gens pauvres et nus;

C'est la gloire des dieux, c'est le grenier mystique,
C'est la bourse du pauvre et sa patrie antique,
C'est le portique ouvert sur les Cieux inconnus!

Le Rêve d'un curieux

Connais-tu, comme moi, la douleur savoureuse,
Et de toi fais-tu dire : « Oh ! l'homme singulier ! »
— J'allais mourir. C'était dans mon âme amoureuse,
Désir mêlé d'horreur, un mal particulier ;

Angoisse et vif espoir, sans humeur factieuse.
Plus allait se vidant le fatal sablier,
Plus ma torture était âpre et délicieuse ;
Tout mon cœur s'arrachait au monde familier.

J'étais comme l'enfant avide du spectacle,
Haïssant le rideau comme on hait un obstacle...
Enfin la vérité froide se révéla :

J'étais mort sans surprise, et la terrible aurore
M'enveloppait. — Eh quoi ! n'est-ce donc que cela ?
La toile était levée et j'attendais encore.

ANY WHERE OUT OF THE WORLD
N'IMPORTE OÙ HORS DU MONDE

Cette vie est un hôpital où chaque malade est possédé du désir de changer de lit. Celui-ci voudrait souffrir en face du poêle, et celui-là croit qu'il guérirait à côté de la fenêtre.

Il me semble que je serais toujours bien là où je ne suis pas, et cette question de déménagement en est une que je discute sans cesse avec mon âme.

« Dis-moi, mon âme, pauvre âme refroidie, que penserais-tu d'habiter Lisbonne ? Il doit y faire chaud, et tu t'y ragaillardirais comme un lézard. Cette ville est au bord de l'eau ; on dit qu'elle est bâtie en marbre, et que le peuple y a une telle haine du végétal, qu'il arrache tous les arbres. Voilà un paysage selon ton goût ; un paysage fait avec la lumière et le minéral, et le liquide pour les réfléchir ! »

Mon âme ne répond pas.

« Puisque tu aimes tant le repos, avec le spectacle du mouvement, veux-tu venir habiter la Hollande, cette terre béatifiante ? Peut-être te divertiras-tu dans cette contrée dont tu as souvent admiré l'image dans les musées. Que penserais-tu de Rotterdam, toi qui aimes les forêts de mâts, et les navires amarrés au pied des maisons ? »

Mon âme reste muette.

« Batavia te sourirait peut-être davantage ? Nous y trouverions d'ailleurs l'esprit de l'Europe marié à la beauté tropicale. »

Pas un mot. — Mon âme serait-elle morte ?

« En es-tu donc venue à ce point d'engourdissement que tu ne te plaises que dans ton mal ? S'il en est ainsi, fuyons vers les pays qui sont les analogies de la Mort. — Je tiens notre affaire, pauvre âme ! Nous ferons nos malles pour Tornéo. Allons plus loin encore, à l'extrême bout de la Baltique ; encore plus loin de la vie, si c'est possible ; installons-nous au pôle. Là le soleil ne frise qu'obliquement la terre, et les lentes alternatives de la lumière de la nuit suppriment la variété et augmentent la monotonie, cette moitié du néant. Là, nous pourrons prendre de longs bains de ténèbres, cependant que, pour nous divertir, les aurores boréales nous enverront de temps en temps leurs gerbes roses, comme des reflets d'un feu d'artifice de l'Enfer ! »

Enfin, mon âme fait explosion, et sagement elle me crie : « N'importe où ! n'importe où ! pourvu que ce soit hors de ce monde ! »

INDEX DES PROCÉDÉS DE STYLE

Accumulation, 54, 79, **83**.
Accentuation, 270, 272-273, **285-287**.
Allégorie, 51, **101**.
Alliance de mots (voir Oxymore).
Allitération, 93, 126, 132, 135, 148, 183, 185, 223, 241, 243, 246, 271.
Anacoluthe, **57**.
Anaphore, 176, 246, 249.
Antithèse, 94.
Apostrophe, 70, **80**, 91, 144, 198, 200, 201, 224, 240.
Assonance, 93, 135, 148, 149, 223, 271.
Césure, 53, 132, 178, 180, 221.
Chiasme, 126, 200, **266-267**.
Comparaison, 51, 77, 146, 182, 183.
Comparaison filée, 51.
Diérèse, 78, **128**, 129, 243.
Enjambement, 95, 133, 178, 183, 245, 248.
Gradation, 73, 74, 75, **83**, 207.
Hémistiche, 53, 54, 118, 250.
Hypallage, 112-113, 170.
Hyperbole, 223.
Ironie, 241, 243, 244.
Métaphore, 77, 164, 170, 179, 181, 222, 223, 269.
Métaphore filée, 162, 164-167.
Oxymore, 29-30.
Oxymoron, 29-30.
Pantoum, 124, **131**.
Parallélisme, 118, 210, 226.
Rejet, 5, 205.
Rejet interne, 55.
Symbole, 51-52, 55, 65.
Trimètre, 246.

BIBLIOGRAPHIE

INITIATION

Les petits classiques ou les brochures qu'on trouve dans le commerce peuvent vous aider, mais il importe avant tout de posséder une édition complète des *Fleurs du Mal*. Il en existe de bonnes dans les collections de poche : Garnier Flammarion, Livre de Poche, Poésie/Gallimard, Presses Pockett, etc.

Sans dépenser beaucoup plus, vous pouvez vous procurer l'édition critique d'Antoine Adam dans les « Classiques Garnier » (Bordas). Il ne faut pas prendre pour argent comptant tout ce qui y est dit, mais cette édition fournit une masse d'informations appréciable.

Lisez attentivement les textes. N'hésitez pas à souligner et à écrire sur le livre. Faites des recherches de vocabulaire avec un bon dictionnaire. Le Littré convient bien pour cette époque ; vous pouvez utiliser un dictionnaire plus récent (Hachette, Robert, Larousse), mais à condition de ne pas retenir des sens inconnus à l'époque de Baudelaire.

Vous pouvez compléter en établissant quelques fiches à l'aide d'un manuel. Le livre de Gérard Conio, *Baudelaire, Étude des Fleurs du Mal*, chez Marabout vous donnera une vision d'ensemble et l'envie de lire Baudelaire. Lisez le *Baudelaire* de Sartre et les quelques ouvrages disponibles en poche.

Mais lisez surtout *Les Fleurs du Mal*, à quoi les vrais amateurs ajouteront les poèmes en prose du *Spleen de Paris*.

On trouve actuellement, dans les librairies d'occasion, *Charles Baudelaire* dans la collection « Génies et Réalités » qui contient des études suggestives et une riche iconographie.

APPROFONDISSEMENT

Notre tâche est ici facilitée par l'excellente édition de la Pléiade réalisée sous la direction de Claude Pichois. Pour approfondir l'étude de Baudelaire, il n'y a pas d'autre solution que de se procurer les quatre volumes de la Pléiade : deux volumes pour les œuvres et deux volumes pour la correspondance.

Ces livres peuvent apparaître relativement cher, mais ils contiennent une telle masse d'informations qu'ils s'avèrent, en fin de compte, économiques.

Il suffira d'y ajouter la biographie bien documentée intitulée tout simplement *Baudelaire*, par Claude Pichois et Jean Ziegler chez Julliard.

Ces cinq livres, lus crayon en main, vous permettront d'aller déjà assez loin. Dans une phase ultérieure, vous pourrez lire les livres d'Asselineau, Blin, Prévost, Ruff, Pommiers, Pia, etc. dont l'édition de la Pléiade vous fournira les références.

SPÉCIALISATION

Ceux qui désirent se spécialiser sur Baudelaire seront un jour ou l'autre amenés à travailler au « W.T. Bandy Center for Baudelaire Studies » de l'Université Vanderbilt à Nashville dans le Tennessee aux États-Unis. Ce centre a rassemblé la totalité de ce qui a été écrit sur Baudelaire. Voir aussi la revue *Études baudelairiennes*.

ENREGISTREMENTS

Pour apprendre à dire un poème, il peut être bon d'examiner la façon dont procèdent les professionnels. Les enregistrements de poèmes de Baudelaire sont nombreux, mais, malheureusement, rares sont ceux encore disponibles dans le commerce. Nous signalons cependant les principaux interprètes pour ceux qui auraient la possibilité d'accéder à une discothèque bien pourvue.

Interprètes	Éditeurs
Jean-Louis Barrault	Vega *(Les poètes maudits)*
Alain Cuny	Club français du Disque
Jean Marchat	Lumen
Henri Rolland	Pléiade
Serge Reggiani	Polydor
Jean Desailly	Vega et Ades
Pierre Blanchar	Encyclopédie sonore
	Hachette
Henri Doublier	Club national du Disque
Roger Coggio	Ades
Mouloudji	Mouloudji
Jean-Marc Tennberg	Odéon et CBS
François Périer et	
Madeleine Renaud	Guilde du disque
Alexandre Rignault	Vega
Jean Deschamps	Ducretet-Thomson
Daniel Lecourtois	Club français du Disque
Jean Chevrier	Vogue

*
* *

Léo Ferré (Barclay), Gainsbourg (Philips), Robert Charlebois (RCA) ont chanté Baudelaire. Quelques poèmes ont été mis en musique par Debussy, Fauré, Duparc.

AU CATALOGUE MARABOUT

PARASCOLAIRE - CULTURE GÉNÉRALE

- *Une bibliothèque idéale pour se cultiver.*
- *Une aide précieuse pour préparer examens et concours.*

■ PHILOSOPHIE

- Amiel A.
50 grandes citations philosophiques expliquées
8508   40-0327-3   M9

- Chatelet F.
La philosophie
De Platon à St Thomas
MU311   40-1719-0   M9

De Galilée à J.-J. Rousseau
MU312   40-1720-8   M9

De Kant à Husserl
MU313   40-1759-6   M9

Au XXe siècle
MU314   40-1760-4   M9

- Grigorieff V.
Philo de base
MS56   40-2222-4   M7

- Play Bac
1000 questions de philo
MS1531   40-0699-5   M6

■ HISTOIRE - GÉOGRAPHIE

- Beaucarnot J.-L.
Ainsi vivaient nos ancêtres
MS1312   40-0528-6   M9

- Biélande P.
300 questions-tests sur les grands hommes du XXe siècle
MS1490   40-0635-9   M12

- Bordonove G.
Les rois qui ont fait la France
Hugues Capet
MU475   40-5475-5   M12

Philippe Auguste
MU476   40-5476-3   M12

Saint Louis
MU477   40-5477-1   M12

Philippe le Bel
MU478   40-5478-9   M12

Philippe le Bel
MU478   40-5478-9   M12

Henri IV
MU485   40-5485-4   M12

Louis XIII
MU486   40-5486-2   M12

Louis XIV
MU487   40-5487-0   M12

Louis XV
MU488   40-5488-8   M12

- Bordonove G.
Les templiers
MU292   40-1472-6   M7

- Cauvin A.
Découvrir la France cathare
9810   40-1020-3   M9

- Cizek E.
  Néron
  MU466   40-5466-4   M13
- Courrière Y.
  La guerre d'Algérie
  Les fils de la Toussaint
  MU432   40-5432-6   M9
  Le temps des léopards
  MU433   40-5433-4   M9
  L'heure des colonels
  MU434   40-5434-2   M9
  Les feux du désespoir
  MU435   40-5435-9   M9
- Delarue J.
  Histoire de la Gestapo
  MU459   40-5459-9   M12
- Denis B.
  300 questions-tests sur l'homme et son environnement
  MS1492   40-0651-6   M12
- Désalmand P. - Forest P.
  100 grandes citations historiques expliquées
  MS98   40-0326-5   M12
- Fleury P.
  300 questions-tests sur la géographie générale
  MS1485   40-0517-9   M9
- Griorieff N.
  300 questions-tests sur l'histoire de France - Des origines à la Révolution
  MS1482   40-0440-4   M9
  De la 1ère guerre mondiale à 1958
  MS1489   40-0629-2   M9
  La Ve République
  MS1495   40-0870-2   M9
- Horst E.
  César
  MU468   40-5468-0   M12
- Kalisky R.
  L'islam
  MU160   40-0047-7   M7

- Malet et Isaac
  L'Histoire
  Rome et le Moyen Age
  MU354   40-1906-3   M6
  L'âge classique
  9806   40-1915-4   M6
  Les révolutions
  9807   40-1914-7   M6
  La naissance du monde moderne
  MU357   40-1913-9   M6
- Mathieu-Rosay J.
  Ils ont gouverné la France
  MU465   40-5465-6   M9
- Miquel P.
  La grande Révolution
  MU490   40-5490-4   M13
  Histoire de la France
  MU499   40-5449-0   M14
  Les hommes de la Grande Guerre
  MU472   40-5472-2   M12
- Montet P.
  L'Égypte éternelle
  MU302   40-0689-6   M9
- Nelli R.
  Les cathares
  MU326   40-1905-5   M6
- Pernoud R.
  Les hommes de la croisade
  MU324   40-2175-4   M7
- Play Bac
  1000 questions de géographie
  MS1536   40-0745-6   M6
  1000 questions d'histoire
  MS1537   40-0746-4   M6
- Rousselet M. - Chatagner F.
  300 questions -tests sur la CEE et les organismes internationaux
  MS1484   40-0471-9   M9

■ LITTÉRATURE

- Anglard V.
25 prix Goncourt résumés - analyses - commentaires
8516   40-0913-0   N

- Arnould M. - Coremans J.-F.
100 livres en un seul
8504   40-0106-1   M9

- Berranger M.-P.
12 poèmes de Rimbaud analysés et commentés
MS1207   40-0908-0   M9

- Borile G.
100 chefs-d'oeuvre à la loupe
MS765   40-1703-4   M14

- Brunet J.-J.
50 grandes citations du théâtre et du cinéma
MS76   40-0685-4   M12

- Conio G.
25 grands romans français résumés et commentés
8509   40-0328-1   M12

Oeuvres majeures: Baudelaire
8052   40-0674-8   M12

Oeuvres majeures: Molière
8051   40-0673-0   M9

- Dansel M.
12 poèmes de Verlaine analysés et commentés
MS1208   40-0909-8   M9

- Désalmand P.
12 poèmes de Baudelaire analysés et commentés
MS1204   40-0901-5   M9

- Désalmand P. - Forest P.
100 grandes citations littéraires expliquées
MS103   40-0535-1   M12

- Ferraro T.
Oeuvres majeures: Flaubert
MS59   40-0680-5   M9

- Forest P.
Oeuvres majeures: Camus
8083   40-0677-1   M9

- La Fontaine
Les fables
MB14   40-7014-0   M7

- Masson N.
Panorama de la littérature française
8510   40-0374-5   M12

- de Maupassant G.
Contes fantastiques
9001   40-0045-1   M6

- Mille L.
Le livre d'or des plus belles lettres d'amour
MS1215   40-0991-6   N

- Perrault
Les contes
MA17   40-7017-3   M6

- Play Bac
1000 questions sur les écrivains
MS1534   40-0708-4   M6

1000 questions sur les oeuvres
MS1535   40-0744-9   M6

- Rosny Ainé J.-H.
La guerre du feu
MB531   40-0364-6   M4

- Scientrier P.
Tester et enrichir ses connaissances en littérature
MS1203   40-0900-7   M9

- Seghers P.
Le livre d'or de la poésie française
6604   40-0059-2   M9

- Shelley M.-W.
Frankenstein
9002   40-0087-3   M7

- Stoker B.
Dracula
9000   40-0041-0   M7

- Wright M.
300 questions-tests sur la littérature française
MS1486   40-0533-6   M12

■ MYTHOLOGIE - RELIGION

- Grant M. - Hazel J.
Le dictionnaire de la mythologie
7002   40-3366-8   M7

- Grigorieff V.
Les mythologies du monde entier
MU470   40-5470-6   M9

Les religions du monde entier
MU491   40-5491-2   M13

- Hamilton E
La mythologie
MU20   40-0056-8   M9

- Julien N.
Le dictionnaire des mythes
MS1427   40-0676-3   M12

- Santoni E.
Panorama des religions
8538   40-1150-8   N

■ CULTURE GÉNÉRALE

- Amancy N. - Garnier J.-M.
1000 citations pour les examens et concours
MS75   40-0679-7   M9

- Amey C.
25 tableaux modernes expliqués
8539   40-0919-7   N

- Arnould M. - Coremans J.-F.
100 livres en un seul
8504   40-0106-1   M9

- Baritaud B.
50 mots clés de la culture générale classique
MS1200   40-0869-4   M9

- Bernard Ph.
L'immigration
8600   40-1163-1   N

- Biélande P.
300 questions-tests sur la culture générale
MS1481   40-0438-8   M9

300 questions-tests sur les grands hommes du XXe siècle
MS1490   40-O635-9   M12

- Borile G.
100 chefs-d'oeuvre à la loupe
MS765   40-1703-4   M14

- Chatagner F.
La protection sociale
8603   40-1146-4   N

- Dansel M.
Tester et enrichir sa culture générale
MS126   40-0867-8   M9

- Deraime S.
  Economie et environnement
  8602   40-1165-6   N

- Désalmand P.
  Tester et enrichir son vocabulaire
  8012   40-0589-8   M9

- Désalmand P. - Forest P.
  100 grandes citations expliquées
  MS89   40-0243-2   M7

- Féron B.
  La Yougoslavie, origine d'un conflit
  8601   40-1164-9   N

- Forest P.
  50 mots clés de la culture générale contemporaine
  8506   40-0325-7   M12

- Gougeon J.-P.
  L'économie allemande
  8605   40-1168-0   N

- Grimal J.-C.
  L'économie de la drogue
  8606   40-1169-8   N

- Jacquenod R.
  100 expressions latines usuelles traduites et expliquées
  MS1205   40-0902-3   M7

- Julien N.
  Le dictionnaire des symboles
  MS1429   40-0015-4   M12

- Mazel O.
  Les chômages
  MS1429   40-0015-4   M12

- Petit K.
  Le dictionnaire des citations du monde entier
  7000   40-0161-6   M9

- Play Bac
  1000 citations à retrouver
  MS1533   40-0706-8   M6

- Rosmorduc J.
  25 mots clés de la culture scientifique
  8517   40-0921-3   N

- Suhamy J.
  Guide de l'opéra
  MS160   40-0566-6   M9

- Suret-Canale
  Tester et enrichir ses connaissances en histoire
  8020   40-1070-8   N

AIDE-SCOLAIRE

- Amancy N. - Ventura T.
  50 modèles de dissertations
  8002   40-0631-8   M9

- Amancy N. - Garnier J.-M.
  1000 citations pour les examens et concours
  MS75   40-0679-7   M9

- Anglard V.
  50 modèles de commentaires composés
  8000   40-0625-0   M12

- Bled
  Dictionnaire d'orthographe
  MS86   40-3086-2   M6

- Bled - Bénac
  Guide d'orthographe
  MS84   40-3084-7   M6

- Caparros C.
  Guide de calcul
  8007   40-3082-1   M6

- Clerc G.
  50 modèles de résumés de textes
  8001   40-0626-8   M9

- Désalmand P.
  Tester et enrichir son vocabulaire
  8012   40-0589-8   M9

- Franlain
  100 dictées pièges
  8010   40-0279-6   M7

- Gourmelin M.-J. - Guédon J.-F.
  Les 100 clés du succès aux examens et concours
  GM96   40-0009-7   M7

- Jacquenod R.
  100 expressions latines usuelles traduites et expliquées
  MS1205   40-0902-3   M7

  La ponctuation maîtrisée
  8017   40-0993-2   N

  Tester et enrichir son orthographe
  8016   40-0874-4   M9

- Jouette A.
  Les pièges du français actuel
  MS125   40-0668-0   M9

  L'orthographe maîtrisée
  MS70   40-0468-5   M7

- Le Bras F.
  Les règles d'or pour rédiger un rapport, un mémoire, une thèse
  1909   40-11286-8   N

- Petit K
  Le dictionnaire des citations du monde entier
  7000   40-0161-6   M9

- Play Bac
  1000 questions pièges en français
  MS1532   40-0700-1   M6

- Weil M.
  Comment acquérir une super-orthographe
  4138   40-0873-6   M9

- Younes G.
  Le dictionnaire des synonymes
  7002   40-2040-0   M9

IMPRESSION : BUSSIÈRE S.A., SAINT-AMAND (CHER). — N° 2866
D. L. DÉCEMBRE 1993/0099/399
ISBN 2-501-01758-7
Imprimé en France